L'Intégrale 3e

Mathématiques
Emmanuelle Michaud • Bernard Demeillers
Marie-Caroline et Jean-Pierre Bureau

Physique-chimie, SVT, Technologie
Sonia Madani • Nadège Jeannin • Nicolas Nicaise

Français
Christine Formond • Louise Taquechel

Histoire, Géographie
Enseignement moral et civique
Christophe Clavel • Jean-François Lecaillon
Marielle Chevallier • Guillaume D'Hoop

Avec la participation de
Céline Gaillard • Nora Nadifi
Gaëlle Perrot • Isabelle Provost

Annabrevet

MODE D'EMPLOI

Que contient cet Annabrevet ?

Tous les outils nécessaires pour te préparer de manière efficace aux deux épreuves écrites et à l'épreuve orale du brevet 2017.

En premier lieu, le sujet zéro corrigé des deux nouvelles épreuves écrites, mais également :
– des sujets complémentaires ;
– des conseils de méthode ;
– un mémo avec les notions clés.

▶ Une large sélection de sujets

L'ouvrage comprend des sujets complets et des sujets pour chaque matière, classés par thèmes. Il couvre l'ensemble des nouveaux programmes et tous les types d'exercices qui peuvent être proposés.

▶ Comment les sujets sont-ils traités ?

Pour t'aider à bien interpréter un sujet et « fabriquer » une bonne copie, les auteurs ont associé à chaque énoncé :
– une explication du sujet et des aides pour construire la réponse (rubrique « Les clés du sujet ») ;
– un corrigé clairement structuré, avec des conseils et des commentaires.

Comment utiliser l'ouvrage ?

▶ À l'aide du sommaire

Dès le mois de décembre, à l'occasion d'un contrôle ou d'un brevet blanc, n'hésite pas à te familiariser avec les types d'exercices proposés au brevet en traitant ceux qui correspondent aux thèmes à réviser.

Travaille-les le plus possible, dans un premier temps, avec la seule aide des « Clés du sujet » ; puis confronte ce que tu as fait avec le corrigé proposé.

▶ À l'aide du planning de révisions

La date de l'examen approche. Grâce à la rubrique « Planifie tes révisions », tu peux organiser ton travail en fonction du temps qui te reste. Traiter les sujets proposés te permettra d'aborder l'épreuve dans les meilleurs conditions possible.

Et l'offre privilège sur annabac.com ?

L'achat de cet ouvrage te permet de bénéficier d'un **accès gratuit*** aux ressources d'annabac.com pour le niveau 3ᵉ : fiches de cours, podcasts, quiz interactifs, exercices, sujets d'annales corrigés…

Pour profiter de cette offre, rends-toi sur www.annabac.com, dans la rubrique « Vous avez acheté un ouvrage Hatier ? ». La saisie d'un mot-clé du livre (lors de ta première visite) te permet d'activer ton compte personnel.

* Selon conditions précisées sur www.annabac.com

Qui a fait cet Annabrevet ?

▶ L'ouvrage a été écrit par des enseignants.

▶ Les contenus ont été préparés par plusieurs types d'intervenants :
- des éditeurs : Anne Peeters et Grégoire Thorel, assistés de Sophie Larras et de Julie Laurendeau ;
- des correcteurs : Jean-Marc Cheminée et Clothilde Diet ;
- des graphistes : Tout pour plaire et Dany Mourain ;
- des infographistes : STDI, Coredoc et Vincent Landrin ;
- un cartographe : STDI ;
- une illustratrice : Juliette Baily ;
- un compositeur : STDI.

SOMMAIRE

- **Zoom sur les sujets de sciences et technologie**............9
- **Zoom sur les sujets de français**.........................10

Tout ce que tu dois savoir sur...

- **Les épreuves du brevet**..................................11

32 sujets pour réussir la première épreuve écrite

Coche les sujets sur lesquels tu t'es entraîné.

Sujet complet

1 Brevet blanc de mathématiques, physique-chimie et technologie.... 28 ❑
MATHÉMATIQUES • Exercices 1 à 8
PHYSIQUE-CHIMIE • Distance d'arrêt et distance de sécurité d'un véhicule
TECHNOLOGIE • Le système ABS

Maths

NOMBRES ET CALCULS

2 La course à pied .... 48 ❑
3 Des entiers consécutifs.................................... 50 ❑
4 Fraction irréductible et divisibilité .... 53 ❑
5 Deux programmes de calcul .... 55 ❑
6 Fonctionnement d'une centrale gravitaire.................. 58 ❑

ORGANISATION ET GESTION DE DONNÉES, FONCTIONS

7 La facture d'eau .... 61 ❑
8 Salaires bruts, salaires nets .... 64 ❑
9 Voyelle ou consonne .... 67 ❑
10 Tirages d'étiquettes...................................... 69 ❑

SOMMAIRE

11 Valeur nutritionnelle d'une portion de céréales. . . . . 72 ❑

12 Coût d'un transport. . . . . 74 ❑

13 Trajectoire d'une balle de tennis. . . . . 77 ❑

14 Degré Celsius, degré Fahrenheit. . . . . 79 ❑

15 Puissance et énergie d'une éolienne. . . . . 81 ❑

GRANDEURS ET MESURES

16 Le verre à pied. . . . . 86 ❑

17 Moule à muffin. . . . . 88 ❑

ESPACE ET GÉOMÉTRIE

18 Les pavages du plan par M.C. Escher . . . . 90 ❑

19 Représentation d'une sphère . . . . 93 ❑

20 Deux parcours de santé . . . . 95 ❑

21 Funiculaire de Montmartre . . . . 97 ❑

22 La toiture de Louis. . . . . 99 ❑

ALGORITHMIQUE ET PROGRAMMATION

23 Le ventilateur. . . . . 101 ❑

24 Une homothétie. . . . . 103 ❑

Sciences et technologie

PHYSIQUE-CHIMIE – SVT

25 Digestion et acidité . . . . 106 ❑

26 La centrale à charbon . . . . 112 ❑

27 Une nouvelle explanète découverte . . . . 119 ❑

PHYSIQUE-CHIMIE – TECHNOLOGIE

28 Le hockey sur glace . . . . 126 ❑

29 La prothèse Cheetah. . . . . 134 ❑

30 Le Li-Fi . . . . 141 ❑

SVT – TECHNOLOGIE

31 La Soufrière, un volcan surveillé de près . . . . 149 ❑

32 La station d'épuration . . . . 156 ❑

27 sujets pour réussir la seconde épreuve écrite

Coche les sujets sur lesquels tu t'es entraîné.

Sujet complet

33 Brevet blanc de français, histoire, géographie et EMC . . . . 164 ❑
HISTOIRE • La Résistance
GÉOGRAPHIE • Les espaces et les dynamiques des villes françaises
EMC • La laïcité
FRANÇAIS • Les villes du futur

Français

SE RACONTER, SE REPRÉSENTER

34 Une famille de rêve . . . . 183 ❑
TEXTE • Alain Mabanckou, *Lumières de Pointe-Noire* (2013)
IMAGE • Wilfredo Lam, *Niño en blanco* (1940)

DÉNONCER LES TRAVERS DE LA SOCIÉTÉ

35 Des expériences professionnelles traumatisantes . . . . 194 ❑
TEXTE • Amélie Nothomb, *Stupeur et tremblements* (1999)
IMAGE • Charlie Chaplin, *Les Temps modernes* (1936)

AGIR DANS LA CITÉ : INDIVIDU ET POUVOIR

36 Une insoumise . . . . 205 ❑
TEXTE • Jean Anouilh, *Antigone* (1944)
IMAGE • Mise en scène *d'Antigone* par la Comédie-Française (2012)
37 L'exil . . . . 215 ❑
TEXTE • Philippe Claudel, *La Petite Fille de Monsieur Linh* (2005)
IMAGE • Barthélemy Toguo, *Road to exile* (2008)

VISIONS POÉTIQUES DU MONDE

38 Objets quotidiens . . . . 225 ❑
TEXTE • Francis Ponge, « Le pain » (1942)
IMAGE • Pablo Picasso, *Tête de taureau* (1942)

PROGRÈS ET RÊVES SCIENTIFIQUES

39 Expériences et découvertes . . . . 234 ❑
TEXTE • Erik Orsenna, *La vie, la mort, la vie* (2015)
IMAGE • Albert Edelfelt, *Louis Pasteur* (1885)

Histoire

Exercice 1 : Analyser un document • Exercice 2 : Maîtriser les différents langages

L'EUROPE, UN THÉÂTRE MAJEUR DES GUERRES TOTALES (1914-1945)

40 La Première Guerre mondiale : une guerre totale • EXERCICE 2 . . . . . . 245 ❏

41 Le régime stalinien • EXERCICE 2. . . . . 248 ❏

42 Le statut des Juifs dans la France de Vichy • EXERCICE 1 . . . . 250 ❏

LE MONDE DEPUIS 1945

43 Les crises de Berlin (1948-1989) • EXERCICE 2. . . . . 253 ❏

44 Le traité de Rome • EXERCICE 1 . . . . 255 ❏

45 Le monde après la chute du mur de Berlin • EXERCICE 1 . . . . 259 ❏

FRANÇAISES ET FRANÇAIS DANS UNE RÉPUBLIQUE REPENSÉE

46 La création de la Sécurité sociale • EXERCICE 1 . . . . 262 ❏

47 La France, terre d'immigration • EXERCICE 2 . . . . 265 ❏

Géographie

Exercice 1 : Analyser un document • Exercice 2 : Maîtriser les différents langages

DYNAMIQUES TERRITORIALES DE LA FRANCE CONTEMPORAINE

48 L'étalement urbain et les mobilités • EXERCICE 1 . . . . 268 ❏

49 Les espaces productifs industriels français
et la mondialisation • EXERCICE 2. . . . . 271 ❏

50 Les bases du développement des espaces
de faible densité • EXERCICE 2 . . . . 274 ❏

POURQUOI ET COMMENT AMÉNAGER LE TERRITOIRE ?

51 Les inégalités entre territoires français • EXERCICE 2 . . . . 276 ❏

52 L'île de la Réunion • EXERCICE 1. . . . . 279 ❏

LA FRANCE ET L'UNION EUROPÉENNE

53 L'intégration européenne, un potentiel de développement
pour la France • EXERCICE 2. . . . . 282 ❏

54 La place et l'influence de la France dans le monde • EXERCICE 2 . . . . 285 ❏

55 Les échanges commerciaux de l'Union européenne • EXERCICE 1 . . . 287 ❏

Enseignement moral et civique

LA SENSIBILITÉ : SOI ET LES AUTRES

56 « La démocratie européenne, je la veux… je la vote » . . . . 290 ❏

LE DROIT ET LA RÈGLE : DES PRINCIPES POUR VIVRE AVEC LES AUTRES

57 L'élaboration des lois en France . . . . 293 ❏

LE JUGEMENT : PENSER PAR SOI-MÊME ET AVEC LES AUTRES

58 La Ve République, une République indivisible et démocratique . . . . . 296 ❏

L'ENGAGEMENT : AGIR INDIVIDUELLEMENT ET COLLECTIVEMENT

59 L'action menée par l'armée française au Mali . . . . 299 ❏

Les méthodes pour réussir l'épreuve orale

- Tenir un journal de bord 304
- Faire une recherche documentaire 305
- Prendre des notes 306
- Concevoir une interview 307
- Présenter un projet 308
- Mettre en forme sa présentation
  sous forme de diaporama 310
- S'exprimer avec aisance à l'oral 312
- Retenir l'attention de son public 314
- Présenter un projet à plusieurs 316
- S'entretenir avec le jury 317

Le mémo du brevet

- Le mémo de maths 320
- Le mémo de physique-chimie 332
- Le mémo de SVT 338
- Le mémo de technologie 346
- Le mémo de français 352
- Le mémo d'histoire 362
- Le mémo de géographie 373
- Le mémo d'enseignement moral et civique 380

ZOOM sur...

... les sujets de sciences et technologie

En regard de chacun des thèmes des programmes de physique-chimie, SVT et technologie, tu trouveras les numéros des sujets qui s'y rapportent.

PHYSIQUE-CHIMIE

Notions	Sujets n°
L'énergie et ses conversions	26, 28, 30
Mouvements et interactions	1, 27, 28, 29
Organisation et transformations de la matière	25, 26, 27, 28, 29

SVT

Notions	Sujets n°
Le corps humain et la santé	25, 32
La planète Terre, l'environnement et l'action humaine	26, 27, 31

TECHNOLOGIE

Notions	Sujets n°
L'informatique et la programmation	28, 30, 31, 32
Design, innovation et créativité	29, 30, 31
La modélisation et la simulation des objets et systèmes techniques	1
Les objets techniques, les services et les changements induits dans la société	30, 31

ZOOM sur...

... les sujets de français

LES DICTÉES

Difficulté abordée	Sujets n°
Les déterminants	33
Les homophones grammaticaux	33, 34, 35, 36
Les homophones en conjugaison	34, 35, 36
Les mots difficiles	34, 35, 39
Les marques du pluriel	37, 38
L'accord du participe passé	34
Les temps verbaux	35, 37
L'inversion du sujet et du verbe	33

LES SUJETS DE RÉÉCRITURE

Type de réécriture	Sujets n°
Passer au pluriel	33, 34, 35, 37, 38, 39
Changer les personnes	34, 36, 39
Changer de temps	34

LES SUJETS DE RÉDACTION

Sujets d'argumentation	
Thème	Sujets n°
Parler de soi et des autres	34, 36, 37, 38
Exprimer son avis sur la société et le monde	35, 37, 39
Argumenter dans une situation fictive	33, 36

Sujets d'invention	
Type de sujet	Sujets n°
Exprimer ses sentiments	34, 35
Construire un récit	34
Écrire une suite de texte	37
Rédiger un dialogue ou un monologue	36
Écrire une lettre	33, 39
Décrire une personne, un objet ou un lieu	38

Tout ce que tu dois savoir sur…

Les épreuves du brevet

1. Comment s'organise la première épreuve écrite du brevet ?................................12
2. Comment s'organise la seconde épreuve écrite du brevet ?................................13
3. Comment te préparer à l'examen ?............14
4. Quels sont les types d'exercices en mathématiques ?........................15
5. Comment réussir les exercices de mathématiques ?........................16
6. Comment réussir l'exercice de physique-chimie ?..17
7. Comment réussir l'exercice de SVT ?..........18
8. Comment réussir l'exercice de technologie ?....19
9. En quoi consiste plus précisément l'épreuve en histoire, géographie et EMC ? 20
10. Comment réussir les exercices d'histoire, géographie et EMC ? 21
11. Comment réussir les questions de français ?....22
12. Comment réussir la dictée et la réécriture ?....23
13. Comment réussir la rédaction ? 24
14. Comment s'organise l'épreuve orale du brevet ? .25

1 Comment s'organise la première épreuve écrite du brevet ?

La première épreuve écrite du brevet concerne les mathématiques, la physique-chimie, les SVT et la technologie. Elle se compose de deux parties.

A Quelles sont les modalités de l'épreuve ?

1. La durée

L'épreuve dure **3 heures** :
– **2 heures** pour la première partie ;
– **1 heure** pour la seconde partie.
Les deux parties de l'épreuve sont séparées par une pause de 15 minutes.

2. Le barème et les critères d'évaluation

● L'ensemble de la première épreuve est noté sur 100 points, soit **50 points** pour chacune des deux parties. Dans chaque partie de l'épreuve, **5 points** sont réservés à la présentation de la copie et à la maîtrise de la langue française.

● L'évaluation prend en compte la clarté et la précision des raisonnements ainsi que, plus largement, la qualité de la rédaction scientifique. Si tu ne termines pas un exercice, les **démarches engagées**, même non abouties, seront prises en compte dans la notation.

B Comment se déroule l'épreuve ?

1. La première partie

● La première partie porte sur le programme de **mathématiques**. Le sujet est constitué d'environ **sept exercices** indépendants les uns des autres.

● Certains exercices prennent la forme de **questionnaires à choix multiple** (QCM) ; les autres proposent des questions ouvertes. Certains énoncés s'appuient sur des situations de la **vie courante** ou sur d'autres disciplines.

> **INFO** L'épreuve comporte au moins un exercice d'algorithmique ou de programmation, dans la première ou la seconde partie.

2. La seconde partie

● La seconde partie de l'épreuve porte sur **deux des trois disciplines** suivantes : **physique-chimie, sciences de la vie et de la Terre et technologie**.

● Le sujet se compose, pour chaque discipline, d'un ou de plusieurs exercices d'une durée totale de 30 minutes. L'ensemble des exercices est le plus souvent relié par une thématique commune.

2. Comment s'organise la seconde épreuve écrite du brevet ?

La seconde épreuve écrite du brevet concerne le français, l'histoire, la géographie et l'enseignement moral et civique (EMC).

A Quelles sont les modalités de l'épreuve ?

1. La durée

L'épreuve dure **5 heures**. Elle se compose de deux parties :
– **3 heures** pour la première partie, qui a lieu le matin ;
– **2 heures** pour la seconde partie, qui a lieu l'après-midi.

2. Le barème

L'ensemble de l'épreuve est noté sur **100 points** :
– dans la première partie, les questions d'histoire et de géographie sont notées sur **20 points chacune**, celles d'EMC sur **10 points**. Les questions de français sont sur 20 points ;
– dans la seconde partie, la dictée et la réécriture sont notées sur 10 points et la rédaction, sur 20 points.

B Comment se déroule l'épreuve ?

1. La première partie

La première partie est consacrée à **la compréhension, l'analyse et l'interprétation de textes et de documents**. Elle comprend deux périodes :
– une **première période**, de 2 heures, porte sur les enseignements d'histoire, de géographie et d'EMC ; elle comporte un exercice dans chaque discipline ;
– une **seconde période**, d'1 heure, porte sur le programme de français ; tu dois répondre à des questions sur un texte littéraire et sur un document iconographique ou audiovisuel.

> **REMARQUE** Tous les exercices de français prennent appui, directement ou non, sur ce texte. Sa bonne compréhension est donc essentielle.

2. La seconde partie

La seconde partie évalue tes capacités de **rédaction** et ta **maîtrise de la langue française**. Elle compte trois exercices :
– une **dictée** de 600 signes environ (20 minutes) ;
– un exercice de **réécriture** sur un court fragment de texte (10 minutes) ;
– un **travail d'écriture** (1 heure 30). Deux sujets de rédaction au choix te sont proposés : un sujet de réflexion et un sujet d'invention.

3 Comment te préparer à l'examen ?

Les épreuves finales du brevet constituent ton premier examen. Cela peut générer du stress. Mais, si tu es en bonne forme et que tu as travaillé régulièrement tout au long de l'année, tu n'as aucune raison de t'inquiéter.

A De manière générale

1. La préparation physique

- Il est en particulier recommandé de **dormir correctement** dans les deux derniers mois avant l'examen. Le manque de sommeil risque en effet de réduire tes performances intellectuelles.

- Pour mieux gérer ton stress, continue de **faire du sport**, sans excès, dans les jours qui précèdent l'examen.

2. La préparation intellectuelle

Cette préparation-là s'effectue tout au long de l'année.

- En premier lieu, sois **attentif en cours**.

- **Apprends tes leçons** au fur et à mesure ; n'attends pas le contrôle. Donne du sens à ce que tu apprends : n'hésite pas à expliquer, par oral ou par écrit, le contenu de ta leçon à un proche ou un camarade de classe.

- Lors de la préparation d'un contrôle, entraîne-toi à **extraire de ta mémoire** ce que tu y as mis. Révise pour de vrai !

> **ATTENTION !** Réviser n'est pas seulement relire. Il faut reformuler mentalement ce que tu révises et, si possible, par écrit, devant une feuille blanche.

B Dans chaque discipline

- En **mathématiques et en sciences**, fais une fiche de révision par chapitre : notes-y les définitions et les propriétés à connaître, illustrées par des exemples rédigés.

- En **français**, prends le temps nécessaire pour lire et apprécier les textes qu'on te donne à lire à la maison (sous forme d'extraits ou d'œuvres complètes).

- En **histoire, géographie et EMC**, pour chaque chapitre, note les points principaux en t'appuyant sur ton cours ou ton manuel.

Quels sont les types d'exercices en mathématiques ?

Un sujet de brevet est composé d'exercices de mathématiques de nature variée. Les exercices fondamentaux font surtout appel à tes connaissances. La plupart des exercices sollicitent ta capacité à résoudre des problèmes.

A Les exercices fondamentaux

● Dans ce type d'exercice, il s'agit d'appliquer une leçon. Tu dois montrer que tu as compris les **notions fondamentales** du programme de maths du collège.

● Si l'exercice prend la forme d'un **QCM** (questionnaire à choix multiple), tu dois choisir parmi plusieurs réponses la seule qui est correcte. Tu n'as pas à justifier ta réponse. Sur ta feuille, indique le numéro de la question et recopie la bonne réponse. Les mauvaises réponses n'ôtent pas de points.

B Les exercices contextualisés

● Les exercices contextualisés s'appuient sur des **situations** issues de la vie courante ou faisant référence à d'autres disciplines, et qui sont modélisées sous une forme mathématique. Leur énoncé peut comprendre un schéma explicatif, une formule, etc.

● Le sujet comprend ainsi souvent un exercice se rapportant au **thème traité dans la seconde partie** de l'épreuve en SVT, physique-chimie et/ou technologie.

C Les exercices de type « tâche complexe »

● Pour certains exercices de type « tâche complexe », une série de **données** et/ou de documents te sont fournis. Une seule question t'est posée.

● Tu dois mobiliser tes connaissances sur **plusieurs leçons** et **trouver toi-même les étapes** à suivre pour résoudre le problème. Ta réponse devra faire apparaître clairement ton raisonnement.

> **CONSEIL** Même si ta démarche n'aboutit pas, n'hésite pas à écrire toutes tes pistes de recherche. Elles comptent dans ta note.

D L'exercice d'algorithmique

● L'exercice d'algorithmique fait référence au logiciel de programmation Scratch.

● Tu dois montrer que tu as **compris un programme** déjà écrit et que tu sais éventuellement le **modifier**.

Comment réussir les exercices de mathématiques ?

Pour réussir un exercice de mathématiques, tu dois comprendre le problème posé, utiliser les données fournies, mobiliser tes connaissances et expliquer clairement ton raisonnement.

A Bien gérer son temps

- Commence par **survoler l'intégralité** du sujet. Les exercices sont indépendants : tu peux les traiter dans l'ordre que tu veux.

- Tu disposes de 2 heures pour faire 6 à 8 exercices : tu dois donc accorder environ **15 minutes** à chacun. Veille néanmoins à garder **10 minutes** à la fin de l'épreuve pour te relire.

- Si tu peines sur une question ou sur un exercice, ne t'y attarde pas trop : passe au suivant, et tu y reviendras ensuite.

B Bien analyser chaque exercice

- Lis une première fois chaque énoncé ; puis relis-le en soulignant les **données clés**.

- En géométrie, si l'énoncé ne fournit pas de figure, **trace rapidement celle-ci au brouillon** : tu visualiseras mieux le problème et feras apparaître des configurations connues.

C Bien rédiger et bien présenter sa copie

1. La présentation de la copie

- Travaille d'abord au brouillon, afin d'éviter les ratures.

- Sur ta copie, indique bien le numéro de chacun des exercices. Quand tu développes un **calcul**, passe à la ligne pour chaque étape et souligne le résultat. Tes **figures** doivent être précises, soignées et bien codées.

2. La qualité de la rédaction

Tu dois **justifier et rédiger** toutes tes réponses, sauf dans les QCM.

- Dans une démonstration, explicite les hypothèses te permettant de faire appel à une propriété, écris la formule employée.

- Quand tu donnes une réponse chiffrée, fais attention à la précision demandée, n'oublie pas l'unité.

- De façon générale, exprime-toi dans un français correct et efforce-toi d'employer avec justesse le vocabulaire mathématique.

6 Comment réussir l'exercice de physique-chimie ?

En physique-chimie, tu dois analyser des documents, faire des calculs et répondre aux questions par des phrases claires.

A Quels sont les documents proposés ?

- Les documents proposés dans un sujet de brevet **rendent compte d'un phénomène** ou présentent le fonctionnement d'un appareil.

- Ils peuvent prendre la forme de textes, de tableaux ou de graphiques. Il peut s'agir simplement de données ou d'une formule.

B Quels sont les types de questions ?

1. Les questions ciblées

- Certaines questions font uniquement appel à tes **connaissances**. Elles peuvent parfois prendre la forme d'un QCM. D'autres questions te conduisent à **prélever des informations** dans les documents.

- On peut également te demander :
- de **calculer** (une vitesse, une énergie, une masse volumique, etc.) ;
- de **tracer une courbe**.

> **REMARQUE** Si un document donne une formule ou une méthode expérimentale que tu n'as pas étudiée en classe, il te suffit de l'appliquer telle quelle.

2. Les questions de synthèse

Certaines questions, plus rares, demandent une **démonstration** : tu devras **confirmer** ou **infirmer** un fait à l'aide des documents et de tes connaissances.

C Comment y répondre ?

- Commence par **lire tous les documents** attentivement. Souligne les mots importants, les valeurs et les unités. Identifie bien les intitulés des lignes et colonnes d'un tableau, les grandeurs dans un graphique.

- La réponse aux questions ciblées est souvent **courte**. Cependant, fais bien attention de ne rien oublier !

- Pour résoudre un calcul, écris d'abord la formule littérale puis effectue l'application numérique. **Précise l'unité** de chaque grandeur.

- La réponse aux questions de synthèse demande un **raisonnement** à partir de tes connaissances et des documents. Tu dois alors décomposer ce raisonnement en étapes.

7. Comment réussir l'exercice de SVT ?

En SVT, il te faut mobiliser tes connaissances pour bien analyser les documents fournis et présenter tes réponses de façon claire.

A. Quels sont les documents proposés ?

- Les documents sont en rapport avec un des thèmes du programme du cycle 4.
- Ils peuvent être **de différents types** : textes, schémas tableaux.

> **ASTUCE** Lire les textes peut te demander un peu temps. Commence donc par lire les questions : tu sauras tout de suite ce que tu dois chercher dans les documents.

B. Quels sont les types de questions ?

1. Les questions ciblées

- Les questions de cours à proprement parler sont rares. Le plus souvent, on te demande de t'appuyer sur les documents pour y **trouver les informations** qui te serviront à étayer ta réponse.
- Les questions sont **indépendantes** les unes des autres, mais il est préférable de les traiter dans l'ordre.

2. Les questions de synthèse

Certaines questions sont plus **ouvertes**. Elles te demandent alors de **synthétiser** les données de plusieurs documents et de **faire un bilan** (par exemple, sur l'aspect positif ou négatif d'une technique).

C. Comment y répondre ?

- Lis les documents **attentivement**. Souligne les éléments qui te permettent de répondre à la question. Tu peux t'aider d'une feuille de brouillon.
- Prends le temps de bien **comprendre** les questions : que te demande-t-on précisément ? Quelles informations dois-tu chercher ? Dans quel(s) document(s) peux-tu les trouver ?
- Pour rédiger ta réponse, choisis bien tes **arguments**, en prenant appui sur les documents. Sois le plus clair possible dans ta rédaction, et veille à bien faire apparaître les **liens logiques** dans tes explications.

8 Comment réussir l'exercice de technologie ?

En technologie, l'essentiel est de bien comprendre et d'analyser le système étudié.

A Quels sont les documents proposés ?

- Il peut s'agir de **textes** expliquant le principe de fonctionnement (complet ou partiel) d'un système technique. Ils sont généralement assez courts.
- Tu auras également affaire à des **schémas**, des **vues en 3D**, des **dessins** annotés du système étudié. Ils te permettront de repérer les éléments du système et leurs fonctions.

B Quels sont les types de questions ?

1. Les questions ciblées

Ce sont avant tout des questions de compréhension. Pour y répondre, tu dois montrer que tu as compris le **fonctionnement** et l'**utilité** du système.

2. Le schéma ou le diagramme à compléter

- Il est possible qu'on te pose une question de programmation. Elle peut prendre la forme d'un algorithme ou d'un extrait de programme Scratch à compléter.
- On peut aussi te demander de compléter la chaîne d'énergie et la chaîne d'information du système. Tu dois alors retrouver les **éléments manquants** dans les documents.

> **CONSEIL** Suis avec ton stylo la chaîne d'énergie et la chaîne d'information lorsque tu es face à ce type de document.

C Comment y répondre ?

- Commence par **lire les documents** attentivement, puis l'ensemble des questions. Essaie de repérer quel document te sera utile pour répondre à telle ou telle question.
- N'hésite pas à **lire** plusieurs fois les documents. Souligne les éléments qui te permettent de répondre aux questions ou de compléter le schéma ou le diagramme. Avant de compléter les documents au propre, fais-le sur une feuille de **brouillon**.
- Les questions sont **indépendantes** les unes des autres. Pour gagner du temps, tu peux répondre d'abord à celles qui te paraissent les plus évidentes.

9 En quoi consiste plus précisément l'épreuve en histoire, géographie et EMC ?

Le matin, au cours des deux premières heures, tu dois traiter trois exercices portant sur ton programme d'histoire, géographie et EMC.

A L'exercice 1 : analyser et comprendre des documents

● L'exercice porte sur un document, parfois deux, se rapportant soit au programme d'**histoire**, soit au programme de **géographie**.

● Les questions appellent des réponses de longueur inégale. En général, tu dois identifier le document, en dégager le sens général, prélever des informations et les exploiter. Le cas échéant, l'une des questions t'invite à porter un regard critique sur le document.

● L'objectif de l'exercice est de vérifier que tu sais analyser et **interpréter un document** en t'appuyant sur tes connaissances en histoire ou en géographie.

B L'exercice 2 : maîtriser différents langages pour raisonner

● Cet exercice comprend une ou deux questions se rapportant soit au programme d'**histoire** (si la géographie a été traitée dans l'exercice précédent), soit à celui de **géographie** (si l'histoire a été traitée précédemment).

● La première question appelle une réponse rédigée sous la forme d'un **développement construit**, dont la longueur est précisée dans la consigne.

● Éventuellement, une seconde question met en jeu un autre langage, à travers un support graphique.

> **REMARQUE** Selon la discipline, il pourra s'agir de compléter une carte, un schéma ou une frise chronologique.

C L'exercice d'enseignement moral et civique

● L'exercice se rapporte à un thème du programme d'enseignement moral et civique. Il comprend un corpus documentaire associé à deux ou trois questions.

● L'objectif est de vérifier ta connaissance des valeurs, principes, notions et acteurs nécessaires à la vie commune au sein d'une société démocratique.

● Les premières questions appellent des réponses brèves. La dernière question fait référence à une **situation pratique**, dans laquelle tu dois te projeter pour rédiger ta réponse. Celle-ci doit être développée ; sa longueur est précisée dans l'énoncé.

10 Comment réussir les exercices d'histoire, géographie et EMC ?

Selon les exercices, les attentes diffèrent : ce ne sont pas les mêmes compétences qui sont évaluées.

A L'analyse de document

● Tu es d'abord interrogé sur la nature du document : tu dois ainsi, selon l'exercice, identifier l'auteur ou la date, le type de document, présenter le contexte.

● Les questions suivantes t'amènent à **relever des informations** dans le document, à expliquer un point précis. Parfois il t'est demandé de porter un regard critique sur les limites du document.

● L'une des questions te conduit à **mettre en relation différents aspects** du document pour construire une réponse plus approfondie. Dans ce cas, ta connaissance du cours est essentielle.

> CONSEIL **Dans une analyse de document, comme dans un développement construit, utilise les mots-clés du chapitre concerné.**

B Le développement construit et la tâche graphique

● Rédiger un développement construit nécessite une bonne **connaissance du sujet** et une certaine **aisance rédactionnelle**. Les deux viennent avec l'entraînement.

● Le jour du brevet, commence par définir les termes principaux du sujet. Puis rédige ton développement en **organisant ton propos en deux ou trois** paragraphes.

● Les **tâches graphiques**, en histoire (frise chronologique) comme en géographie (carte ou schéma), doivent faire l'objet d'un apprentissage régulier au cours l'année. Tu dois être à l'aise avec les repères temporels et spatiaux du programme et savoir les présenter sous une forme visuelle claire.

C L'exercice d'enseignement moral et civique

● L'exercice d'EMC comporte **un ou deux documents** sur un thème : tu dois les étudier en répondant à quelques **questions**.

● La dernière question consiste en une mise en situation. Par exemple, tu dois expliquer à un correspondant étranger en quoi la France est une démocratie. Tu dois donc rédiger ta réponse en intégrant d'une part des éléments de connaissances, vus en cours, d'autre part des éléments rédactionnels qui montreront que tu as bien pris en compte la situation.

11 Comment réussir les questions de français ?

Les questions portent sur un texte d'une trentaine de lignes, d'un auteur de langue française. Ce texte est accompagné d'un document iconographique, sonore ou audiovisuel.

A Comprendre les documents

● **Lis deux ou trois fois le texte**. Identifie son **genre**. Mobilise tes connaissances sur l'auteur, si tu le connais, et sur l'époque de parution du livre.

● Dans le cas d'un texte narratif, repère les personnages, le lieu et l'époque de l'action. **Qui raconte** ? S'agit-il d'un récit à la 1e personne, à la 3e personne ?

● Regarde attentivement le **document iconographique ou audiovisuel**. Quel élément commun permet de faire le lien avec le texte ?

● Note les **réactions** que les deux documents provoquent en toi : compassion, rire, sentiment de révolte…

B Comprendre les questions

1. Les questions sur le texte

● Deux ou trois questions portent sur les **grandes caractéristiques** du texte : thème, structure, personnage(s), point de vue, etc.

● D'autres questions, plus ponctuelles, t'interrogent sur des **faits de langue** : vocabulaire, figures de style, temps des verbes, etc.

● Les dernières questions te permettent de faire le bilan et de donner ton **avis personnel** : expliciter la visée de l'auteur, dégager l'intérêt du texte…

2. Les questions sur le texte et l'image

Deux questions t'invitent à confronter le texte et le document iconographique. En général, l'une te fait travailler sur l'image, l'autre te demande de justifier le rapprochement avec le texte.

C Répondre aux questions

● Lis l'ensemble des questions avant de commencer à répondre. Elles suivent généralement une progression : tu as donc tout intérêt à les traiter **dans l'ordre**.

● Toutes tes **réponses** doivent être **rédigées**.

● La ou les question(s) faisant appel à ton avis personnel demande(nt) une réponse plus longue et détaillée. Tu t'appuieras sur les documents.

> **CONSEIL** Expose ton point de vue de manière claire, précise et argumentée. Une réponse nuancée est toujours la bienvenue.

12 Comment réussir la dictée et la réécriture ?

Par le nombre de points, la réécriture et la dictée ont la même importance. Tu disposes de 20 minutes pour la dictée et de 10 minutes pour la réécriture.

A Réussir la dictée

- Lors de la première lecture, écoute attentivement le texte pour bien en comprendre le sens. Repère le temps dominant et sois attentif aux liaisons.

> **INFO** Le texte de la dictée a toujours un rapport avec le texte support des questions : même œuvre, même auteur ou même thème.

- Ensuite, relis-toi deux fois :
– la première fois, vérifie toutes les **formes verbales** : temps et accord avec le sujet. Quand tu entends le son [e], demande-toi s'il s'agit d'un participe passé ou d'un infinitif. N'oublie pas d'accorder les **participes passés** qui doivent l'être.

– la seconde fois, concentre-toi sur le nombre des noms et les **accords des adjectifs**. Pose-toi la question « Qui est-ce qui est… ? » ou « Qu'est-ce qui est… ? » devant chacun d'entre eux.

- Sois également attentif aux **homonymes grammaticaux** employés (*ou/où, quand/qu'en, c'est/s'est*…).

- Soigne ton écriture et forme correctement les accents ; respecte la ponctuation. **Toutes les fautes comptent** !

B Réussir la réécriture

- L'exercice te demande de réécrire un passage du texte en fonction de différentes **contraintes grammaticales** : selon le cas, il peut s'agir de modifier le sujet du premier verbe (changement de nombre, de genre et/ou de personne), ou son temps, ou de réécrire le texte au discours indirect, etc.

- Le changement initial entraîne des transformations orthographiques. Avant de réécrire le texte, **souligne tous les mots qu'il faut modifier**. Lorsqu'on te demande de changer la personne du sujet, n'oublie pas que certains pronoms personnels et déterminants possessifs vont peut-être aussi changer.

- Sois vigilant lorsque tu réécris le texte, y compris aux mots qui ne changent pas : toutes les fautes de copie sont pénalisées !

(13) Comment réussir la rédaction ?

Tu as le choix entre un sujet de réflexion et un sujet d'invention. Tous deux portent sur la même thématique que les documents distribués dans la première partie de l'épreuve.

A Comprendre le sujet

Lis les deux sujets, et choisis rapidement celui que tu veux traiter.

1. Le sujet de réflexion

● On te demande d'exprimer **ton avis** sur une question précise. Tu dois écrire un texte à dominante **argumentative** en justifiant ton point de vue.

● Le plus souvent, il s'agit d'écrire un petit essai. On peut aussi te demander de développer une argumentation dans une lettre ou sous forme de dialogue.

2. Le sujet d'invention

● Il peut s'agir d'écrire la suite d'un récit, de raconter la même scène en changeant de point de vue, ou d'imaginer une autre scène sur le même thème. On pourra également te demander de **raconter une expérience personnelle**, en précisant les sentiments que tu as éprouvés à cette occasion.

> CONSEIL **Pense à enrichir tes récits par des descriptions et des dialogues, même lorsque les consignes ne le précisent pas.**

● La consigne t'indique clairement le **type de texte** attendu : texte essentiellement narratif, lettre, récit avec passages dialogués…

B Travailler au brouillon

● Accorde **50 minutes** à cette phase.

● Pour un **sujet de réflexion**, contente-toi d'écrire au brouillon le plan et les idées principales de chaque paragraphe, sans faire de phrases complètes. L'introduction et la conclusion en revanche seront totalement rédigées.

● Pour un **sujet d'invention**, rédige tout ton texte au brouillon. Écris au crayon et saute des lignes. Organise ton texte **en paragraphes**.

● Quand tu as terminé ton premier jet, **retravaille-le** : vérifie que les phrases s'enchaînent bien et qu'il n'y a pas trop de répétitions ; puis corrige les erreurs.

C Recopier efficacement

● Accorde-lui **30 minutes** à cette dernière étape. Recopie lisiblement. Ton texte doit faire 2 pages minimum, soit 300 mots environ.

● Il te restera **10 minutes** pour te relire et supprimer les erreurs d'inattention.

Comment s'organise l'épreuve orale du brevet ?

L'épreuve orale d'EPI (enseignements pratiques interdisciplinaires) est composée d'un exposé suivi d'un entretien avec un jury.

A Comment se déroule l'épreuve ?

- Ton exposé doit présenter l'un des projets d'EPI réalisé en 5e, 4e ou 3e, ou un travail mené dans le cadre des parcours « avenir », « citoyen » ou « éducation artistique et culturelle ». C'est à toi de choisir ce que tu veux présenter.

- Tu dois montrer ce que ton projet t'a apporté et que tu sais t'exprimer de façon claire. Tu peux présenter une réalisation concrète (vidéo, diaporama…) mais uniquement pour **appuyer** ton exposé.

- Tu peux passer l'oral seul ou à plusieurs (avec au maximum deux camarades). Si tu passes l'oral seul, ton exposé doit durer 5 minutes, suivies de 10 minutes d'entretien avec le jury. En groupe, l'exposé dure 10 minutes et l'entretien 15 minutes. Chaque candidat doit s'exprimer.

> **REMARQUE** Tes parents devront informer le chef d'établissement du thème choisi. Ils préciseront l'intitulé et le contenu du projet réalisé, l'EPI et la thématique ou le parcours éducatif, les matières impliquées et si tu passeras l'épreuve seul ou à plusieurs.

B Quelles sont les attentes du jury ?

L'épreuve est notée sur 100 points :
– 50 points pour la maîtrise de l'expression orale ;
– 50 points pour la maîtrise du sujet présenté.

1. L'expression orale

Tu dois montrer que tu es capable :
– de t'exprimer devant plusieurs personnes et d'échanger avec elles ;
– d'utiliser un vocabulaire correct, précis et varié ;
– d'exposer ton point de vue, de décrire tes sentiments…

2. La maîtrise du sujet

Sur cet aspect, le jury évalue :
– le plan de ton exposé ;
– la conception et la réalisation de ton projet, l'utilisation ou non du numérique ;
– le regard critique que tu peux porter sur ton projet : le travail fourni, les obstacles rencontrés, le résultat final…

> **CONSEIL** S'exprimer en public, surtout quand on a le trac, est difficile. Entraîne-toi un maximum avant l'épreuve.

32 sujets pour réussir...

... la première épreuve écrite du brevet

- **Sujet complet**
  Sujet 1 28

- **Maths**
  Sujets 2 à 24 48

- **Physique-chimie – SVT**
  Sujets 25 à 27 106

- **Physique-chimie – Technologie**
  Sujets 28 à 30 126

- **SVT – Technologie**
  Sujets 31 et 32 149

Brevet blanc n° 1 : mathématiques, physique-chimie et technologie

1re partie • Mathématiques (2 heures)

EXERCICE 1 • AFFIRMATIONS ET PREUVES — 8 POINTS

Pour chacune des affirmations suivantes, dire si elle est vraie ou fausse en justifiant soigneusement la réponse.

▶ **1.** Un sac contient 6 jetons rouges, 2 jetons jaunes et des jetons verts. La probabilité de tirer un jeton vert vaut 0,5.
Affirmation : le sac contient 4 jetons verts.

▶ **2.** En informatique, on utilise comme unités de mesure les multiples suivants de l'octet :
1 ko = 10^3 octets, 1 Mo = 10^6 octets, 1 Go = 10^9 octets,
1 To = 10^{12} octets,
où ko est l'abréviation de kilo-octet, Mo celle de mégaoctet, Go celle de gigaoctet, To celle de téraoctet.
On partage un disque dur de 1,5 To en dossiers de 60 Go chacun.
Affirmation : on obtient ainsi 25 dossiers.

▶ **3.** Sur la figure codée ci-contre, les points B, A et E sont alignés.
Affirmation : l'angle $\widehat{EAC}$ mesure 137°.

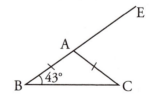

▶ **4.** Un verre de forme conique est complètement rempli.
On verse son contenu de sorte que la hauteur du liquide soit divisée par 2.
Affirmation : le volume du liquide est divisé par 6.

EXERCICE 2 • HAUTEUR DE LA MER   4 POINTS

Le *marnage* désigne la différence de hauteur entre la basse mer et la pleine mer qui suit.

On considère qu'à partir du moment où la mer est basse, celle-ci monte de 1/12 du marnage pendant la première heure, de 2/12 pendant la deuxième heure, de 3/12 pendant la troisième heure, de 3/12 pendant la quatrième heure, de 2/12 pendant la cinquième heure et de 1/12 pendant la sixième heure. Au cours de chacune de ces heures, la montée de la mer est supposée régulière.

▶ **1.** À quel moment la montée de la mer atteint-elle le quart du marnage ?

▶ **2.** À quel moment la montée de la mer atteint-elle le tiers du marnage ?

EXERCICE 3 • PRIMES POUR DES CYCLISTES   4 POINTS

Pour la fête d'un village on organise une course cycliste. Une prime totale de 320 euros sera répartie entre les trois premiers coureurs. Le premier touchera 70 euros de plus que le deuxième et le troisième touchera 80 euros de moins que le deuxième.

Déterminer la prime de chacun des trois premiers coureurs.

EXERCICE 4 • ALGORITHME SOUS SCRATCH   6 POINTS

▶ **1.** Pour réaliser la figure ci-dessus, on a défini un motif en forme de losange et on a utilisé l'un des deux programmes A et B ci-après.

Déterminer lequel et indiquer par une figure à main levée le résultat que l'on obtiendrait avec l'autre programme.

Motif

```
définir Motif
stylo en position d'écriture
avancer de 40
tourner ↻ de 45 degrés
avancer de 40
tourner ↻ de 135 degrés
avancer de 40
tourner ↻ de 45 degrés
avancer de 40
tourner ↻ de 135 degrés
relever le stylo
```

Brevet blanc de mathématiques, physique-chimie et technologie   **SUJET 1**

Programme A

```
quand [drapeau] cliqué
cacher
effacer tout
choisir la taille 1 pour le stylo
aller à x: -230 y: 0
s'orienter à 90
répéter 8 fois
    Motif
    avancer de 55
```

Programme B

```
quand espace est cliqué
cacher
effacer tout
choisir la taille 1 pour le stylo
aller à x: 0 y: 0
s'orienter à 90
répéter 8 fois
    Motif
    tourner de 45 degrés
```

▶ **2.** Combien mesure l'espace entre deux motifs successifs ?

▶ **3.** On souhaite réaliser la figure ci-dessous :

Pour ce faire, on envisage d'insérer l'instruction `ajouter 1 à la taille du stylo` dans le programme utilisé à la question **1**. Où faut-il insérer cette instruction ?

EXERCICE 5 • RÉGLAGE DES FEUX DE CROISEMENT D'UNE VOITURE   5 POINTS

Pour régler les feux de croisement d'une automobile, on la place face à un mur vertical. Le phare, identifié au point P, émet un faisceau lumineux dirigé vers le sol.
On relève les mesures suivantes :
PA = 0,7 m, AC = QP = 5 m et CK = 0,61 m.

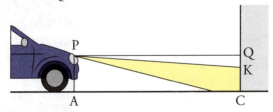

Sur le schéma ci-dessous, qui n'est pas à l'échelle, le point S représente l'endroit où le rayon supérieur du faisceau rencontrerait le sol en l'absence du mur.

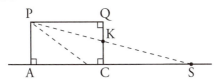

On considère que les feux de croisement sont bien réglés si le rapport $\dfrac{QK}{QP}$ est compris entre 0,015 et 0,02.

▶ **1.** Vérifier que les feux de croisement de la voiture sont bien réglés.

▶ **2.** À quelle distance maximale de la voiture un obstacle se trouvant sur la route est-il éclairé par les feux de croisement ?

EXERCICE 6 • TAILLE DE CARREAUX MURAUX   6 POINTS

Un panneau mural a pour dimensions 240 cm et 360 cm. On souhaite le recouvrir avec des carreaux de forme carrée, tous de même taille, posés bord à bord sans jointure.

▶ **1.** Peut-on utiliser des carreaux de : 10 cm de côté ? 14 cm de côté ? 18 cm de côté ?

▶ **2.** Quelles sont toutes les tailles possibles de carreaux comprises entre 10 et 20 cm ?

▶ **3.** On choisit des carreaux de 15 cm de côté. On pose une rangée de carreaux bleus sur le pourtour et des carreaux blancs ailleurs. Combien de carreaux bleus va-t-on utiliser ?

EXERCICE 7 • DISTANCE DE FREINAGE ET VITESSE   12 POINTS

La distance de freinage d'un véhicule est la distance parcourue par celui-ci entre le moment où le conducteur commence à freiner et celui où le véhicule s'arrête. Celle-ci dépend de la vitesse du véhicule. La courbe ci-après donne la distance de freinage d, exprimée en mètres, en fonction de la vitesse v du véhicule, en m/s, sur une route mouillée.

Brevet blanc de mathématiques, physique-chimie et technologie SUJET 1

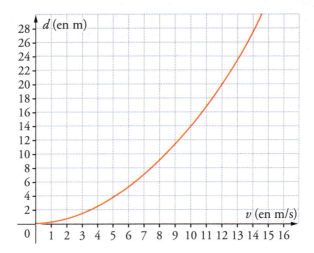

▶ **1.** Démontrer que 10 m/s = 36 km/h.

▶ **2. a)** D'après ce graphique, la distance de freinage est-elle proportionnelle à la vitesse du véhicule ?
b) Estimer la distance de freinage d'une voiture roulant à la vitesse de 36 km/h.
c) Un conducteur, apercevant un obstacle, décide de freiner. On constate qu'il a parcouru 25 mètres entre le moment où il commence à freiner et celui où il s'arrête. Déterminer, avec la précision permise par le graphique, la vitesse à laquelle il roulait en m/s.

▶ **3.** On admet que la distance de freinage d, en mètres, et la vitesse v, en m/s, sont liées par la relation $d = 0{,}14\,v^2$.
a) Retrouver par le calcul le résultat obtenu à la question **2. b)**.
b) Un conducteur, apercevant un obstacle, freine ; il lui faut 35 mètres pour s'arrêter. À quelle vitesse roulait-il ?

2de partie • Physique-chimie et technologie (1 heure)

■ La sécurité du freinage en voiture

La sécurité sur les routes dépend notamment du respect des distances de sécurité, de la capacité des conducteurs à réagir rapidement lorsqu'ils aperçoivent un obstacle sur la route et de la performance du système de freinage du véhicule. On étudie, dans les deux exercices qui suivent, les distances d'arrêt et de sécurité d'un véhicule et le dispositif de freinage sans blocage des roues.

1. PHYSIQUE-CHIMIE • DISTANCE D'ARRÊT ET DISTANCE DE SÉCURITÉ D'UN VÉHICULE   25 POINTS

DOCUMENT 1

La connaissance de la distance d'arrêt d'un véhicule est importante pour la sécurité routière. La figure ci-dessous fait apparaître trois distances caractéristiques.

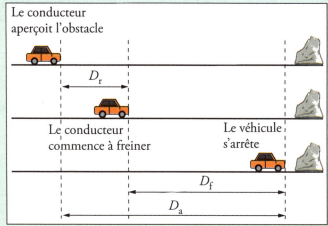

- D_r est la distance de réaction. C'est la distance parcourue par le véhicule entre le moment où le conducteur aperçoit l'obstacle et le moment où il commence à freiner. Elle dépend de la durée de réaction du conducteur.
- D_f est la distance de freinage. C'est la distance parcourue par le véhicule entre le moment où le conducteur commence à freiner et le moment où le véhicule s'arrête.
- D_a est la distance d'arrêt. C'est la distance parcourue par le véhicule entre le moment où le conducteur aperçoit un obstacle et l'arrêt du véhicule.

Brevet blanc de mathématiques, physique-chimie et technologie   SUJET   1

DOCUMENT 2

Le tableau suivant présente, pour différentes vitesses, la distance de réaction et la distance de freinage sur route sèche d'un véhicule correctement entretenu.

Vitesse (km/h)	0	30	50	90	100	110	130
Vitesse (m/s)	0	8	14	25	28	31	36
D_r (m)	0	8	14	25	28	31	36
D_f (m)	0	6	16	50	62	75	104

▶ **1. Distance d'arrêt.** Au voisinage d'un collège, un véhicule roule à 30 km/h, vitesse maximale autorisée. Donner la valeur de la distance de réaction D_r, de la distance de freinage D_f et calculer la valeur de la distance d'arrêt D_a. Commenter la valeur de la distance d'arrêt obtenue en la comparant à celle d'une autre longueur ou distance que vous choisirez.

▶ **2. Énergie cinétique.** Rappeler l'expression de l'énergie cinétique d'un objet en fonction de sa masse m et de sa vitesse V. Calculer l'énergie cinétique d'un véhicule de masse $m = 1\ 000$ kg roulant à 50 km/h. Lors du freinage, l'énergie cinétique du véhicule diminue jusqu'à s'annuler. Décrire ce que devient cette énergie.

▶ **3. Code de la route et distance de sécurité.**

DOCUMENT 3

Le code de la route définit la distance de sécurité entre deux véhicules : « Lorsque deux véhicules se suivent, le conducteur du second doit maintenir une distance de sécurité suffisante pour pouvoir éviter une collision en cas de ralentissement brusque ou d'arrêt subit du véhicule qui le précède. Cette distance est d'autant plus grande que la vitesse est plus élevée. **Elle correspond à la distance parcourue par le véhicule pendant une durée d'au moins deux secondes.** » (Article R412-12 du code de la route.)

DOCUMENT 4

Sur autoroute, les panneaux ci-dessous expliquent aux conducteurs comment respecter la distance de sécurité.
L'automobiliste doit veiller à ce que le véhicule qui le précède soit séparé de lui d'au moins deux traits blancs sur le côté droit de la route.

Le schéma ci-dessous représente les traits blancs et donne leurs longueurs exprimées en mètres.

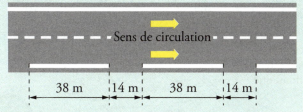

Sur autoroute et par temps sec, la vitesse des véhicules est limitée à 130 km/h.

Question : à l'aide de calculs simples, expliquer pourquoi, sur autoroute, la règle « un automobiliste doit veiller à ce que le véhicule qui le précède soit séparé de lui d'au moins deux traits blancs » permet d'avoir une distance de sécurité suffisante.

Brevet blanc de mathématiques, physique-chimie et technologie **SUJET 1**

2. TECHNOLOGIE • LE DISPOSITIF DE FREINAGE SANS BLOCAGE DES ROUES (ANTI-BLOCAGE SYSTEM : ABS)   25 POINTS

DOCUMENT 1

Lors d'un freinage, il est important pour la sécurité de ne pas bloquer les roues car cela permet de conserver de bonnes conditions d'adhérence avec la route et d'éviter la perte du contrôle du véhicule en cas de changement de trajectoire ou de conditions différentes de contact des roues avec le sol (une roue sur une flaque d'eau et les autres sur le bitume sec).

DOCUMENT 2

La structure matérielle de l'équipement ABS est représentée sur la figure suivante.

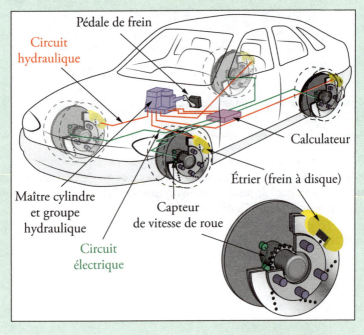

Brevet blanc de mathématiques, physique-chimie et technologie SUJET 1

DOCUMENT 3

Le principe du freinage ABS est le suivant :
Lorsque le chauffeur appuie sur la pédale de frein, le maître-cylindre alimente en huile le groupe hydraulique qui régule la pression d'huile dans le circuit hydraulique. Les pistons portés par les étriers et disposés de part et d'autre du disque sont poussés par l'huile sous pression, ils pincent fortement le disque solidaire de la roue qui ralentit. Si le pincement est trop fort, la roue peut se bloquer. Pour éviter cela, un capteur détecte la vitesse de la roue et délivre cette information au calculateur. Si la vitesse devient trop faible et proche du blocage, le calculateur donne l'ordre au groupe hydraulique de diminuer la pression. Ainsi, grâce à l'ensemble capteur de vitesse-calculateur-groupe hydraulique, la pression est régulée lors d'un appui sur la pédale de frein pour obtenir la meilleure efficacité du freinage sans blocage.

▶ **1.** Expliquer pourquoi il est indispensable de doter les quatre roues d'un capteur de vitesse.

▶ **2.** À partir de l'analyse de la figure du document 2, compléter la figure ci-dessous en associant un composant matériel à chaque fonctionnalité.

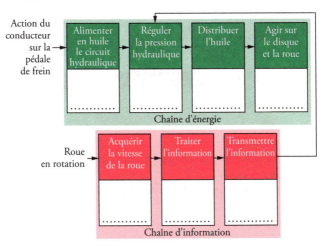

▶ **3.** La figure ci-après, présente l'algorithme du freinage ABS pour une roue. Compléter les parties manquantes.

Brevet blanc de mathématiques, physique-chimie et technologie SUJET 1

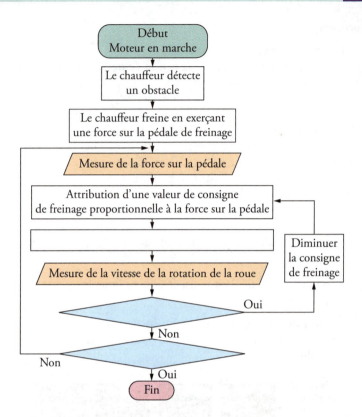

LES CLÉS DU SUJET

■ **Mathématiques**

Exercice 1

Points du programme

Probabilités • Propriétés des triangles • Agrandissement/réduction.

Nos coups de pouce

▶ **3.** Pense aux propriétés angulaires des triangles isocèles.

Exercice 2

Points du programme

Fractions.

Nos coups de pouce

▶ **2.** Après la deuxième heure, si $\frac{2}{12}$ correspond à 1 heure alors $\frac{1}{12}$ correspond à $\frac{1}{2}$ heure.

Brevet blanc de mathématiques, physique-chimie et technologie **SUJET 1**

1ʳᵉ ÉPREUVE

Exercice 3

Points du programme

Mise en équation et résolution.

Nos coups de pouce

Écris la somme reçue par chaque cycliste en fonction de la somme reçue par le deuxième cycliste.

Exercice 4

Points du programme

Lecture d'un algorithme informatique.

Nos coups de pouce

▶ **1.** Avec le programme B, la dernière instruction fait subir à la figure une rotation.

Exercice 5

Points du programme

Théorème de Thalès • Calcul fractionnaire.

Nos coups de pouce

▶ **1.** Trouve QC en considérant les propriétés du quadrilatère PQCA.

▶ **2.** Utilise le théorème de Thalès pour déterminer SC puis, par addition, trouver SA.

Exercice 6

Points du programme

Divisibilité.

Nos coups de pouce

▶ **2.** Fais un tableau permettant de tester quelles valeurs entre 10 et 20 sont des diviseurs de 360 et 240.

▶ **3.** Pense à faire un schéma à main levée.

Exercice 7

Points du programme

Conversion de vitesse • Lectures graphiques • Calcul dans une expression littérale.

Nos coups de pouce

▶ **1.** Convertis les mètres en kilomètres ; utilise le fait qu'il y a 3 600 secondes dans 1 heure.

▶ **2.** Lis graphiquement les images et antécédents.

▶ **3. a)** Remplace v par 10 dans la formule.

b) Résous l'équation $35 = 0{,}14 \times v^2$.

Brevet blanc de mathématiques, physique-chimie et technologie SUJET 1

■ Physique-chimie

Comprendre les documents

• Le document 1 explique que la distance d'arrêt d'un véhicule lorsqu'il freine se décompose en distance de réaction et en distance de freinage.

• Le document 2 détaille les distances de réaction et de freinage, en fonction de la vitesse du véhicule.

• Le document 3 donne la définition de la distance de sécurité selon le code de la route.

• Le document 4 reproduit un panneau montrant une façon simple de déterminer la distance de sécurité entre deux voitures. Le schéma qui l'accompagne permet de calculer cette distance.

Répondre aux questions

▶ **1.** Le document 2 permet de calculer la distance d'arrêt demandée. Pour commenter cette distance, il est plus simple de calculer une autre distance d'arrêt d'après ce tableau et de la comparer avec celle d'une voiture allant à 30 km/h.

▶ **2.** Pour calculer l'énergie cinétique, utilise les vitesses en m/s du document 2. N'oublie pas qu'aucune énergie ne peut se « perdre » !

▶ **3.** Utilise les documents 3 et 4 pour faire tes calculs, sans perdre de vue que deux traits blancs correspondent bien à une distance.

■ Technologie

Comprendre les documents

• Le document 1 présente le besoin auquel répond le système ABS.

• Le document 2 est un schéma permettant de visualiser les différents composants du système.

• Le document 3 détaille le principe de fonctionnement du système d'anti-blocage de roues.

Répondre aux questions

▶ **1.** Le document 1 explique pourquoi il est préférable que les roues ne se bloquent pas.

▶ **2.** Lis bien le document 3 : il fait apparaître tous les éléments du système ABS et le rôle de chacun d'entre eux. Le document 2 te permet de situer chacun de ces éléments sur une voiture et de suivre le chemin pris par l'information et celui pris par l'énergie.

▶ **3.** Utilise le document 3 pour déterminer les étapes manquantes sur l'organigramme.

Brevet blanc de mathématiques, physique-chimie et technologie **CORRIGÉ 1**

CORRIGÉ 1

1ʳᵉ partie • Mathématiques

EXERCICE 1

▶ **1. Affirmation fausse.** Comme p(« tirer un jeton vert ») = 0,5, cela signifie que la moitié des jetons du sac sont verts.
Puisque le sac contient 8 jetons qui ne sont pas verts, il contient également 8 jetons verts.

▶ **2. Affirmation vraie.** Il faut d'abord convertir les valeurs dans la même unité, par l'exemple l'octet :

1,5 To = $1,5 \times 10^{12}$ octets

60 Go = 60×10^9 octets.

On obtient alors : $\dfrac{1,5 \times 10^{12}}{60 \times 10^9} = 0,025 \times 10^3 = 25$ dossiers.

▶ **3. Affirmation fausse.** Le triangle ABC a 2 côtés égaux donc il est isocèle en A et ses angles à la base sont égaux.

Donc $\widehat{ABC} = \widehat{ACB} = 43°$.

La somme des angles d'un triangle vaut 180° donc $\widehat{BAC} = 94°$.

> **Rappel**
> Un triangle isocèle a deux angles égaux.

Puisque les points B, A et E sont alignés, l'angle $\widehat{BAE}$ est plat et vaut 180°.

Puisque les angles $\widehat{BAC}$ et $\widehat{EAC}$ sont adjacents, par soustraction on a :

$\widehat{EAC} = 180 - 94 = \boxed{86°}$.

▶ **4. Affirmation fausse.** Si la hauteur est divisée par 2, le volume est divisé par $2^3 = \boxed{8}$.

EXERCICE 2

▶ **1.** $\dfrac{1}{4} = \dfrac{3}{12}$ or $\dfrac{1}{12} + \dfrac{2}{12} = \dfrac{3}{12}$.

L'eau atteint donc le quart du marnage au bout de 2 heures.

▶ **2.** $\dfrac{1}{3} = \dfrac{4}{12}$ or $\dfrac{1}{12} + \dfrac{2}{12} + \dfrac{1}{12} = \dfrac{4}{12}$.

Brevet blanc de mathématiques, physique-chimie et technologie CORRIGÉ 1

Au bout de 2 heures, l'eau atteint $\frac{3}{12}$ du marnage. Pendant la 3e heure, l'eau monte de $\frac{2}{12}$. Comme on suppose que la montée des eaux est régulière sur cette 3e heure, en 30 minutes elle monte de $\frac{1}{12}$. Donc l'eau atteint le tiers du marnage au bout de 2 heures 30.

EXERCICE 3

Il s'agit d'un problème de mise en équation.
Notons x la somme en euros gagnée par le deuxième coureur.
Le premier coureur touche donc $70 + x$ €.
Le troisième coureur touche donc $x - 80$ €.
La somme totale touchée par les trois coureurs est de 320 €.
Donc x vérifie l'équation $x + 70 + x + x - 80 = 320$. Soit :
$3x - 10 = 320$
$3x = 330$
$x = \frac{330}{3} = 110$ €.

> **Attention !**
> N'oublie pas la somme x touchée par le deuxième coureur !

Le premier coureur touche $70 + 110 = 180$ € ; le deuxième coureur touche 110 € et le troisième coureur touche $110 - 80 = 30$ €.

EXERCICE 4

▶ **1.** C'est le programme A qui permet d'obtenir la suite de losanges. Avec le programme B, on obtiendrait :

▶ **2.** Chaque motif a une longueur de 40 et l'écart total d'un point du motif au même point du motif suivant est 55. Donc l'écart entre deux motifs est de 15.

Brevet blanc de mathématiques, physique-chimie et technologie **CORRIGÉ** **1**

▶ **3.** Il faut rajouter cette instruction à l'intérieur de la boucle, après le dessin du motif.

quand ⚑ cliqué
cacher
effacer tout
choisir la taille ① pour le stylo
aller à x: -230 y: 0
s'orienter à 90▾
répéter ⑧ fois
  Motif
  avancer de 55
  ajouter ① à la taille du stylo

EXERCICE 5

▶ **1.** Le quadrilatère PQCA a trois angles droits c'est donc un rectangle. On en déduit que PA = QC et donc QK = PA − KC. Alors :

$$\frac{QK}{QP} = \frac{PA - KC}{QP} = \frac{0,7 - 0,61}{5} = \frac{0,09}{5} = \boxed{0,018}.$$

Attention !
Ce calcul n'est possible que parce que les points Q, K et C sont alignés.

Ce quotient étant bien compris entre 0,015 et 0,02, les feux de la voiture sont bien réglés.

▶ **2.** Il s'agit de calculer AS.

Calculons d'abord SC :

Les droites (PS) et (QC) sont sécantes en K.

Les droites (PQ) et (CA) sont parallèles car toutes deux perpendiculaires à la même droite (QC).

Rappel
N'oublie pas de justifier que les droites (PQ) et (CA) sont parallèles !

Donc, d'après le théorème de Thalès, on a :

$$\frac{QK}{KC} = \frac{PK}{KS} = \frac{QP}{SC}.$$

Donc :

$$\frac{0,09}{0,61} = \frac{PK}{KS} = \frac{5}{SC}$$

$$SC = \frac{0,61 \times 5}{0,09} \approx 33,9 \text{ m}.$$

Brevet blanc de mathématiques, physique-chimie et technologie **CORRIGÉ** **1**

Or SA = SC + CA ≈ 33,9 + 5.

Donc $\boxed{\text{SA} \approx 38,9 \text{ m}}$.

EXERCICE 6

▶ **1.** 240 et 360 sont divisibles par 10 donc on peut prendre des carreaux de 10 cm de côté.

240 et 360 ne sont pas divisibles par 14 donc on ne peut pas prendre des carreaux de 14 cm de côté.

240 n'est pas divisible par 18 donc on ne peut pas prendre des carreaux de 18 cm de côté.

▶ **2.** Il s'agit de trouver les diviseurs communs à 360 et 240 compris entre 10 et 20.

Il ne reste qu'à tester les valeurs 11, 12, 13, 15, 16, 17, 19 et 20 puisque 10, 14 et 18 ont été traités à la question **1.**

	360 est divisible par…	240 est divisible par…
11	non	non
12	oui	oui
13	non	non
15	oui	oui
16	non	oui
17	non	non
19	non	non
20	oui	oui

Il y a donc 4 tailles possibles : 10 cm, 12 cm, 15 cm et 20 cm.

▶ **3.** 360 ÷ 15 = 24 carreaux et 240 ÷ 15 = 16 carreaux.

Pour faire le tour avec des carreaux bleus, il faudra en tout :

$24 \times 2 + 2 \times (16 - 2) = \boxed{76 \text{ carreaux bleus}}$.

EXERCICE 7

▶ **1.** Une voiture qui parcourt 10 m en 1 s, parcourt 0,010 km en 1 s (conversion de longueur).

Comme il y a 3 600 s dans une heure, en 1 h, à la même vitesse, cette voiture parcourt 0,010 × 3 600 km, c'est-à-dire 36 km.

Donc $\boxed{10 \text{ m/s} = 36 \text{ km/h}}$.

Brevet blanc de mathématiques, physique-chimie et technologie **CORRIGÉ** **1**

▶ **2. a)** La distance de freinage n'est pas proportionnelle à la vitesse du véhicule car la courbe tracée n'est pas une droite passant par l'origine du repère.

b) À 36 km/h, c'est-à-dire 10 m/s, la distance de freinage est de 14 m.

c) Si la distance de freinage est de 25 m, c'est que le véhicule roule à environ 13,5 m/s.

▶ **3. a)** La vitesse du véhicule est de 10 m/s, donc la distance de freinage est :
$d = 0,14 \times 10^2 = 0,14 \times 100 = 14$.

Le véhicule parcourt bien 14 m.

b) On cherche la vitesse v telle que $35 = 0,14 \times v^2$.

On résout l'équation :
$v^2 = 35 \div 0,14 = 250$
$v = \sqrt{250}$ ou $v = -\sqrt{250}$.

Puisque la vitesse est une grandeur positive, v vaut $\sqrt{250}$ m/s, soit environ 15,8 m/s.

2de partie ● Physique-chimie et technologie

1. PHYSIQUE-CHIMIE

▶ **1.** La distance de réaction est $D_r = 8$ m.

La distance de freinage est $D_f = 6$ m.

La distance d'arrêt est donnée par $D_a = D_r + D_f = 8 + 6 = 14$ m.

La distance d'arrêt est donc de 14 mètres lorsqu'un véhicule roule à 30 km/h.

On peut calculer la distance d'arrêt d'un véhicule allant à 50 km/h, d'après le tableau, de la même façon. On trouve $D'_a = 30$ m. Si on compare D'_a avec D_a, on constate qu'une voiture allant à 50 km/h a besoin de plus du double de distance pour s'arrêter que si elle allait à 30 km/h, ce qui ferait courir bien plus de danger aux collégiens qui croiseraient sa route. Il est donc normal que la vitesse soit limitée à 30 km/h devant un collège plutôt qu'à 50 km/h.

▶ **2.** L'énergie cinétique d'un objet de masse m, allant à une vitesse V est
$E_c = \dfrac{1}{2} \times m \times V^2$.

D'après le tableau, on peut écrire $V = 50$ km/h $= 14$ m/s.

D'où $E_c = \dfrac{1}{2} \times m \times V^2 = \dfrac{1}{2} \times 1\,000 \times (14)^2 = \boxed{9{,}8 \times 10^4 \text{ J}}$.

L'énergie cinétique acquise par ce véhicule diminue lorsque la vitesse diminue mais cette énergie ne peut pas disparaître, elle ne peut que se transformer en une autre forme d'énergie. Elle se transforme en énergie thermique (en chaleur) au niveau des freins.

▶ **3.** Un véhicule roule à la vitesse maximale autorisée, c'est-à-dire à $V = 130$ km/h $= 36$ m/s. La distance de sécurité doit correspondre à celle parcourue pendant $t = 2$ s. On calcule cette distance d pour une voiture allant à 130 km/h :

$d = V \times t = 36 \times 2 = \boxed{72 \text{ m}}$.

Or la distance correspondant à 2 traits est $d_{2T} = (2 \times 38) + 14 = \boxed{90 \text{ m}}$.

On constate en effet qu'en allant à la vitesse maximale autorisée, le véhicule a besoin de 72 m pour s'arrêter mais dispose de 90 m. S'il roule à 2 traits de distance par rapport au véhicule qui le précède, il dispose d'une distance suffisante pour s'arrêter. Les 2 traits permettent donc une distance de sécurité suffisante entre deux véhicules roulant l'un derrière l'autre.

2. TECHNOLOGIE

▶ **1.** Quand les roues sont bloquées, elles n'adhèrent plus au sol. Si les roues ont des conditions différentes de contact avec le sol, ou si l'on doit changer de trajectoire, on risque de perdre le contrôle du véhicule.

▶ **2.**

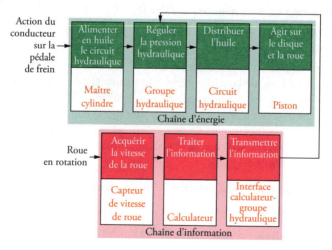

▶ **3.**

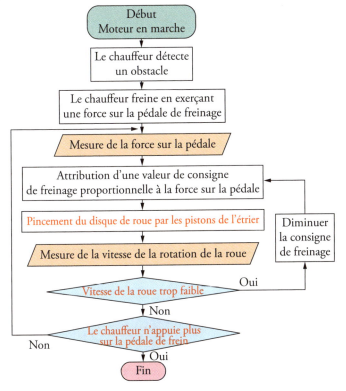

SUJET

2

Sujet inédit • Nombres et calculs
Exercice • 6 points

La course à pied

Paul, Ali et Morgane font la course. Au bout d'une demi-heure, Paul a parcouru les $\dfrac{9}{24}$ de la distance totale, Ali les cinq douzièmes de la distance totale et Morgane le tiers de la distance totale.

▶ **1.** Qui est en tête au bout d'une demi-heure de course ?

▶ **2.** La distance totale est égale à 18 km. Quelle est la vitesse moyenne de Paul en km × h⁻¹ ?

▶ **3.** Combien de kilomètres reste-t-il à Marie pour atteindre l'arrivée ?

LES CLÉS DU SUJET

■ **Points du programme**

Comparaison de fractions • Vitesse moyenne • Proportionnalité.

■ **Nos coups de pouce**

▶ **1.** Compare les trois fractions représentant les trois distances parcourues. Pour cela, réduis-les au même dénominateur.
▶ **2.** Calcule d'abord la distance parcourue par Paul en une demi-heure.
▶ **3.** Cherche le nombre de kilomètres parcourus par Marie. Conclus en soustrayant.

Mathématiques • Nombres et calculs **CORRIGÉ 2**

CORRIGÉ 2

1re ÉPREUVE

▶ **1.** On compare les trois fractions représentant les parcours de chacun. Pour cela, on les écrit au même dénominateur. On a :

$$\frac{5}{12} = \frac{5 \times 2}{12 \times 2} = \frac{10}{24} \quad \text{et} \quad \frac{1}{3} = \frac{1 \times 8}{3 \times 8} = \frac{8}{24}.$$

On obtient $\frac{8}{24} < \frac{9}{24} < \frac{10}{24}$, soit $\frac{1}{3} < \frac{9}{24} < \frac{5}{12}$.

C'est donc Ali qui est en tête au bout d'une demi-heure de course.

> **Méthode**
> Quand deux fractions ont le même dénominateur, la plus petite est celle qui a le plus petit numérateur.

▶ **2.** La distance totale est égale à 18 km. Paul a parcouru en une demi-heure les $\frac{9}{24}$ de 18 km.

On a $18 \times \frac{9}{24} = 6{,}75$. En une heure, il aura parcouru $2 \times 6{,}75 = 13{,}5$ km.

La vitesse moyenne de Paul est de 13,5 km $\times$ h^{-1}.

▶ **3.** Marie a parcouru le tiers de 18 km. On a $18 \times \frac{1}{3} = 6$. Elle a donc parcouru 6 km. Or $18 - 6 = 12$.

Il lui reste 12 km pour atteindre l'arrivée.

SUJET

3

Sujet inédit • Nombres et calculs
Exercice • 7 points

Des entiers consécutifs

Le professeur choisit trois nombres entiers relatifs consécutifs rangés dans l'ordre croissant. Leslie calcule le produit du troisième nombre par le double du premier.
Jonathan calcule le carré du deuxième nombre puis il ajoute 2 au résultat obtenu.

▶ **1.** Leslie a écrit le calcul suivant : $11 \times (2 \times 9)$.
Jonathan a écrit le calcul suivant : $10^2 + 2$.
a) Effectuer les calculs précédents.
b) Quels sont les trois entiers choisis par le professeur ?

▶ **2.** Le professeur choisit maintenant trois nouveaux entiers.
Leslie et Jonathan obtiennent alors tous les deux le même résultat.
a) Le professeur a-t-il choisi 6 comme deuxième nombre ?
b) Le professeur a-t-il choisi – 7 comme deuxième nombre ?
c) Arthur prétend qu'en prenant pour inconnue le deuxième nombre entier (qu'il appelle n), l'équation $n^2 = 4$ permet de retrouver le ou les nombres choisis par le professeur.
A-t-il raison ? Expliquer votre réponse en expliquant comment il a trouvé cette équation, puis donner les valeurs possibles des entiers choisis.

■ LES CLÉS DU SUJET

■ Points du programme

Nombres relatifs • Résolution d'équations.

■ Nos coups de pouce

▶ **1. b)** Trois entiers consécutifs sont trois entiers qui se suivent. L'un d'entre eux est 9. Trouve les deux autres en observant les calculs écrits par Leslie et Jonathan.
▶ **2. a)** Si 6 est le deuxième nombre, le premier est 5. Trouve le troisième. Effectue les deux calculs et compare les résultats obtenus.

Mathématiques • Nombres et calculs CORRIGÉ 3

b) Si -7 est le deuxième nombre, le troisième est -6.

c) n est le deuxième entier, donc les deux autres sont $n - 1$ et $n + 1$. Écris en fonction de n l'expression obtenue par Leslie sans oublier les parenthèses indispensables. Écris de même en fonction de n l'expression obtenue par Jonathan.

Écris une équation et développe chacun de ses deux membres. Cherche enfin les deux entiers ayant pour carré 4, l'un d'entre eux est négatif.

1ʳᵉ ÉPREUVE

CORRIGÉ 3

▶ **1. a)** On a $11 \times (2 \times 9) = 11 \times 18 = \boxed{198}$ et $10^2 + 2 = 100 + 2 = \boxed{102}$.

b) Dans le calcul de Leslie, 11 est le troisième nombre et 9 le premier. Dans le calcul de Jonathan, le deuxième nombre est 10. Les trois entiers choisis par le professeur sont 9, 10 et 11.

> **Rappel**
> On appelle entiers consécutifs des entiers qui se suivent.

▶ **2. a)** Si le professeur avait choisi 6, Leslie aurait écrit le calcul : $7 \times (2 \times 5) = 70$ et Jonathan aurait écrit le calcul : $6^2 + 2 = 38$.

Les deux résultats ne sont pas égaux, donc le professeur n'a pas choisi 6 comme deuxième nombre.

b) Si le professeur avait choisi -7, Leslie aurait écrit le calcul : $-6 \times (2 \times (-8)) = 96$ et Jonathan aurait écrit le calcul : $(-7)^2 + 2 = 51$.

Les deux résultats ne sont pas égaux, donc le professeur n'a pas choisi -7 comme deuxième nombre.

> **Attention !**
> -7 est un nombre négatif. On a donc $-8 < -7 < -6$.

▶ **c)** Arthur prend pour inconnue le deuxième nombre entier (qu'il appelle n). Le nombre qui précède n est $n - 1$ et celui qui le suit est $n + 1$.

Leslie écrit le calcul : $(n + 1) \times (2 \times (n - 1))$ et Jonathan écrit le calcul : $n^2 + 2$.

Leslie et Jonathan obtiennent le même résultat, d'où l'équation :

$$(n + 1) \times (2 \times (n - 1)) = n^2 + 2.$$

Mathématiques • Nombres et calculs   CORRIGÉ   3

Développons le membre de gauche de cette équation :

$(n + 1) \times (2 \times n - 2 \times 1) = n^2 + 2$

$(n + 1) \times (2n - 2) = n^2 + 2$

$n \times 2n + n \times (-2) + 1 \times 2n + 1 \times (-2) = n^2 + 2$

$2n^2 - 2n + 2n - 2 = n^2 + 2$

$2n^2 - 2 + 2 = n^2 + 2 + 2$

$2n^2 - n^2 = n^2 + 4 - n^2$

$n^2 = 4$.

L'équation $n^2 = 4$ permet donc de retrouver le ou les nombres choisis par le professeur.

On a $2^2 = 4$ et $(-2)^2 = 4$.

Les nombres choisis par le professeur sont -3 ; -2 et -1 ou 1 ; 2 et 3.

SUJET

4

Sujet inédit • Nombres et calculs
Exercice • 2 points

1re ÉPREUVE

Fraction irréductible et divisibilité

▶ **1.** Décomposer 270 et 105 en produit de nombres premiers.
En déduire la forme irréductible de la fraction $\dfrac{270}{105}$.

▶ **2.** Sans poser de divisions, expliquer pourquoi le nombre 216 est divisible par 2 et aussi par 9.

LES CLÉS DU SUJET

■ **Points du programme**

Décomposition en nombres premiers • Fraction irréductible • Critères de divisibilité.

■ **Nos coups de pouce**

▶ **1.** Une fraction est rendue irréductible lorsque l'on divise son numérateur et son dénominateur par le produit des facteurs premiers qu'ils ont en commun.

Mathématiques • Nombres et calculs **CORRIGÉ** 4

CORRIGÉ 4

▶ **1.**

Nombre	Diviseur premier	Quotient obtenu
270	2	135
135	3	45
45	3	15
15	3	5
5	5	1

Nombre	Diviseur premier	Quotient obtenu
105	3	35
35	5	7
7	7	1

Donc $105 = 3 \times 5 \times 7$

Donc $270 = 2 \times 3^3 \times 5$

270 et 135 ont pour plus grand facteur premier commun $3 \times 5 = 15$.

Donc $\dfrac{270}{105} = \dfrac{270 \div 15}{105 \div 15} = \boxed{\dfrac{18}{7}}$.

▶ **2.** 216 est un nombre pair donc 216 est divisible par 2.

Si l'on ajoute les chiffres composant le nombre 216, on trouve : $2 + 1 + 6 = 9$.

Puisque 9 est divisible par 9, 216 est aussi divisible par 9.

> **Attention !**
> Pense à la parité et à la somme des chiffres du nombre.

SUJET

5

D'après Polynésie française • Septembre 2014
Exercice 7 • 5 points

Deux programmes de calcul

On considère ces deux programmes de calcul :

Programme A	Programme B
• Choisir un nombre • Soustraire 0,5 • Multiplier le résultat par le double du nombre choisi au départ	• Choisir un nombre • Calculer son carré • Multiplier le résultat par 2 • Soustraire à ce nouveau résultat le nombre choisi au départ

▶ **1. a)** Montrer que si on applique le programme A au nombre 10, le résultat est 190.

b) Appliquer le programme B au nombre 10.

▶ **2.** On a utilisé un tableur pour calculer des résultats de ces deux programmes. Voici ce qu'on a obtenu :

	A	B	C
1	Nombre choisi	Programme A	Programme B
2	1	1	1
3	2	6	6
4	3	15	15
5	4	28	28
6	5	45	45
7	6	66	66

a) Quelle formule a-t-on saisie dans la cellule C2 puis recopiée vers le bas ?

b) Quelle conjecture peut-on faire à la lecture de ce tableau ?

c) Prouver cette conjecture.

▶ **3.** Quels sont les deux nombres à choisir au départ pour obtenir 0 à l'issue de ces programmes ?

Mathématiques • Nombres et calculs **CORRIGÉ 5**

LES CLÉS DU SUJET

■ **Points du programme**

Calcul littéral • Équations • Tableur.

■ **Nos coups de pouce**

▶ **1. a)** et **b)** Effectuer successivement et dans l'ordre indiqué les différentes étapes des programmes de calcul en partant du nombre choisi.

▶ **2. c)** Choisir un nombre quelconque x et appliquer les deux programmes de calcul. Comparer les résultats obtenus.

▶ **3.** Résoudre une équation.

CORRIGÉ 5

▶ **1. a)** Application du programme A.

• Le nombre choisi est 10.

• Soustrayons 0,5 à ce nombre, nous obtenons 9,5.

• Multiplions ce dernier résultat par le double du nombre choisi au départ, c'est-à-dire par 20. Nous obtenons 190.

C'est bien le résultat annoncé.

b) Application du programme B.

• Le nombre choisi est 10.

• Calculons son carré, nous obtenons 100.

• Multiplions ce dernier résultat par 2. Nous obtenons 200.

• Soustrayons à ce dernier résultat le nombre choisi au départ, c'est-à-dire 10. Nous obtenons 190.

▶ **2. a)** La formule saisie dans la cellule C2 est $\boxed{\text{= A2*A2*2-A2}}$.

b) La lecture du tableau nous amène à effectuer la conjecture suivante : « Pour un nombre choisi donné, les programmes A et B donnent le même résultat. »

c) Pour démontrer cette conjecture, appelons x le nombre choisi.

Appliquons le programme A.

• Soustrayons 0,5 au nombre choisi x. Nous obtenons $x - 0,5$.

Mathématiques • Nombres et calculs **CORRIGÉ** **5**

• Multiplions ce dernier résultat par le double du nombre choisi au départ, c'est-à-dire par $2x$. Nous obtenons $(x - 0,5) \times 2x$, c'est-à-dire $2x^2 - x$.

Appliquons le programme B.

• Calculons le carré du nombre choisi. Nous obtenons x^2.

• Multiplions ce dernier résultat par 2. Nous obtenons $2x^2$.

• Soustrayons à ce dernier résultat le nombre choisi au départ, c'est-à-dire x. Nous obtenons $2x^2 - x$.

Conclusion : les programmes A et B donnent le même résultat. La conjecture est démontrée.

▶ **3.** Pour obtenir 0 à l'issue de ces deux programmes, il faut au départ choisir x tel que $2x^2 - x = 0$.

Résolvons cette équation. Nous avons : $x(2x - 1) = 0$.

Puisque nous avons un produit de facteurs nul, alors l'un au moins des facteurs est nul :

$x = 0$ ou $2x - 1 = 0$ c'est-à-dire $x = 0,5$.

Conclusion : si on choisit au départ les nombres 0 ou 0,5 alors les programmes A et B donneront 0 pour résultat final.

SUJET 6

Sujet inédit • Nombres et calculs
Exercice • 5,5 points

Fonctionnement d'une centrale gravitaire

Le schéma suivant montre le fonctionnement d'une centrale électrique gravitaire qui utilise la force de l'eau pour fabriquer de l'électricité :
• l'eau retenue forme le réservoir ;
• l'eau descend le long d'une conduite forcée vers la turbine ;
• la turbine, en tournant, transforme l'énergie mécanique en énergie électrique.

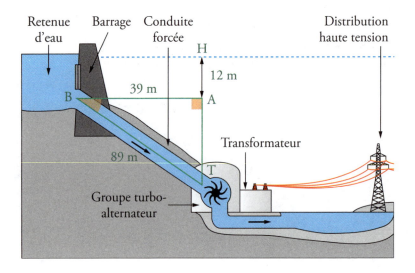

Mathématiques • Nombres et calculs   SUJET 6

1re ÉPREUVE

▶ **1.** Calculer la longueur AT puis la hauteur TH de chute.

▶ **2.** Calculer l'angle de chute $\widehat{TBA}$.

▶ **3.** Lorsqu'elle chute d'une hauteur HT, l'eau a une vitesse V, au bout de la conduite, donnée par :

$$V = \sqrt{2gH}$$

où g est l'intensité de pesanteur (9,81 N/kg) ; H la hauteur de chute (m) ; V la vitesse de chute (m/s).
Calculer la vitesse de l'eau au bout de la conduite (arrondir à l'unité).

▶ **4.** La conduite forcée est un cylindre de 50 cm de diamètre. Le débit de l'eau dans la conduite est donné par la formule $Q = S \times V$ où S est l'aire de la section de la conduite par un plan parallèle à sa base (en m²), V la vitesse de l'eau (en m/s) et Q le débit (en m³/s).

a) Quelle est la nature de la section de la conduite forcée ?
Aucune justification n'est demandée.

b) Calculer l'aire S de la section de la conduite forcée (arrondir au centième).

c) Calculer le débit Q de l'eau dans la conduite forcée (arrondir à l'entier).

LES CLÉS DU SUJET

■ **Points du programme**

Théorème de Pythagore • Trigonométrie • Substitution dans une expression littérale • Sections planes.

■ **Nos coups de pouce**

▶ **1.** Quel théorème peut-on utiliser pour calculer une longueur dans un triangle rectangle ?

▶ **4. b)** et **c)** Remplace les inconnues par les valeurs calculées et données.

CORRIGÉ 6

▶ **1.** Le triangle BAT est rectangle en A ; d'après le théorème de Pythagore on a :

$BT^2 = BA^2 + AT^2$

$89^2 = 39^2 + AT^2$

$7\,921 = 1\,521 + AT^2$

$AT^2 = 7\,921 - 1\,521 = 6\,400$

$AT = \sqrt{6\,400} = \boxed{80\ \text{m}}$

Donc TH = 80 + 12 = $\boxed{92\ \text{m}}$ (car les points T, A, H sont alignés).

▶ **2.** Le triangle BAT est rectangle en A donc :

$$\cos(\widehat{TBA}) = \frac{\text{côté adjacent à } \widehat{TBA}}{\text{hypoténuse}} = \frac{BA}{BT} = \frac{39}{89}$$

$$\widehat{TBA} = \cos^{-1}\left(\frac{39}{89}\right) \approx \boxed{64°}.$$

▶ **3.** On remplace les inconnues dans la formule $V = \sqrt{2gH}$ par leurs valeurs :

$$V = \sqrt{2 \times 9,81 \times 92} \approx \boxed{42\ \text{m/s}}.$$

▶ **4. a)** La section d'un cylindre par un plan parallèle à sa base est un disque.

b) On calcule l'aire d'un disque de 50 cm de diamètre. Son rayon est $r = \dfrac{50}{2} = 25$ cm $= 0,25$ m. Donc $S = \pi \times r^2 = \pi \times 0,25^2 \approx \boxed{0,2\ \text{m}^2}$, valeur arrondie au centième.

c) Le débit d'eau se calcule selon la formule $Q = S \times V$, en remplaçant S et V avec les valeurs trouvées aux questions précédentes :

$$Q = 0,2 \times 42 \approx \boxed{8,4\ \text{m}^3\text{/s}}.$$

Sujet inédit • Données, fonctions
Exercice • 8 points

La facture d'eau

Voici le diagramme à barres représentant la consommation d'eau mensuelle sur une année (en m^3) d'une famille de 4 personnes vivant dans un pays d'Europe. On considère une année de 365 jours.

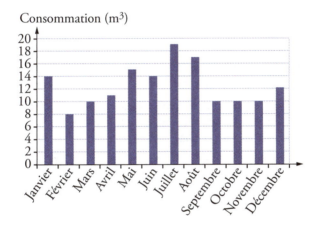

▶ **1.** Calculer la consommation annuelle d'eau en m^3 de cette famille.

▶ **2. a)** Calculer la consommation mensuelle moyenne.
b) Calculer la médiane de la consommation mensuelle d'eau. Interpréter cette médiane.
c) Calculer l'étendue de cette série de consommations mensuelles.

▶ **3.** Calculer la consommation d'eau (en L) par jour et par personne (arrondir à l'entier).

Mathématiques • Données, fonctions **SUJET 7**

▶ **4.** Voici un diagramme donnant la répartition de l'usage de l'eau :

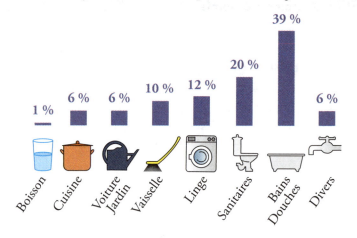

Quelle quantité d'eau (en m³) cette famille utilise-t-elle, sur une année, pour faire fonctionner le lave-linge ?

▶ **5.** Cette famille rencontre un problème de fuite. Une canalisation d'eau est percée et 4 L d'eau s'échappent par heure. Calculer le nombre de m³ d'eau ainsi gaspillé par an.

▶ **6.** Sachant que 1 m³ d'eau coûte 3 €, calculer le surcoût engendré par cette fuite sur la facture annuelle d'eau.

LES CLÉS DU SUJET

■ **Points du programme**

Statistiques • Opérations de base • Conversions de volumes • Proportionnalité.

■ **Nos coups de pouce**

▶ **4.** Prendre un pourcentage t d'une quantité, c'est multiplier la quantité par $\dfrac{t}{100}$.

CORRIGÉ 7

▶ **1.** Il faut additionner les 12 consommations mensuelles :

$14 + 8 + 10 + 11 + 15 + 14 + 19 + 17 + 10 + 10 + 10 + 12 = \boxed{150 \text{ m}^3}$.

▶ **2. a)** Pour calculer la consommation mensuelle moyenne, on divise la consommation annuelle par 12.

Donc la consommation mensuelle moyenne est $\dfrac{150}{12} = \boxed{12,5 \text{ m}^3}$.

b) Pour calculer la médiane, on range toutes les valeurs par ordre croissant :

$8 \,;\, 10 \,;\, 10 \,;\, 10 \,;\, 10 \,;\, 11 \,;\, 12 \,;\, 14 \,;\, 14 \,;\, 15 \,;\, 17 \,;\, 19$

On a un nombre pair de valeurs donc on prend la moyenne de la 6ᵉ et de la 7ᵉ valeur, soit $\dfrac{11+12}{2}$.

Donc la médiane est de 11,5.

c) L'étendue est la différence entre la plus grande et la plus petite valeur. L'étendue est donc $19 - 8 = \boxed{11}$.

▶ **3.** Cette famille de 4 personnes consomme 150 m³ par an, c'est-à-dire 150 000 L.

Donc 1 personne de cette famille consomme $150\,000 \div 4 = 37\,500$ L par an.

Donc 1 personne de cette famille consomme :

$37\,500 \div 365 \approx \boxed{103 \text{ L par jour}}$.

> **Rappel**
> 1 m³ = 1 000 L.

▶ **4.** L'utilisation du lave-linge représente 12 % de la consommation en eau.

Donc cette famille utilise $150 \times \dfrac{12}{100} = \boxed{18 \text{ m}^3}$ d'eau pour faire fonctionner le lave-linge.

▶ **5.** 4 L d'eau s'échappent par heure.

Puisqu'il y a 24 h par jour et 365 jours par an, il y a :

$4 \times 24 \times 365 = 35\,040$ L d'eau qui s'échappent par an. Soit une perte de $\boxed{35,04 \text{ m}^3}$ par an.

▶ **6.** Cette famille aura un surcoût sur sa facture d'eau dû à la fuite de :

$35,040 \times 3 = \boxed{105,12 \text{ €}}$.

SUJET 8

D'après Amérique du Sud • Novembre 2013
Exercice 1 • 6 points

Salaires bruts, salaires nets

Voici trois documents :

DOCUMENTS

Document 1

Le salaire moyen brut[1] des Français s'établissait en 2010 à 2 764 € par mois.

> Étude publiée par l'INSEE en juin 2012.

_____

1. Le salaire moyen brut est le salaire non soumis aux charges.

Document 2

La population française est estimée en 2010 à 65 millions d'habitants.

Document 3

« Encore un peu moins d'argent dans le porte-monnaie des Français en 2010. Le salaire médian brut est celui qui partage la population en deux parties égales, la moitié qui gagne plus, l'autre moitié qui gagne moins ; il est égal à 1 610 € par mois.

Le niveau de vie des français a baissé par rapport à 2009.

D'ailleurs, le taux de pauvreté enregistré en cette année 2010 est le plus haut jamais observé depuis 1997. Il concerne 8,6 millions de Français qui vivent donc en dessous du seuil de pauvreté évalué à 964 € par mois. »

> Extrait d'un reportage diffusé sur BFM TV en septembre 2012.

▶ **1.** En France, le salaire que touche effectivement un employé est égal au salaire brut, diminué de 22 % et est appelé le salaire net.

Montrer que le salaire net moyen que percevait un Français en 2010 était de 2 155,92 €.

Mathématiques • Données, fonctions **SUJET 8**

1ᵉ ÉPREUVE

▶ **2.** Expliquer à quoi correspond le salaire médian brut.

▶ **3.** Comparer le salaire médian brut et le salaire moyen brut des Français.
Comment peut-on expliquer cette différence ?

▶ **4.** Calculer le pourcentage de Français qui vivaient en 2010 sous le seuil de pauvreté. On arrondira le résultat à l'unité.

LES CLÉS DU SUJET

■ Points du programme

Pourcentages • Interprétation de données statistiques.

■ Nos coups de pouce

▶ **1.** Soit Q une quantité. Une diminution de n % de cette quantité correspond à une diminution de $\dfrac{n}{100} \times Q$.

▶ **2.** Voir le document 3.

▶ **3.** Utiliser les définitions de la moyenne et de la médiane d'une série statistique.

▶ **4.** Soit N l'effectif total de la population française en 2010 et n le nombre de Français qui vivaient en cette même année sous le seuil de pauvreté. Le pourcentage p cherché est donné par le tableau de proportionnalité :

n	p
N	100

Mathématiques • Données, fonctions **CORRIGÉ** 8

CORRIGÉ 8

▶ **1.** Notons le salaire moyen brut S_B et le salaire moyen net S_N.

Nous avons $S_N = S_B - \dfrac{22}{100} \times S_B$

$S_N = 2\ 764 - \dfrac{22}{100} \times 2\ 764$

$S_N = 2\ 155,92$ euros.

▶ **2.** D'après le document 3, le salaire médian brut est celui qui partage la population française en deux parties de même effectif : la moitié de la population qui gagne plus que 1 610 euros, l'autre moitié qui gagne moins que 1 610 euros.

> **Attention !**
> Il s'agit de salaires bruts, c'est-à-dire de salaires avant déduction des charges de 22 %.

▶ **3.** Le salaire moyen brut est supérieur de 1 154 euros au salaire médian brut. Cette différence peut s'expliquer de la façon suivante :

un certain nombre de personnes perçoit un salaire brut relativement élevé, ce qui agit sur la moyenne mais pas sur la médiane.

▶ **4.** Soit N l'effectif total de la population française en 2010. Nous avons N = 65 millions.

Soit n le nombre de français qui vivaient en cette même année sous le seuil de pauvreté. Nous avons $n = 8,6$ millions.

Le pourcentage p cherché est donné par le tableau de proportionnalité :

8,6	p
65	100

Soit $65 \times p = 8,6 \times 100$ ou encore $p = \dfrac{8,6 \times 100}{65}$.

$p = 13$ % valeur arrondie à l'unité.

> **Astuce**
> Considérons les deux petites séries statistiques suivantes :
> (S_1) : 3 – 5 – 7 de moyenne $m_1 = 5$ et de médiane $M_1 = 5$.
> (S_2) : 3 – 5 – 49 de moyenne $m_2 = 19$ et de médiane $M_2 = 5$.
> Ces deux séries possèdent la même médiane, alors que les moyennes sont très différentes. Le nombre 49 joue beaucoup sur la moyenne de la deuxième série mais pas sur sa médiane.

SUJET

9

Sujet inédit • Données, fonctions
Exercice • 6 points

1ʳᵉ ÉPREUVE

Voyelle ou consonne ?

Dans un jeu de société, les jetons sont des supports de format carré, de même couleur, sur lesquels une lettre de l'alphabet est inscrite.
Le revers n'est pas identifiable.
Il y a 100 jetons. Le tableau ci-dessous donne le nombre de jetons du jeu pour chacune des voyelles :

Voyelle	A	E	I	O	U	Y
Effectif	9	15	8	6	6	1

On choisit au hasard une lettre de ce jeu.

▶ **1.** Quelle est la probabilité d'obtenir la lettre I ?

▶ **2.** Quelle est la probabilité d'obtenir une voyelle ?

▶ **3.** Quelle est la probabilité d'obtenir une consonne ?

LES CLÉS DU SUJET

■ **Points du programme**

Probabilités.

■ **Nos coups de pouce**

▶ **1.** Il y a 100 jetons. Parmi ceux-ci, trouve le nombre de I.
▶ **2.** Cherche le nombre total de voyelles.
▶ **3.** Tu connais la probabilité d'obtenir une voyelle. Conclus en soustrayant.

Mathématiques • Données, fonctions   **CORRIGÉ 9**

CORRIGÉ 9

▶ **1.** Il y a 100 jetons. Parmi ces jetons, il y 8 jetons portant la lettre I. La probabilité d'obtenir la lettre I est $\dfrac{8}{100} = \boxed{0,08}$.

> **Méthode**
> Les jetons sont indiscernables, on est donc dans une situation d'équiprobabilité. Donc la probabilité d'un événement est :
> $$\dfrac{\text{nombre d'issues favorables}}{\text{nombre total d'issues}}.$$

▶ **2.** On a $9 + 15 + 8 + 6 + 6 + 1 = 45$. Il y a donc 45 jetons portant une voyelle parmi les 100 jetons.

La probabilité d'obtenir une voyelle est $\dfrac{45}{100} = \boxed{0,45}$.

▶ **3.** On a $100 - 45 = 55$. Il y a donc 55 jetons portant une consonne parmi les 100 jetons.

La probabilité d'obtenir une consonne est $\dfrac{55}{100} = \boxed{0,55}$.

SUJET

10

D'après Amérique du Sud • Novembre 2013
Exercice 5 • 7 points

1ʳᵉ ÉPREUVE

Tirages d'étiquettes

Un jeu (d'après « Géométrie à l'École » de François Boule, *Savoir dire et savoir-être*, IREM de Bourgogne) est constitué des dix étiquettes suivantes toutes identiques au toucher qui sont mélangées dans un sac totalement opaque.

Deux angles droits seulement	Quatre angles droits
Côtés égaux deux à deux	Deux côtés égaux seulement
Quatre côtés égaux	Côtés opposés parallèles
Deux côtés parallèles seulement	Diagonales égales
Diagonales qui se coupent en leur milieu	Diagonales perpendiculaires

▶ **1.** On choisit au hasard une étiquette parmi les dix.
a) Quelle est la probabilité de tirer l'étiquette « Diagonales égales » ?
b) Quelle est la probabilité de tirer une étiquette sur laquelle est inscrit le mot « diagonales » ?
c) Quelle est la probabilité de tirer une étiquette qui porte à la fois le mot « côtés » et le mot « diagonales » ?

▶ **2.** On choisit cette fois au hasard deux étiquettes parmi les dix et on doit essayer de dessiner un quadrilatère qui a ces deux propriétés.
a) Madjid tire les deux étiquettes suivantes :

Diagonales perpendiculaires	Diagonales égales

Julie affirme que la figure obtenue est toujours un carré. Madjid a des doutes. Qui a raison ? Justifier la réponse.

Mathématiques • Données, fonctions **CORRIGÉ 10**

b) Julie tire les deux étiquettes suivantes :

Côtés opposés parallèles		Quatre côtés égaux

Quel type de figure Julie est-elle sûre d'obtenir ?

▶ **3.** Lionel tire les deux étiquettes suivantes :

Deux côtés égaux seulement		Quatre angles droits

Lionel est déçu. Expliquer pourquoi.

LES CLÉS DU SUJET

■ **Points du programme**

Probabilités • Propriétés des quadrilatères usuels.

■ **Nos coups de pouce**

Dans tout cet exercice, appliquer la définition suivante : si E est un événement et si les résultats d'une expérience ont tous la même probabilité, alors :

$$p(\text{E}) = \frac{n}{\text{N}} = \frac{\text{nombre de résultats favorables}}{\text{nombre de réultats possibles}}.$$

CORRIGÉ 10

▶ **1. a)** Notons E_1 l'événement « tirer l'étiquette "Diagonales égales" ».

Il existe 10 choix possibles et 1 est favorable à l'obtention de l'événement E_1.

$$p(\text{E}_1) = \frac{1}{10} \quad \text{soit} \quad p(\text{E}_1) = 0{,}1.$$

b) Notons E_2 l'événement « le mot "diagonales" existe sur l'étiquette tirée ».

Il existe 10 choix possibles et 3 sont favorables à l'obtention de l'événement E_2.

$$p(\text{E}_2) = \frac{3}{10} \quad \text{soit} \quad p(\text{E}_2) = 0{,}3.$$

Mathématiques • Données, fonctions **CORRIGÉ** **10**

c) Notons E_3 l'événement « tirer une étiquette portant à la fois le mot "côtés" et le mot "diagonales" ».

Il existe 10 choix possibles et aucun choix n'est favorable à l'obtention de l'événement E_3.

$$p\big(E_3\big) = \frac{0}{10} \quad \text{soit} \quad p\big(E_3\big) = 0.$$

L'événement E_3 est impossible.

▶ **2. a)** Un carré possède effectivement des diagonales perpendiculaires et de même longueur. Mais ses diagonales doivent se couper en leur milieu… et cela n'est pas indiqué sur les étiquettes tirées par Madjid.

Majid a raison.

b) Il existe deux quadrilatères dont les côtés opposés sont parallèles et dont les quatre côtés sont égaux. Il s'agit du losange et du carré.

Julie est sûre d'obtenir au moins un losange.

▶ **3.** Il n'existe aucun quadrilatère possédant seulement 2 côtés égaux et quatre angles droits.

Lionel est déçu, car il ne peut dessiner un quadrilatère possédant ces deux propriétés.

> **Rappel**
> Si un quadrilatère possède 4 angles droits, alors il s'agit d'un rectangle ou d'un carré. Mais un carré a 4 côtés égaux et un rectangle possède ses côtés égaux 2 à 2.

1re ÉPREUVE

SUJET

11

Sujet inédit • Données, fonctions
Exercice • 3 points

Valeur nutritionnelle
d'une portion de céréales

Les repères nutritionnels journaliers donnent les quantités qu'un individu doit ingérer chaque jour pour se maintenir en bonne santé.
Les documents suivants donnent les repères nutritionnels journaliers ainsi que les apports d'une portion de 40 g de céréales.

DOCUMENT 1 **Repères nutritionnels journaliers**

Calories	2 000 kcal
Lipides	70 g
Acides gras saturés	20 g
Glucides	270 g
Sucres	90 g
Protéines	50 g
Fibres	25 g
Sodium (sel)	2,4 g

DOCUMENT 2 **Apports d'une portion de céréales**

Chaque portion de 40 g contient :

Calories	Sucres	Lipides	Dont saturés	Sel
152 kcal	10 g	2,5 g	1,5 g	0,5 g

En utilisant ces documents, calculer le pourcentage des repères nutritionnels journaliers apportés par une portion de 40 g de céréales.
On arrondira au dixième si besoin.

Mathématiques • Données, fonctions   CORRIGÉ   11

1re ÉPREUVE

LES CLÉS DU SUJET

■ **Points du programme**

Proportionnalité • Pourcentages.

■ **Nos coups de pouce**

Pour calculer un pourcentage, on divise l'effectif de la catégorie par l'effectif total et on multiplie par 100.

CORRIGÉ 11

Tableau des pourcentages des repères nutritionnels journaliers apportés par une portion de 40 g de céréales :

Calories	$\dfrac{152}{2\,000} \times 100 = 7,6\ \%$
Sucres	$\dfrac{10}{90} \times 100 \approx 11,1\ \%$
Lipides	$\dfrac{2,5}{70} \times 100 \approx 3,6\ \%$
Acides gras saturés	$\dfrac{1,5}{20} \times 100 = 7,5\ \%$
Sel	$\dfrac{0,5}{2,4} \times 100 \approx 20,8\ \%$

Détail des calculs pour les calories : la portion de céréales apporte 152 kcal sur les 2 000 nécessaires quotidiennement.

Donc la portion de céréales apporte $\dfrac{152}{2\,000} \times 100 \approx 7,6\ \%$ des besoins quotidiens en calories.

SUJET 12

D'après France métropolitaine • Juin 2013
Exercice 5 • 7 points

Coût d'un transport

Pour réaliser un abri de jardin en parpaing, un bricoleur a besoin de 300 parpaings de dimensions 50 cm × 20 cm × 10 cm pesant chacun 10 kg.
Il achète les parpaings dans un magasin situé à 10 km de sa maison. Pour les transporter, il loue au magasin un fourgon.

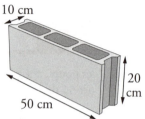

Information 1 : caractéristiques du fourgon.
• 3 places assises.
Dimensions du volume transportable (L × l × h) : 2,60 m × 1,56 m × 1,84 m.
• Charge pouvant être transportée : 1,7 tonne.
• Volume du réservoir : 80 litres.
• Diesel (consommation : 8 litres aux 100 km).

Information 2 : tarifs de location du fourgon.

1 jour 30 km max.	1 jour 50 km max.	1 jour 100 km max.	1 jour 200 km max.	km supplémentaire
48 €	55 €	61 €	78 €	2 €

Ces prix comprennent le kilométrage indiqué hors carburant.

Information 3 : un litre de carburant coûte 1,50 €.

Mathématiques • Données, fonctions **CORRIGÉ** **12**

▶ **1.** Expliquer pourquoi il devra effectuer deux allers-retours pour transporter les 300 parpaings jusqu'à sa maison.

▶ **2.** Quel sera le coût total du transport ?

▶ **3.** Les tarifs de location du fourgon sont-ils proportionnels à la distance maximale autorisée par jour ?

LES CLÉS DU SUJET

■ **Points du programme**

Lecture d'un document pour en extraire les informations utiles • Volume d'un pavé droit • Opérations de base • Proportionnalité.

■ **Nos coups de pouce**

▶ **1.** Calculer la masse totale des parpaings à transporter et la comparer à la charge pouvant être transportée par le fourgon.
▶ **2.** Additionner le prix de location du véhicule et celui du carburant.
▶ **3.** Regarder si le tableau « information 2 » est un tableau de proportionnalité.

CORRIGÉ 12

▶ **1.** La masse d'un parpaing est $m = 10$ kg.

Il faut transporter 300 parpaings, ce qui représente une masse totale
$M = 300 \times 10$ kg , soit M = 3 tonnes.

Or la charge pouvant être transportée est de 1,7 tonne. Pour ce qui est de la masse, il faudra donc effectuer 2 allers-retours.

Attention !
Dans cet exercice, un certain nombre d'informations sont inutiles pour répondre aux questions posées. À toi de sélectionner les informations indispensables !

Mathématiques • Données, fonctions **CORRIGÉ 12**

Pour ce qui est du volume, on peut mettre à chaque aller-retour :

• 5 parpaings dans la longueur

• 15 parpaings sans la largeur

• 9 parpaings dans la hauteur

ce qui représente un nombre total de parpaings égal à 675 !

Donc il n'y aura pas de difficultés pour transporter 300 parpaings en 2 voyages.

▶ **2.** Le coût C du transport est égal à la somme du prix de la location du fourgon et du prix du carburant consommé.

Si l'on effectue 2 allers-retours, cela représente 40 km. Donc la location du véhicule coûte 55 euros.

La consommation de carburant est de 8 litres aux 100 km, soit 3,2 litres pour 40 km. Cela représente un coût de $3,2 \times 1,5$ soit 4,80 euros.

$C = 55 + 4,8$ ou encore $C = 59,8$ euros .

▶ **3.** Tableau donnant les tarifs de location du fourgon.

Distance maximale en km autorisée chaque jour	30	50	100	200
Tarif de la location en euros	48	55	61	78

Ce tableau n'est pas un tableau de proportionnalité. En effet on ne passe pas de la première ligne à la seconde en multipliant par un même nombre.

Par exemple $\dfrac{48}{30} \neq \dfrac{55}{50}$.

Les tarifs de location du fourgon ne sont pas proportionnels à la distance maximale autorisée par jour.

SUJET 13

Sujet inédit • Données, fonctions
Exercice • 6 points

Trajectoire d'une balle de tennis

Un joueur lance une balle de tennis afin de l'envoyer de l'autre côté du filet. Le graphique ci-dessous montre la trajectoire de la balle.

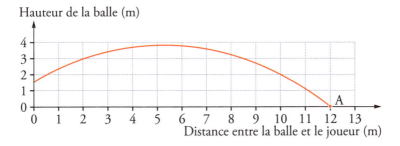

Pour les questions 1 à 4, on laissera les traces de lecture sur le graphique (à rendre avec la copie).

▶ **1.** Lire graphiquement la hauteur de départ de la balle.

▶ **2.** Lire graphiquement la hauteur atteinte par la balle lorsqu'elle est à 2 mètres du joueur.

▶ **3.** Lire graphiquement les distances pour lesquelles la hauteur de la balle est d'environ 3,5 m.

▶ **4.** Quelle est la hauteur maximale atteinte par la balle ?

▶ **5.** Lire les coordonnées du point A. Qu'est-ce que ces deux nombres nous indiquent quant à la position de la balle ?

▶ **6.** La courbe tracée est celle représentative de la fonction f définie par : $f(x) = -0{,}08x^2 + 0{,}835x + 1{,}6$.
a) La fonction f est-elle une fonction affine ? Justifier.
b) Calculer l'image de 3 par f.

Mathématiques • Données, fonctions **CORRIGÉ 13**

LES CLÉS DU SUJET

■ **Points du programme**

Lecture de courbes • Calcul d'images.

■ **Nos coups de pouce**

▶ **5.** Les coordonnées d'un point A se notent $(x_A\,;\,y_A)$ où x_A est l'abscisse de A et y_A l'ordonnée de A.

▶ **6. b)** Pour calculer l'image d'un nombre par une fonction, on remplace, dans l'expression de la fonction, x par ce nombre.

CORRIGÉ 13

▶ **1.** La hauteur de départ de la balle est $\boxed{1,5\text{ m}}$.

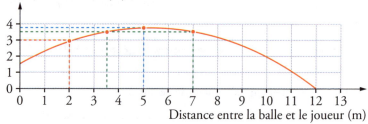

▶ **2.** Lorsque la balle est à 2 m du lanceur, sa hauteur est de $\boxed{3\text{ m}}$ (pointillés rouges).

▶ **3.** Les distances pour lesquelles la balle est à 3,5 m du sol sont approximativement $\boxed{3,5\text{ m et }7\text{ m}}$ (pointillés verts).

▶ **4.** La hauteur maximale atteinte par la balle est $\boxed{3,75\text{ m}}$ (pointillés bleus).

▶ **5.** Les coordonnées du point A sont (12 ; 0).
Cela signifie que la balle touche le sol après avoir parcouru 12 m.

▶ **6. a)** La fonction f n'est pas une fonction affine car elle n'est pas du type $ax + b$.

b) $f(3) = -0,08 \times 3^2 + 0,835 \times 3 + 1,6 = \boxed{3,385}$.

SUJET

14

D'après Afrique • Juin 2014
Exercice 7 • 7 points

1re ÉPREUVE

Degré Celsius, degré Fahrenheit

Il existe différentes unités de mesure de la température : en France on utilise le degré Celsius (°C), aux États-Unis on utilise le degré Fahrenheit (°F).

Pour passer des degrés Celsius aux degrés Fahrenheit, on multiplie le nombre de départ par 1,8 et on ajoute 32 au résultat.

▶ **1.** Qu'indiquerait un thermomètre en degrés Fahrenheit si on le plonge dans une casserole d'eau qui gèle ? On rappelle que l'eau gèle à 0 °C.

▶ **2.** Qu'indiquerait un thermomètre en degrés Celsius si on le plonge dans une casserole d'eau portée à 212 °F ? Que se passe-t-il ?

▶ **3. a)** Si l'on note x la température en degrés Celsius et $f(x)$ la température en degrés Fahrenheit, exprimer $f(x)$ en fonction de x.
b) Comment nomme-t-on ce type de fonction ?
c) Quelle est l'image de 5 par la fonction f ?
d) Quel est l'antécédent de 5 par la fonction f ?
e) Traduire en terme de conversion de température la relation $f(10) = 50$.

LES CLÉS DU SUJET

■ **Points du programme**

Programme de calcul • Calculs d'images et d'antécédents par une fonction affine.

■ **Nos coups de pouce**

▶ **1.** Appliquer les consignes données dans l'énoncé pour transformer des degrés Celsius en degrés Fahrenheit.
▶ **3. c)** Calculer $f(5)$.
d) Résoudre l'équation $f(x) = 5$.
e) Utiliser l'expression de $f(x)$ trouvée à la question **3. a)**.

Mathématiques • Données, fonctions **CORRIGÉ** **14**

CORRIGÉ 14

▶ **1.** Notons F_1 la température en degrés Fahrenheit correspondant à 0 degré Celsius. Nous avons $F_1 = 1,8 \times 0 + 32$ ou $F_1 = 32\ °F$.

▶ **2.** Ici nous avons $F_2 = 212$ degrés Fahrenheit. Cela correspond à $\dfrac{212 - 32}{1,8}$ degrés Celsius c'est-à-dire $100\ °C$. Alors l'eau bout.

▶ **3. a)** Nous avons $f(x) = 1,8x + 32$.

b) L'expression algébrique de la fonction f est du genre $f(x) = ax + b$ avec $a = 1,8$ et $b = 32$. La fonction f est affine.

c) Nous avons $f(5) = 1,8 \times 5 + 32 = 41$. L'image de 5 par la fonction f est 41.

d) Résolvons l'équation $5 = 1,8x + 32$.

Nous obtenons $1,8x = 5 - 32$ soit $x = \dfrac{-27}{1,8}$ ou encore $x = -15$.

Conclusion : l'antécédent de 5 par la fonction f est -15.

e) Si $f(10) = 50$, alors nous avons $f(10) = 1,8 \times 10 + 32 = 50$. Cela signifie qu'une température de 10 °C correspond à 50 °F.

Sujet inédit • Données, fonctions
Exercice • 8 points

Puissance et énergie d'une éolienne

Une éolienne est un dispositif composé de pales en rotation qui transforme l'énergie du vent en électricité.
Voici une courbe donnant la puissance électrique fournie par une éolienne en fonction de la vitesse du vent.

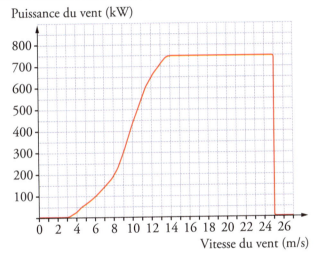

▶ **1.** À partir de quelle vitesse du vent l'éolienne délivre-t-elle une puissance non nulle ?

▶ **2.** À partir de quelle vitesse du vent la puissance délivrée n'augmente-t-elle plus ? Convertir cette vitesse en km/h.

▶ **3.** À partir de quelle vitesse du vent la puissance délivrée retombe-t-elle à zéro ? Convertir cette vitesse en km/h.

▶ **4.** Pour quelle vitesse du vent l'éolienne délivre-t-elle une puissance de 550 kW ?

Laisser apparentes les traces de lecture sur le graphique à rendre avec la copie.

▶ **5.** Quelle puissance une éolienne délivre-t-elle pour un vent de 8 m/s ?

Laisser apparentes les traces de lecture sur le graphique à rendre avec la copie.

▶ **6.** Supposons que la puissance délivrée par l'éolienne soit maintenant de 600 kW.
Pour calculer l'énergie E délivrée par l'éolienne en fonction de la durée de fonctionnement, on utilise la fonction $E(t) = 600 \times t$ où t est la durée en secondes (s), $E(t)$ est l'énergie en kilojoules (kJ).
a) Quelle est la nature de cette fonction ? Justifier.
b) Calculer l'énergie obtenue au bout de 12 s.
c) Calculer l'énergie obtenue au bout de 2 min 25 s.
d) Calculer la durée nécessaire pour obtenir une énergie de 3 000 kJ.
e) Tracer la courbe représentative de cette fonction sur la feuille millimétrée ci-dessous.
Abscisses : 1 cm pour 1 s ; ordonnée : 1 cm pour 600 kJ.

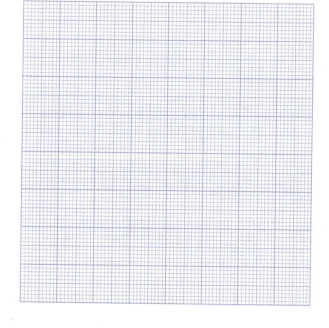

Mathématiques • Données, fonctions **CORRIGÉ 15**

1re ÉPREUVE

LES CLÉS DU SUJET

■ Points du programme

Lecture d'images et d'antécédents par une fonction • Tracé d'une fonction dans un repère orthogonal • Conversion de vitesses • Recherche et résolution d'équations de degré 1.

■ Nos coups de pouce

▶ **1. à 4.** Lis graphiquement les antécédents des valeurs données dans les questions sur l'axe des abscisses.

▶ **5.** Lis graphiquement l'image de 8 par la fonction sur l'axe des ordonnées.

▶ **6. a)** Observe l'écriture de la fonction. Que peux-tu en déduire ?

b) Remplace t par 12 dans la formule et effectue le calcul.

c) Commence par convertir 2 min 25 s en secondes puis remplace t par le résultat obtenu.

d) Pour répondre à cette question, tu dois résoudre l'équation $E(t) = 3\ 000$.

e) Avec la réponse trouvée à la question **6. a)**, trace la droite représentative de la fonction E dans un repère orthogonal.

CORRIGÉ 15

▶ **1.** L'éolienne commence à délivrer une puissance non nulle pour un vent d'au moins 3 m/s.

▶ **2.** À partir de 14 m/s, la puissance délivrée par l'éolienne stagne. 14 m/s = 0,014 km/s. En 1 heure, soit 3 600 s, le vent parcourt 0,014 × 3 600 = 50,4 km.

Donc quand la vitesse du vent atteint 50,4 km/h , la puissance de l'éolienne stagne.

▶ **3.** À partir de 25 m/s, la puissance de l'éolienne retombe à zéro.

25 m/s = 0,025 km/s et 0,025 × 3 600 = 90.

Donc la puissance de l'éolienne tombe à zéro quand la vitesse du vent dépasse 90 km/h .

Rappel
Pour convertir une vitesse donnée en m/s en km/h, il suffit de multiplier par 3 600 et diviser par 1 000.

▶ **4.** La puissance délivrée par l'éolienne est de 550 kW pour un vent de 11 m/s (pointillés verts).

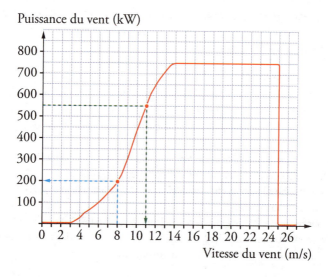

▶ **5.** Pour un vent de 8 m/s, la puissance délivrée par l'éolienne est de 200 kW (pointillés bleus).

▶ **6. a)** La fonction E est linéaire car elle est du type $E(t) = a \times t$.
b) $E(12) = 600 \times 12 = 7\,200$ kJ. L'énergie délivrée pendant 12 s est de 7 200 kJ.

c) 2 min 25 s = 145 s.
Donc $E(145) = 600 \times 145 = 87\,000$ kJ.
L'énergie délivrée pendant 2 min 25 s est de 87 000 kJ.

d) Il faut résoudre l'équation du premier degré $E(t) = 3\,000$.
On obtient :
$600 \times t = 3\,000$
$t = \dfrac{3000}{600} = 5.$
Donc pour obtenir une énergie de 3 000 kJ, l'éolienne doit fonctionner pendant 5 secondes.

e) *E* est une fonction linéaire donc sa représentation graphique est une droite passant par l'origine. La question **6. d)** nous informe que le point de coordonnées (5 ; 3 000) appartient à la droite.

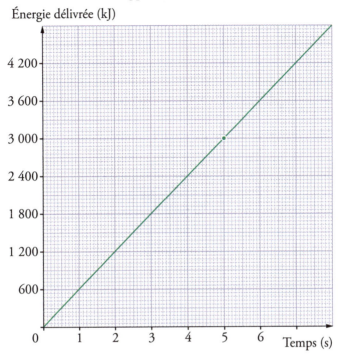

SUJET 16

Sujet inédit • Grandeurs et mesures
Exercice • 6 points

Le verre à pied

Un verre a une partie supérieure en forme de cône de révolution de sommet S, de hauteur [OS] telle que OS = 9 cm et de rayon [OA] tel que OA = 4 cm.

▶ **1.** Montrer que le volume de ce verre, en cm³, est égal à 48π.

▶ **2.** Avec un litre d'eau, combien de fois peut-on remplir entièrement ce verre ?

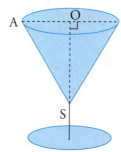

LES CLÉS DU SUJET

■ **Points du programme**

Volume d'un cône • Conversion de volume.

■ **Nos coups de pouce**

▶ **1.** La formule donnant le volume d'un cône de rayon de base r et de hauteur h est $\dfrac{\pi \times r^2 \times h}{3}$.

▶ **2.** Souviens-toi que 1 L = 1 dm³ = 1 000 cm³.

Mathématiques • Grandeurs et mesures CORRIGÉ 16

1ʳᵉ ÉPREUVE

CORRIGÉ 16

▶ **1.** Le volume du verre est :

$$\mathcal{V} = \frac{\pi \times OA^2 \times OS}{3}$$

$$\mathcal{V} = \frac{\pi \times 4^2 \times 9}{3}$$

$$\mathcal{V} = 48\pi.$$

Le volume de ce verre, en cm^3, est égal à 48π.

▶ **2.** On convertit 1 L en cm^3. On obtient 1 L = 1 dm^3 = 1 000 cm^3.
On calcule le nombre de fois que l'on peut remplir entièrement le verre.

On a $\dfrac{1\,000}{48\pi} \approx 6{,}63$.

Avec un litre d'eau, on peut remplir entièrement ce verre 6 fois.

> **Remarque**
> La 7ᵉ fois, le verre ne sera pas entièrement plein.

SUJET 17

D'après Asie • Juin 2013
Exercice 7 • 4 points

Moule à muffin

Dans cet exercice, si le travail n'est pas terminé, laisser tout de même une trace de la recherche. Elle sera prise en compte dans l'évaluation.

Un moule à muffin (un muffin est une pâtisserie) est constitué de 9 cavités. Toutes les cavités sont identiques. Chaque cavité a la forme d'un tronc de cône (cône coupé par un plan parallèle à sa base) représenté ci-contre.
Les dimensions sont indiquées sur la figure.

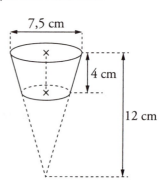

Rappels :
• Le volume d'un cône de rayon de base r et de hauteur h est $\frac{1}{3}\pi r^2 h$.

• $1\,L = 1\,dm^3$.

▶ **1.** Montrer que le volume d'une cavité est d'environ 125 cm³.

▶ **2.** Léa a préparé 1 litre de pâte. Elle veut remplir chaque cavité du moule au $\frac{3}{4}$ de son volume.

A-t-elle suffisamment de pâte pour les 9 cavités du moule ? Justifier la réponse.

LES CLÉS DU SUJET

■ **Points du programme**

Volume d'un cône • Coefficient d'agrandissement/réduction • Fraction d'une quantité • Conversions.

■ **Nos coups de pouce**

▶ **1.** Calculer les volumes des deux cônes en appliquant la formule rappelée dans l'énoncé. En déduire le volume d'une cavité.

CORRIGÉ 17

▶ **1.** Notons $\mathcal{V}$ le volume d'une cavité, c'est-à-dire le volume d'un tronc de cône.

Notons $\mathcal{V}_1$ et $\mathcal{V}_2$ les volumes respectifs du grand et du petit cône et utilisons la formule rappelée dans l'énoncé.

Le grand cône a pour hauteur 12 cm et le rayon de sa base mesure $\dfrac{7,5}{2}$ soit 3,75 cm.

$\mathcal{V}_1 = \dfrac{1}{3} \times \pi \times 3,75^2 \times 12$ soit $\mathcal{V}_1 = 56,25\pi$ cm^3.

Le petit cône a pour hauteur 8 cm. C'est une réduction du grand cône dans le rapport $\dfrac{8}{12}$ ou encore $\dfrac{2}{3}$.

Alors $\mathcal{V}_2 = \left(\dfrac{2}{3}\right)^3 \times \mathcal{V}_1$ soit $\mathcal{V}_2 = \dfrac{8}{27} \times 56,25\pi$ ou encore

$\mathcal{V}_2 = \dfrac{50}{3} \times \pi$ cm^3.

Nous avons $\mathcal{V} = \mathcal{V}_1 - \mathcal{V}_2$

$\mathcal{V} = 56,25\pi - \dfrac{50}{3} \times \pi$

$\mathcal{V} = 124,35$ cm^3 valeur arrondie au centième.

Conclusion : le volume d'une cavité est bien égal à environ 125 cm^3.

▶ **2.** Notons $\mathcal{V}'$ le volume de pâte nécessaire pour remplir chacun des 9 moules au $\dfrac{3}{4}$ de son volume.

$\mathcal{V}' = 9 \times \dfrac{3}{4} \times 125$ soit environ 844 cm^3 c'est-à-dire 0,844 litre.

Conclusion : Léa a préparé suffisamment de pâte.

SUJET 18

Sujet inédit • Espace et géométrie
Exercice • 3 points

Les pavages du plan par M.C. Escher

Maurits Cornelis Escher est un artiste néerlandais connu pour ses gravures sur bois et ses pavages souvent inspirés des mathématiques. Voici un exemple de ses pavages avec des papillons.
Tous les papillons sont de formes strictement identiques et s'imbriquent exactement les uns dans les autres.

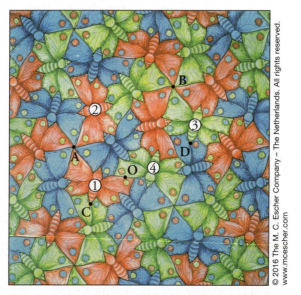

M. C. Escher, *Symmetry Drawing E70* (1948)

▶ **1.** Observe le papillon 1 et le papillon 2.
a) Ont-ils un point de leur contour en commun ? Si oui, lequel ?
b) Quelle est la transformation qui permet de passer du papillon 1 au papillon 2 ? Dessine ses éléments caractéristiques.

▶ **2.** Observe le papillon 1 et le papillon 3.
a) Comment semblent être les droites (AB) et (CD) ?
b) Quelle est la transformation qui permet de passer du papillon 1 au papillon 3 ? Dessine ses éléments caractéristiques.

Mathématiques • Espace et géométrie **CORRIGÉ 18**

▶ **3.** Observe le papillon 1 et le papillon 4.
Quelle est la transformation, utilisant le point O, qui permet de passer du papillon 1 au papillon 4 ? Dessine ses éléments caractéristiques.

LES CLÉS DU SUJET

■ **Points du programme**

Transformations du plan.

■ **Nos coups de pouce**

▶ **3.** Trouve quelle transformation permet à une figure de faire un demi-tour. Attention : tu as deux réponses possibles !

CORRIGÉ 18

▶ **1.** La transformation qui permet de passer du papillon 1 au papillon 2 est la rotation de centre A d'angle α.

Rappel
Une rotation est déterminée par son centre et son angle.

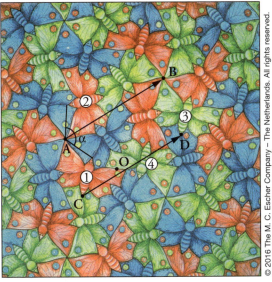

Mathématiques • Espace et géométrie   **CORRIGÉ 18**

▶ **2. a)** Les droites (AB) et (CD) semblent parallèles.

b) La transformation qui permet de passer du papillon 1 au papillon 3 est la translation de A vers B (ou de C vers D).

▶ **3.** La transformation qui permet de passer du papillon 1 au papillon 4 est la symétrie centrale de centre O ou la rotation de centre O d'angle 180°.

SUJET 19

Sujet inédit • Espace et géométrie
Exercice • 4 points

Représentation d'une sphère

▶ **1.** Le globe terrestre est représenté ci-dessous par une sphère de centre O et de rayon OA.
Compléter la légende en associant à chaque numéro la description qui convient.

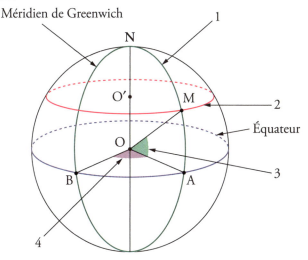

▶ **2.** On donne OM = 5 cm.
Cette sphère est coupée par le plan parallèle au plan de l'équateur et passant par M.
La distance OO′ entre O et ce plan est de 3 cm.
a) Quelle est la nature de la section obtenue ?
Aucune justification n'est demandée.

b) Quelle est la nature du triangle O′OM ?
Aucune justification n'est demandée.

c) Calculer le rayon O′M de cette section.
d) Calculer l'aire de la section (arrondir au dixième).

Mathématiques • Espace et géométrie **CORRIGÉ** **19**

LES CLÉS DU SUJET

■ **Points du programme**

Section de sphère • Théorème de Pythagore • Aire d'un disque.

■ **Nos coups de pouce**

▶ **1.** Pour les étiquettes n° 3 et n° 4, il faut penser aux coordonnées grâce auxquelles on peut repérer un point sur la sphère terrestre.

▶ **2. d)** Quel théorème peux-tu utiliser pour calculer une longueur manquante dans un triangle rectangle ?

CORRIGÉ 19

▶ **1.** Étiquette n° 1 : méridien

Étiquette n° 2 : parallèle

Étiquette n° 3 : latitude du point M

Étiquette n° 4 : longitude du point M

▶ **2. a)** La section obtenue est un cercle de centre O'.

b) OO'M est un triangle rectangle en O'.

c) Dans le triangle OO'M rectangle en O', on a OM = 5 cm et OO' = 3 cm.

D'après le théorème de Pythagore on a :

$OM^2 = OO'^2 + O'M^2$

$5^2 = 3^2 + O'M^2$

$25 = 9 + O'M^2$

$O'M^2 = 25 - 9 = 16$

$\boxed{O'M = \sqrt{16} = 4 \text{ cm}}$

d) $\text{Aire}_{disque} = \pi \times r^2 = \pi \times 4^2 = 16\pi \approx \boxed{50,3 \text{ cm}^2}$.

SUJET 20

D'après Pondichéry • Avril 2014
Exercice 4 • 7 points

Deux parcours de santé

Une commune souhaite aménager des parcours de santé sur son territoire. On fait deux propositions au conseil municipal, schématisées ci-après :
• le parcours ACDA ;
• le parcours AEFA.
Ils souhaitent faire un parcours dont la longueur s'approche le plus possible de 4 km.
Peux-tu les aider à choisir le parcours ? Justifie.

Attention ! la figure proposée au conseil municipal n'est pas à l'échelle, mais les codages et les dimensions données sont correctes.

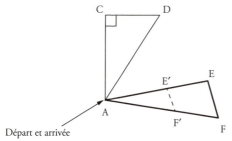

AC = 1,4 km
CD = 1,05 km
AE' = 0,5 km
AE = 1,3 km
AF = 1,6 km
E'F' = 0,4 km
(E'F')//(EF)

Départ et arrivée

L'angle Â dans le triangle AEF vaut 30°.

LES CLÉS DU SUJET

■ **Points du programme**

Théorème de Pythagore • Théorème de Thalès.

■ **Nos coups de pouce**

• Pour calculer la longueur du parcours ACDA, utiliser le théorème de Pythagore.
• Pour calculer la longueur du parcours AEFA, utiliser le théorème de Thalès.
• Comparer les deux longueurs obtenues.

CORRIGÉ 20

• Calcul de la longueur L_1 du parcours ACDA.

Nous avons $L_1 = AC + CD + DA$. Nous savons déjà que $AC = 1,4$ km et que $CD = 1,05$ km. Calculons DA.

Appliquons le théorème de Pythagore au triangle ACD rectangle en C.

$DA^2 = AC^2 + CD^2$

$DA^2 = 1,4^2 + 1,05^2 = 3,0625$

$DA = \sqrt{3,0625} = 1,75$.

Alors $L_1 = 1,4 + 1,05 + 1,75$ soit $L_1 = 4,2$ km

• Calcul de la longueur L_2 du parcours AEFA.

Nous avons $L_2 = AE + EF + FA$. Nous savons déjà que $AE = 1,3$ km et que $FA = 1,6$ km. Calculons EF.

Les points A, E', E et A, F', F sont alignés dans le même ordre et les droites (E'F') et (EF) sont parallèles.

Appliquons le théorème de Thalès. Nous pouvons écrire $\dfrac{AE'}{AE} = \dfrac{E'F'}{EF}$. Soit $\dfrac{0,5}{1,3} = \dfrac{0,4}{EF}$ ou encore $0,5 \times EF = 0,4 \times 1,3$.

> **Attention !**
> Le texte indique que l'angle Â du triangle AEF mesure 30°. Cette indication ne sert à rien pour résoudre l'exercice 4 !

Nous avons $EF = \dfrac{0,4 \times 1,3}{0,5}$ et $EF = 1,04$.

Alors $L_2 = 1,3 + 1,04 + 1,6$ soit $L_2 = 3,94$ km

Conclusion : le parcours ACDA mesure 0,2 km de plus que les 4 km souhaités et le parcours AEFA mesure 0,06 km de moins que les 4 km souhaités.

Le parcours AEFA est celui qui s'approche le plus possible de 4 km.

Sujet inédit • Espace et géométrie
Exercice • 6 points

Funiculaire de Montmartre

Un funiculaire est une remontée mécanique circulant sur des rails. Il en existe un à Paris, sur la butte Montmartre, pour accéder à la basilique du Sacré-Cœur.

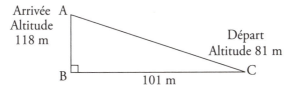

▶ **1.** Quelle est la longueur AC du funiculaire ? Arrondir au mètre.

▶ **2.** Quel est l'angle $\widehat{ACB}$ de la pente ? Arrondir au degré.

▶ **3.** Le funiculaire transporte les personnes en 1 min 20 s, du départ à l'arrivée. Quelle est sa vitesse en m/s ?

▶ **4.** Deux règles de sécurité doivent être observées :
– le funiculaire ne peut transporter plus de 60 personnes à la fois ;
– la masse totale des personnes transportées ne doit pas excéder 4 t.
12 adultes de 72 kg et 35 enfants de 40 kg veulent utiliser en même temps le funiculaire. La sécurité est-elle bien respectée ? Justifier.

LES CLÉS DU SUJET

■ **Points du programme**

Théorème de Pythagore • Trigonométrie • Vitesse moyenne • Opérations de base • Conversion de masses.

■ **Nos coups de pouce**

▶ **1.** La différence d'altitude donne la longueur AB.
▶ **3.** La formule de la vitesse est $V = \dfrac{d}{t}$ où d est la distance parcourue (en m) et t le temps mis pour parcourir cette distance (en s).
▶ **4.** 1 t = 1 000 kg.

Mathématiques • Espace et géométrie **CORRIGÉ** **21**

CORRIGÉ 21

▶ **1.** Calculons d'abord AB. AB s'obtient par soustraction des deux altitudes :

AB = 118 − 81 = 37 m.

Dans le triangle ABC rectangle en B, d'après le théorème de Pythagore, on a :

$AC^2 = AB^2 + BC^2$

$AC^2 = 37^2 + 101^2$

$AC^2 = 1\ 369 + 10\ 201$

$AC^2 = 11\ 570$

$AC = \sqrt{11\ 570} \approx \boxed{108\ \text{m}}$.

▶ **2.** Dans le triangle ABC rectangle en B, on calcule la tangente de l'angle $\widehat{ACB}$:

$\tan(\widehat{ACB}) = \dfrac{\text{côté opposé à } \widehat{ACB}}{\text{côté adjacent à } \widehat{ACB}} = \dfrac{AB}{BC} = \dfrac{37}{101}$.

Donc $\widehat{ACB} = \tan^{-1}\left(\dfrac{37}{101}\right) \approx \boxed{20°}$.

> **Astuce**
> On aurait aussi pu calculer cos($\widehat{ACB}$) ou sin($\widehat{ACB}$) mais en prenant garde d'utiliser la valeur exacte de BC.

▶ **3.** La distance parcourue par le funiculaire est $d = 108$ m, le temps mis est $t = 1$ min 20 s = 60 s + 20 s = 80 s. Donc :

$V = \dfrac{d}{t} = \dfrac{108}{80} = \boxed{1,35\ \text{m/s}}$.

▶ **4.** 12 + 35 = 47 personnes.

Le nombre total de personnes désirant entrer dans le funiculaire est de 47. C'est un nombre inférieur à 60, donc la première condition est vérifiée.

$12 \times 72 + 35 \times 40 = 2\ 264$ kg.

La masse totale des personnes désirant entrer dans le funiculaire est de 2 264 kg soit 2,264 t.

C'est un nombre inférieur à 4, donc la seconde condition est vérifiée.

Conclusion : la sécurité est bien respectée.

SUJET 22

Sujet inédit • Espace et géométrie
Exercice • 5 points

La toiture de Louis

Louis possède une maison dont la toiture est constituée de deux pans rectangulaires identiques. La toiture est représentée vue de profil par le schéma ci-dessous.
La largeur d'un des pans est représentée par le segment [AC].

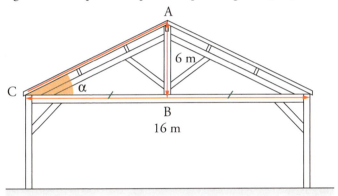

▶ **1.** Calculer l'angle α correspondant à la pente de la toiture (arrondir au degré près).

▶ **2.** Calculer la largeur AC d'un pan de la toiture.

▶ **3.** Louis veut recouvrir la totalité de sa toiture d'ardoises.
Sachant que la longueur de la toiture est de 20 m, quelle est la surface qu'il devra recouvrir d'ardoises ?

▶ **4.** Louis veut installer un velux carré sur sa toiture. Son aire ne devra pas représenter plus de 0,7 % de la toiture. Quelle sera la longueur maximale du velux ? (Arrondir au dixième.)

Mathématiques • Espace et géométrie **CORRIGÉ 22**

LES CLÉS DU SUJET

■ **Points du programme**

Trigonométrie • Aire d'un rectangle • Pourcentages.

■ **Nos coups de pouce**

▶ **1.** Pense à utiliser une des formules de trigonométrie lorsque tu dois calculer un angle.

CORRIGÉ 22

▶ **1.** Dans le triangle ABC rectangle en B, on a :

$$\tan\alpha = \frac{\text{côté opposé à } \alpha}{\text{côté adjacent à } \alpha} = \frac{AB}{BC} = \frac{6}{8}.$$

Donc $\alpha = \tan^{-1}\left(\dfrac{6}{8}\right) \approx \boxed{37°}$.

> **Autre méthode**
> On pourrait utiliser la formule du cosinus de l'angle α avec la valeur exacte de α !

▶ **2.** Dans le triangle ABC rectangle en B, d'après le théorème de Pythagore, on a :

$AC^2 = AB^2 + BC^2$

$AC^2 = 6^2 + 8^2$

$AC^2 = 36 + 64$

$AC^2 = 100$

$AC = \sqrt{100} = \boxed{10 \text{ m}}$.

▶ **3.** La toiture est constituée de deux pans rectangulaires de 10 m par 20 m.

$\text{Aire}(\text{toiture}) = 2 \times \text{longueur} \times \text{largeur} = 2 \times 20 \times 10 = \boxed{400 \text{ m}^2}$.

▶ **4.** Aire maximale du velux $= 400 \times \dfrac{0,7}{100} = 2,8 \text{ m}^2$.

> **Rappel**
> Souviens-toi que :
> Aire(carré) = $c \times c$.

Donc le côté du velux mesure au maximum

$\sqrt{2,8} \approx \boxed{1,7 \text{ m}}$.

Sujet 23

Sujet inédit • Algorithmique
Exercice • 3 points

Le ventilateur

Dans une pièce, un ventilateur est installé et est géré par le programme suivant :

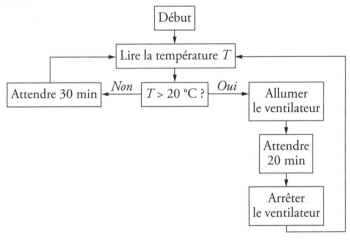

▶ **1.** Quelle est la condition pour que le ventilateur s'allume ?

▶ **2.** Si la condition précédente n'est pas remplie, combien de temps le programme attend-t-il avant de procéder à une nouvelle lecture de la température ?

▶ **3.** Quel est le but de ce programme ?

LES CLÉS DU SUJET

■ **Points du programme**

Lecture d'un algorithme informatique.

■ **Nos coups de pouce**

▶ **1.** Suivre les flèches du programme et observer les conditions de passage d'une consigne à l'autre.

Mathématiques • Algorithmique et programmation **CORRIGÉ 23**

CORRIGÉ 23

▶ **1.** Le ventilateur s'allume si la température dépasse 20 °C.

▶ **2.** Si la température est inférieure à 20 °C, le programme attend 30 minutes avant de procéder à une nouvelle lecture de la température.

▶ **3.** Le but de ce programme est de faire fonctionner un ventilateur quand la température est supérieure à 20 °C et de l'éteindre quand la température tombe en dessous de 20 °C.

> **Remarque**
> La réalisation ou non de la condition $T < 20$ °C détermine le fonctionnement du ventilateur.

SUJET

24

Sujet inédit • Algorithmique
Exercice • 7 points

1re ÉPREUVE

Une homothétie

Voici le programme écrit à l'aide du logiciel Scratch par Grégory :

```
quand [drapeau] cliqué
cacher
effacer tout
aller à x: -200 y: 50
stylo en position d'écriture
mettre la couleur du stylo à 1
choisir la taille 3 pour le stylo
s'orienter à 90
avancer de 100
triangle1
s'orienter à 90
avancer de 200
triangle2
```

```
définir triangle1
s'orienter à 180
avancer de 50
tourner de 143.1 degrés
avancer de 40
tourner de 90 degrés
avancer de 30
```

```
définir triangle2
s'orienter à 180
avancer de 150
tourner de 143.1 degrés
avancer de 120
tourner de 90 degrés
avancer de 90
```

103

Grégory obtient la figure suivante :

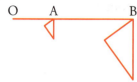

Les points O, A et B ont été ajoutés sur la figure.

▶ **1.** En observant la première colonne d'instructions, calculer le rapport $\dfrac{OB}{OA}$.
En déduire le rapport de l'homothétie de centre O qui transforme le triangle de sommet A en triangle de sommet B.

▶ **2.** Observer le bloc « triangle1 » et démontrer que le triangle 1 est un triangle rectangle. En déduire la nature du triangle 2.

▶ **3.** Comparer les longueurs des côtés des triangle 1 et triangle 2. Que retrouve-t-on ?

LES CLÉS DU SUJET

■ Points du programme

Lecture d'un algorithme informatique.

■ Nos coups de pouce

▶ **1.** Observe que l'on avance de 100. On peut en déduire la longueur OA. On avance ensuite de 200, on peut donc en déduire la longueur AB. Conclus.

▶ **2.** Applique la réciproque du théorème de Pythagore au triangle 1. On sait qu'une homothétie transforme un triangle en un triangle de même nature.

▶ **3.** On sait qu'une homothétie de rapport *k* multiplie les longueurs par *k*. Conclus.

Mathématiques • Algorithmique et programmation **CORRIGÉ** **24**

CORRIGÉ **24**

▶ **1.** En partant de O(–200 ; 50), on avance d'abord de 100. On obtient
OA = 100.

On part maintenant de A et on avance de 200. On obtient AB = 200.

Les points O, A et B sont alignés. On obtient OB = OA + AB, soit
OB = 300.

On en déduit que $\dfrac{OB}{OA} = \dfrac{300}{100} = 3$.

Donc le rapport de l'homothétie de centre O qui
transforme le triangle de sommet A en triangle de
sommet B est 3.

> **Rappel**
> Souviens-toi que si trois
> points O, A et B sont
> alignés dans cet ordre,
> alors OB = OA + AB.

▶ **2.** Les longueurs des côtés du triangle 1 sont 30, 40 et 50.

On a $50^2 = 2\,500$ et $30^2 + 40^2 = 900 + 1\,600 = 2\,500$. Donc d'après
la réciproque du théorème de Pythagore, le triangle est rectangle et son
hypoténuse mesure 50.

On sait qu'une homothétie transforme un triangle en un triangle de
même nature, donc le triangle 2 est un triangle rectangle.

▶ **3.** Les longueurs des côtés du triangle 2 sont 90, 120, 150. On a bien
$90 = 3 \times 30$; $120 = 3 \times 40$ et $150 = 3 \times 50$.

Les longueurs des côtés du triangle 2 sont bien le produit des longueurs
du triangle 1 par le rapport 3 de l'homothétie.

1re ÉPREUVE

SUJET

25

Sujet inédit

PHYSIQUE-CHIMIE ET SVT • 50 points

Digestion et acidité

Les brûlures d'estomac et les ulcères sont dus à l'acidité de l'estomac. Comment expliquer la présence d'acide chlorhydrique dans notre tube digestif ? Comment lutter contre ces désagréments ?

1. SVT • L'ACIDITÉ DE L'ESTOMAC   **25 POINTS**

> **DOCUMENT 1**   **Digestion et suc gastrique**
>
> La digestion consiste à transformer dans le tube digestif les aliments consommés en molécules plus petites ou nutriments qui passent ensuite dans le sang et sont distribués à tous les organes du corps. L'estomac permet le début de la digestion des protéines.
>
> Les cellules de la paroi de l'estomac humain produisent environ 2 litres de suc gastrique par jour qui contient :
>
> – de l'acide chlorhydrique qui abaisse le pH, facilite la digestion par les enzymes et détruit les micro-organismes ;
>
> – des enzymes digestives (pepsine et lipase gastrique) ;
>
> – du mucus ayant un rôle de protection physique de la paroi de l'estomac vis-à-vis de l'acidité.

> **DOCUMENT 2**   **Acidité et activité enzymatique**
>
> Chaque enzyme possède un pH optimal d'activité. À ce pH, l'enzyme agit au maximum et permet une bonne digestion. Au contraire, plus on s'éloigne de ce pH, moins l'enzyme est active.
>
> À son arrivée dans l'estomac le bol alimentaire est neutre, il a un pH de 7.

Enzyme	Localisation	Origine	Molécules digérées	pH optimal
pepsine	estomac	estomac	protéines	3
amylase	bouche	glandes salivaires	glucides	7
trypsine	intestin	pancréas	protéines	8

Physique-chimie - SVT **SUJET 25**

1re ÉPREUVE

DOCUMENT 3   **Ulcère de l'estomac**

Un ulcère est dû à des plaies dans la paroi de l'estomac qui entraînent de fortes douleurs.

La bactérie *Helicobacter pylori* (*H. Pylori*) survit à l'acidité, elle causerait approximativement de 60 % à 80 % des ulcères de l'estomac. Ces bactéries envahissent la couche de mucus qui protège normalement l'estomac et l'intestin grêle de l'acidité, et perturberaient ce mécanisme protecteur chez certaines personnes.

La prise d'anti-inflammatoires non stéroïdiens ou AINS (par exemple l'aspirine, l'ibuprofène) est la seconde cause la plus fréquente d'ulcère.

Une production excessive d'acide par l'estomac (hyperacidité gastrique), liée au tabagisme, à une consommation excessive d'alcool, à un stress important, peut favoriser l'apparition d'ulcère.

Source : www.passeportsante.net

▶ **1.** D'après le document 1, quels sont les rôles du suc gastrique ?

▶ **2.** Expliquer comment l'acidité de l'estomac améliore la digestion des protéines d'après les documents 1 et 2.

▶ **3.** Comment expliquer les ulcères en cas d'infection par la bactérie *Helicobacter pylori* ?

▶ **4.** Comment peut-on éviter les ulcères ?

2. PHYSIQUE-CHIMIE • LES SOLUTIONS ACIDES ET BASIQUES   **25 POINTS**

DOCUMENT 1   **Un médicament contre les brûlures d'estomac**

Les brûlures d'estomac sont provoquées par le reflux gastro-œsophagien : des remontées d'acide chlorhydrique depuis l'estomac vers l'œsophage. Le bicarbonate de soude (également dit bicarbonate de sodium) neutralise l'acide chlorhydrique en le transformant en chlorure de sodium. Le soulagement est immédiat et dure une trentaine de minutes environ. Petit inconvénient de la réaction : elle produit également du gaz carbonique : CO_2.

Source : www.e-sante.fr

Physique-chimie - SVT **SUJET 25**

DOCUMENT 2   **Trois médicaments contre la douleur**

L'ibuprofène, ou acide alpha-méthyl propanoïque, fait partie des médicaments dits anti-inflammatoires non stéroïdiens. Son mode d'action passe par le blocage de certaines enzymes, les cyclo-oxygénases, ce qui entraîne les propriétés anti-douleur et une diminution de la fièvre. C'est également l'effet de l'aspirine (de son nom pharmaceutique : acide acétylsalicylique).

Le paracétamol ou N-(4-hydroxyphényl) éthanamide est le principe actif d'une famille de médicaments antipyrétiques (traitement de la fièvre) et analgésiques (traitement de la douleur).

Source : d'après www.doctissimo.fr

▶ **1. a)** Définir ce qu'est le pH d'une solution.

b) Les trois enzymes du document 2 de la partie SVT ont une activité optimale dans des milieux de pH différents. Dire pour chacune de ces enzymes si ce milieu est acide, neutre ou basique. Justifier.

c) Le pH d'un verre de boisson à base de jus de citron est 4. Son pH sera-t-il plus grand ou plus petit que 4 si on y ajoute de l'eau ? Justifier.

d) Le pH d'un vinaigre est de 3. Un jus d'agrumes a un pH égal à 4. Laquelle de ces deux solutions possède le plus d'ions H^+ ? Pourquoi ?

▶ **2.** Une personne souffrant de fréquentes brûlures à l'estomac veut calmer un mal de tête. Elle dispose de cachets d'ibuprofène, d'aspirine et de paracétamol. Le ou lesquels de ces trois médicaments peut-elle prendre sans risquer de déclencher des brûlures dans son estomac ? Justifier la réponse.

▶ **3.** Le document 1 mentionne que le bicarbonate de sodium « neutralise » l'acide chlorhydrique.

a) De quel type de réaction s'agit-il ?

b) Écrire en toutes lettres l'équation de la réaction entre l'acide chlorhydrique et le bicarbonate de sodium sachant qu'il se forme de l'eau en plus des produits cités dans le document 1.

c) L'expression « neutraliser » est-elle bien employée ici ? Justifier.

Physique-chimie – SVT SUJET 25

1ʳᵉ ÉPREUVE

LES CLÉS DU SUJET

■ Exercice 1 : SVT

Comprendre les documents

• Le document 1 rappelle ce qu'est la digestion. Il localise les organes digestifs et particulièrement l'estomac. Il explique ce qu'est le suc gastrique.

• Le document 2 montre la relation entre pH et activité des enzymes.

• Le document 3 présente les symptômes et les causes des ulcères.

Répondre aux questions

▶ **1.** Relève dans le document 1 les actions du suc gastrique en les surlignant dans le texte.

▶ **2.** Commence par noter la particularité de l'enzyme de l'estomac à l'aide du tableau.

▶ **3.** Utilise les documents 1 et 3.

▶ **4.** Connaissant les causes des ulcères grâce au document 3, il est facile de donner des conseils pour les éviter.

■ Exercice 2 : physique-chimie

Comprendre les documents

• Le document 1 informe sur la réaction chimique qui a lieu lors de la prise d'un remède contre les brûlures d'estomac.

• Le document 2 donne des informations sur trois médicaments contre la douleur.

Répondre aux questions

▶ **1.** Pour répondre à cette question tu dois bien connaître l'échelle des pH. Rappelle-toi aussi le rapport entre l'acidité et le taux des ions H^+.

▶ **2.** Les informations utiles se trouvent dans le document 2.

▶ **3.** Les réponses aux trois questions résident dans les propriétés du bicarbonate de sodium et du chlorure de sodium (le sel).

Physique-chimie – SVT **CORRIGÉ** 25

CORRIGÉ 25

1. SVT

▶ **1.** Le suc gastrique facilite la digestion par la présence d'acide et d'enzymes. Son acidité permet de détruire les micro-organismes qui peuvent déclencher des maladies de type gastro-entérites. Le mucus protège la paroi de l'estomac de l'acidité.

▶ **2.** D'après le tableau, la pepsine produite par l'estomac fonctionne au maximum avec un pH acide de 3 par rapport à la trypsine de l'intestin et l'amylase salivaire qui ont besoin d'un pH neutre. Le pH d'arrivée du bol alimentaire est neutre.

> **Conseil**
> Trouve dans le tableau l'enzyme présente dans le suc gastrique et sa condition optimale de fonctionnement.

C'est donc la production d'acide chlorhydrique par l'estomac qui abaisse le pH permettant ainsi l'activité de la pepsine et la digestion des protéines.

Sans l'ajout d'acide, la pepsine ne peut agir et la digestion des protéines est mauvaise.

▶ **3.** La bactérie *H. Pylori* n'est pas détruite par l'acidité de l'estomac. Elle peut alors se développer dans le mucus et empêcher son rôle protecteur. Les cellules de la paroi de l'estomac sont alors attaquées par l'acide gastrique, ce qui provoque les plaies et brûlures.

▶ **4.** Les causes des ulcères sont la présence de bactéries, difficile à éviter, mais aussi la prise de médicaments et des causes de production trop importante d'acide gastrique.

Pour éviter les ulcères, il ne faut donc pas utiliser d'anti-inflammatoires non stéroïdiens ou avec un traitement associé visant à diminuer le pH. De même il faut éviter le stress, l'alcool et la cigarette qui augmentent le pH gastrique et les risques d'ulcères.

2. PHYSIQUE-CHIMIE

▶ **1. a)** Le pH est un nombre sans unité donnant l'acidité et/ou la basicité d'une solution. L'échelle des pH s'étend de 0 à 14.

b) Pour la pepsine, le milieu est acide car son pH est inférieur à 7 comme toutes les solutions acides dont le pH s'étend de 0 à 7 (7 non inclus).

Pour l'amylase le milieu est neutre car son pH est 7. Cette valeur de pH correspond aux solutions neutres comme l'eau pure.

Physique-chimie – SVT **CORRIGÉ** **25**

1ʳᵉ ÉPREUVE

La trypsine est active en milieu basique car son pH est supérieur à 7 comme toutes les solutions basiques dont le pH s'étend d'un peu plus de 7 à 14.

c) Cette boisson est acide. En y ajoutant de l'eau (neutre), on la dilue et on la rend moins acide, ce qui augmentera son pH. Le pH de la boisson sera donc plus grand que 4.

d) Le vinaigre est plus acide que le jus d'agrumes car son pH est inférieur à celui du jus de fruit (3 < 4) et plus le pH est faible, plus la solution est acide. D'autre part, plus une solution est acide et plus elle contient des ions H^+. Nous pouvons en déduire que le vinaigre possède plus d'ions H^+ que le jus de citron.

▶ **2.** L'ibuprofène et l'aspirine sont des acides comme leurs noms pharmaceutiques l'indiquent. Par contre, le paracétamol ne contient pas l'indication « acide ». Une personne qui souffre de brûlures d'estomac ne doit pas ajouter à l'acidité de son milieu gastrique et ne doit pas prendre un médicament acide. Elle doit donc prendre le paracétamol pour calmer ses maux de tête.

> **Remarque**
> Le nom d'une espèce chimique peut donner beaucoup d'informations sur celle-ci.

▶ **3. a)** La réaction chimique entre le bicarbonate de soude et l'acide chlorhydrique est une réaction acido-basique.

b) L'équation de cette réaction chimique est :
acide chlorhydrique + bicarbonate de sodium
→ dioxyde de carbone + eau + chlorure de sodium

> **Conseil**
> Souligne dans le document 1 les réactifs et les produits de la réaction, sans oublier l'eau.

c) Les produits de la réaction entre l'acide chlorhydrique et le bicarbonate de sodium ne contiennent pas d'acide ni de base (CO_2, eau et chlorure de sodium). On peut donc dire que le bicarbonate de soude neutralise l'acide si sa quantité suffit à transformer tous les ions H^+ apportés par l'acide chlorhydrique.

SUJET 26

Sujet inédit

PHYSIQUE-CHIMIE ET SVT • 50 points

La centrale à charbon

La centrale thermique du Havre est une centrale électrique française fonctionnant au charbon. L'unité de production du Havre compte 4 tranches, les tranches 1 et 2 ont été définitivement arrêtées entre 2012 et 2013. La pollution engendrée par les centrales à charbon est souvent dénoncée, et la centrale du Havre n'y échappe pas.

1. PHYSIQUE-CHIMIE • LA PRODUCTION D'ÉNERGIE ÉLECTRIQUE PAR UNE CENTRALE THERMIQUE À FLAMME — 25 POINTS

DOCUMENT 1 — Le fonctionnement de la centrale

Une centrale thermique à flamme produit de l'électricité à partir de la vapeur d'eau produite grâce à la chaleur dégagée par la combustion de gaz, de charbon ou de fioul, qui met en mouvement une turbine reliée à un alternateur.

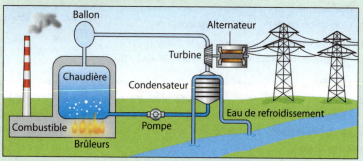

Un combustible (gaz, charbon, fioul) est brûlé dans les brûleurs d'une chaudière pouvant mesurer jusqu'à 90 m de hauteur.

La chaudière est tapissée de tubes dans lesquels circule de l'eau froide. En brûlant, le combustible dégage de la chaleur qui va chauffer cette eau. L'eau se transforme en vapeur, envoyée sous pression vers les turbines.

La vapeur fait tourner une turbine qui entraîne à son tour un alternateur. Grâce à l'énergie fournie par la turbine, l'alternateur produit un courant électrique alternatif.

Source : edf.fr

Physique-chimie – SVT **SUJET** **26**

1re ÉPREUVE

DOCUMENT 2 **Puissance et énergie**

Roger Balian, membre de l'académie des Sciences, écrit dans le livre *L'énergie de demain* qu'une centrale nucléaire de puissance 1 000 MW (1 MW = 10^6 W) électrique consomme 27 tonnes d'uranium (enrichi à 3,2 %) par an, qu'une centrale thermique de même puissance consomme 170 tonnes de fioul ou 260 tonnes de charbon par heure, et qu'une centrale hydraulique de même puissance nécessiterait la chute de 100 m de haut de 1 200 tonnes d'eau par seconde !

Une centrale à charbon fonctionne en moyenne 5 000 heures par an.

La centrale du Havre a produit $E_e = 3{,}7 \times 10^9$ kWh d'énergie électrique en 2009.

DOCUMENT 3 **Le rendement**

Le rendement d'une centrale est défini par le rapport de l'énergie électrique fournie par la centrale sur l'énergie reçue par la même centrale :

$$R = \frac{E_e}{E_{\text{reçue}}} \times 100.$$

Les deux énergies doivent être exprimées dans la même unité.

▶ **1.** Dans quelle catégorie de sources énergétiques peut-on classer le charbon utilisé par la centrale du Havre ? Choisir un ou plusieurs termes parmi les suivants :
renouvelable – thermique – fossile – électrique – chimique – non renouvelable.

▶ **2. a)** Quelle forme d'énergie est à l'origine de la chaleur qui apparaît dans la chaudière de la centrale à charbon, au niveau des brûleurs ?
b) Dessiner le diagramme d'énergie de la centrale à l'aide du document 1.

▶ **3.** Le charbon contient du carbone (symbole C) dont la combustion produit du dioxyde de carbone. Écrire l'équation de la combustion du carbone.

▶ **4.** Citer deux parties de la centrale où s'effectuent des changements d'états. Préciser les noms de ces changements d'états.

▶ **5. a)** À l'aide des données du document 2, calculer en tonnes (t) la masse totale de charbon qu'utilise chaque année une centrale à charbon de 1 000 MW.

b) Calculer la puissance en MW, supposée constante, de la centrale à charbon du Havre en 2009 à l'aide du document 2.

▶ **6.** Calculer le rendement de la centrale à charbon du Havre en 2009 si on suppose que l'énergie fournie par le charbon à cette centrale était de 3×10^{16} J pendant cette même année. On donne 1 kWh = $3{,}6 \times 10^6$ J.

2. SVT • L'IMPACT SUR L'ENVIRONNEMENT   25 POINTS

La production d'électricité est à l'origine de 40 % des émissions mondiales de CO_2, alors que le secteur des transports est responsable de 20 %. La part des centrales à charbon représente plus de la moitié des émissions liées à la production d'électricité.

> **DOCUMENT 1**   **Émission de CO_2 et effet de serre**
>
> Les gaz à effet de serre ou GES retiennent la chaleur dans l'atmosphère. Un certain nombre de gaz à l'état naturel, permettent le phénomène de l'effet de serre : vapeur d'eau (H_2O), dioxyde de carbone (CO_2), méthane (CH_4)…
>
> Mais les activités humaines émettent des gaz qui viennent s'ajouter à ceux présents naturellement dans l'atmosphère et sont donc responsables du dérèglement climatique, c'est le cas du CO_2 produit par les centrales thermiques à charbon.

> **DOCUMENT 2**   **Réchauffement climatique**

Des études ont été faites sur l'impact de la présence de CO_2 et la température terrestre. Pour obtenir les valeurs du graphique suivant on a mesuré les proportions de gaz dans les glaces de l'antarctique.

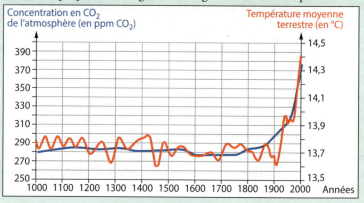

DOCUMENT 3 — **Production d'électricité en France**

La France est le grand pays européen qui émet le moins de CO_2 dans le cadre de sa production électrique. Le mix électrique français est en effet « décarboné » à 90 %, en raison de l'utilisation du nucléaire (75 % de l'électricité produite), de l'hydraulique (12 %) et des nouvelles énergies renouvelables (3 %).

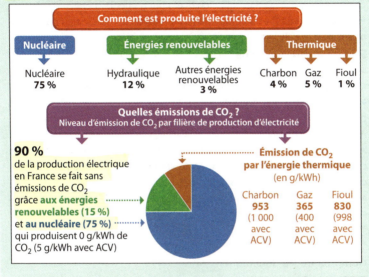

Source : EDF

▶ **1.** Montrez la relation entre la présence de dioxyde de carbone et le réchauffement climatique à partir des documents 1 et 2.

▶ **2.** Quelles peuvent être les conséquences du réchauffement climatique ?

▶ **3.** Après avoir défini les énergies renouvelables, citez trois types de production d'électricité faisant appel à celles-ci. Quelle est l'énergie renouvelable qui produit tout de même du CO_2 ?

▶ **4.** D'après le document 3 et vos connaissances, la France a-t-elle une production d'électricité adaptée au respect de l'environnement ?

Physique-chimie – SVT **SUJET** 26

LES CLÉS DU SUJET

■ Exercice 1 : physique-chimie

Comprendre les documents

• Le schéma du document 1 montre les différentes parties d'une centrale à charbon. Le texte, quant à lui, explique ce qui se passe dans les différents compartiments : réactions chimiques et changements d'état.

• Les documents 2 et 3 contiennent des données numériques qui te permettront d'effectuer des calculs.

Répondre aux questions

▶ **1.** et **2.** Ces deux questions font appel à tes connaissances de cours. Le schéma du document 1 t'aidera à réaliser ton diagramme énergétique.

▶ **3.** Pour écrire une équation-bilan, tu dois connaître les réactifs et les produits de la transformation, qui est ici la combustion. L'énoncé t'aide : relis-le attentivement !

▶ **5.** Utilise les données du document 2 pour effectuer tes calculs. Garde bien à l'esprit que la question **a)** porte sur la centrale à 1 000 MW, tandis que la question **b)** concerne la centrale à charbon du Havre.

▶ **6. a)** Pense à faire des conversions d'unité avant d'appliquer la formule du rendement.

■ Exercice 2 : SVT

Comprendre les documents

• Les documents 1 et 2 te permettent de répondre aux deux premières questions traitant du réchauffement climatique.

• Le document 3 contient des données nécessaires pour estimer l'impact environnemental de la production d'électricité en France.

Répondre aux questions

▶ **1.** Regarde l'évolution des deux courbes en parallèle : tu dois trouver une relation de cause à effet entre les deux.

▶ **2.** et **3.** Ces questions font appel à tes connaissances.

▶ **4.** Sélectionne les données du document 3 pour montrer les points positifs et négatifs des choix de production électrique en France.

CORRIGÉ 26

1. PHYSIQUE-CHIMIE

▶ **1.** Le charbon est une source d'énergie fossile et non renouvelable.

▶ **2. a)** L'énergie chimique est à l'origine de la chaleur apparue.
b)

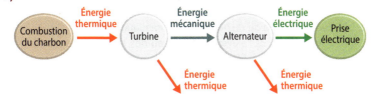

▶ **3.** La combustion est une réaction chimique avec le dioxygène :

carbone + dioxygène → dioxyde de carbone.

▶ **4.** Un premier changement d'état s'effectue dans la chaudière. Il s'agit d'une évaporation. Un second changement d'état a lieu ensuite dans le condenseur. Il s'agit cette fois d'une liquéfaction.

> **Attention !**
> Le mot « condensateur » n'exprime pas correctement le changement d'état correspondant, qui est la liquéfaction et non la condensation.

▶ **5. a)** D'après le document 2, dans une centrale de 1 000 MW, chaque heure 260 tonnes de charbon sont brûlées. Sachant qu'une centrale à charbon fonctionne 5 000 heures par an, la masse de charbon brûlée en une année est :
$m(C) = 260 \times 5\,000 = 1{,}3 \times 10^6$ tonnes.

b) L'énergie et la puissance électriques sont liées par la relation $E_e = P \times t$, d'où $P = \dfrac{E_e}{t}$.

> **Conseil**
> Écris toujours la formule et tire l'inconnue de cette même formule avant chaque calcul.

Et $P = \dfrac{3{,}7 \times 10^9 \text{ kWh}}{5\,000 \text{ h}} = 7{,}4 \times 10^5$ kW $= 7{,}4 \times 10^8$ W $= 740$ MW.

▶ **6.** On convertit d'abord l'énergie reçue par la centrale :
$E_{\text{reçue}} = 3 \times 10^{16}$ J $= \dfrac{3 \times 10^{16}}{3{,}6 \times 10^6}$ kWh $= 8{,}3 \times 10^9$ kWh.

D'après le document 3, le rendement est donné par :

$R = \dfrac{E_e}{E_{\text{reçue}}} \times 100 = \dfrac{3{,}7 \times 10^9}{8{,}3 \times 10^9} \times 100 = 45\,\%$.

Le rendement de la centrale est d'environ 45 %.

Physique-chimie – SVT **CORRIGÉ** **26**

2. SVT

▶ **1.** On voit nettement sur le graphique que la température varie principalement comme la concentration en dioxyde de carbone de l'atmosphère.

L'augmentation de la quantité de CO2 précède celle de la température, elle en est donc la cause. C'est l'augmentation de la concentration en CO_2 depuis 1850 avec l'industrialisation et la production d'électricité qui entraîne un réchauffement de presque 1 °C.

> **Conseil**
> Afin de connaître la cause, lorsqu'on a deux facteurs qui varient, il faut regarder lequel des deux varie en premier et entraîne la variation de l'autre.

▶ **2.** Les conséquences du réchauffement climatique sont :
– la fonte des glaciers et l'élévation du niveau des mers avec disparition de terres émergées ;
– la modification des conditions climatiques qui entraînent des adaptations ou migrations nécessaires des animaux et végétaux ;
– la disparition de certaines espèces non adaptées (ours polaire).

Globalement il y a des perturbations climatiques et une modification de la biodiversité.

▶ **3.** Les énergies renouvelables sont des sources d'énergie dont le renouvellement naturel est assez rapide pour qu'elles puissent être considérées comme inépuisables à l'échelle de temps humaine.

L'électricité peut être produite à partir d'énergie hydraulique, éolienne, solaire ou photovoltaïque, ou encore géothermique. Ces énergies ne produisent pas de CO_2 et ne participent pas à l'augmentation de l'effet de serre. Une dernière forme d'énergie renouvelable est la biomasse, avec l'utilisation du bois, des biogaz et biocarburants produits à partir de matière végétale. Cependant leur combustion entraîne la production de CO_2.

▶ **4.** La France émet peu de CO_2 pour produire de l'électricité car les énergies fossiles sont peu utilisées. Elle participe donc peu au réchauffement climatique.

Cependant l'utilisation du nucléaire à 75 % même s'il ne produit pas de CO_2 représente un danger potentiel pour l'environnement. Les déchets radioactifs très nocifs pour l'Homme et les autres êtres vivants ne sont que partiellement recyclés. Des accidents peuvent se produire dans les centrales nucléaires, comme à Fukushima au Japon en 2011 avec des répercussions sur l'environnement catastrophiques.

La production d'électricité de la France peut être encore plus respectueuse de l'environnement en augmentant la part des énergies renouvelables.

SUJET 27

Sujet inédit
PHYSIQUE-CHIMIE ET SVT • 50 points

Une nouvelle exoplanète découverte

En 5 ans de mission, le télescope spatial Kepler a découvert quelque 900 planètes potentielles en scrutant des milliers d'étoiles. Mais la découverte d'une nouvelle exoplanète pourrait représenter un pas majeur pour les astronomes. Nommée Kepler-186f, elle se trouve dans la constellation du Cygne à environ 500 années-lumière de nous. Sa particularité ? Elle présenterait une taille similaire à celle de la Terre et serait située dans la zone habitable de son étoile. Une vie extraterrestre pourrait-elle y être présente ? Pourrions-nous nous y installer ?

**1. SVT • LA VIE SUR KEPLER-186F
EST-ELLE POSSIBLE ?** 25 POINTS

DOCUMENT 1 — Les caractéristiques de Kepler-186f

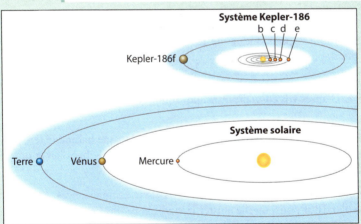

L'étoile Kepler-186 est une petite étoile ou « naine rouge » (la moitié de la masse du Soleil) qui forme un système exoplanétaire composé à l'heure actuelle de cinq planètes nommées Kepler-186b, Kepler-186c, Kepler-186d, Kepler-186e et Kepler-186f, toutes de taille proche de celle de la Terre.

Une naine rouge libère beaucoup moins d'énergie et donc de chaleur qu'une étoile de plus grande taille.

Nous ne savons pas grand-chose de la planète Kepler-186f à part sa taille très proche de celle de la Terre (1,2 fois le rayon de la Terre), la distance qui la sépare de son étoile et le fait qu'elle mette 130 jours à faire le tour complet de son étoile.

DOCUMENT 2 **Des conditions compatibles avec la vie ?**

Kepler-186f est la seule des cinq planètes connues à ce jour dans ce système qui est dans la zone dite habitable, car la distance par rapport à l'étoile permet une température compatible avec la présence d'eau liquide et potentiellement la vie.

« Si elle était trop proche de son étoile, il y ferait trop chaud et l'eau ne pourrait exister que sous forme de vapeur. Si elle en était trop éloignée, l'eau y serait glacée. Mais la planète est dans la bonne gamme de distances », explique Émeline Bolmont du laboratoire d'Astrophysique de Bordeaux, co-auteur de cette découverte reprise par le CNRS.

De plus d'après les modèles théoriques et la taille proche de celle de la Terre, on a de très fortes chances d'avoir affaire à une planète rocheuse.

Si c'est bien le cas, encore faut-il que cette planète ait une atmosphère pour que la vie telle que nous la connaissons puisse s'y développer.

▶ **1.** D'après vos connaissances, pourquoi l'eau liquide est-elle nécessaire à la vie ?

▶ **2.** D'après les documents 1 et 2, pourquoi la zone habitable (en bleu sur le schéma) n'est-elle pas à la même distance du Soleil et de Kepler-186 ?

▶ **3.** D'après l'ensemble des documents et vos connaissances, en quoi Kepler-186f pourrait-elle abriter la vie ? Est-ce une certitude ?

Physique-chimie – SVT **SUJET 27**

1ʳᵉ ÉPREUVE

2. PHYSIQUE-CHIMIE • LA STRUCTURE DE L'UNIVERS   25 POINTS

DOCUMENT 1   **Les étoiles et les galaxies**

Dans l'Univers, les galaxies sont regroupées en paquets par dizaines (voire bien plus), constituant ce qu'on appelle des « amas de galaxies ». Ces amas sont eux-mêmes reliés par un réseau de filaments qui, lorsqu'ils se rencontrent, forment des « superamas » : les plus grandes structures de l'Univers. Ces ensembles vertigineux contiennent la quasi-totalité de la matière : celle qui forme les atomes constituant les planètes et les étoiles, mais également la très mystérieuse matière noire…

Notre superamas, baptisé Laniakea, un terme hawaïen qui signifie « horizon céleste immense », contient environ 100 000 grosses galaxies et près d'un million plus petites.

Source : sciencesetavenir.fr

DOCUMENT 2   **La gravité de surface sur Kepler-186f**

La détection de Kepler-186f, une exoplanète pratiquement de la taille de la Terre, est un pas de plus vers la découverte d'une exoplanète semblable à la Terre. La prochaine étape, ce sera de connaître sa masse, la composition de son atmosphère et la température de sa surface. La gravité de la planète dépend de sa masse, l'existence de l'atmosphère dépend lui du champ magnétique de la planète.

Dans l'état actuel de nos connaissances, Kepler-186f serait une planète rocheuse avec une gravité de surface comparable à celle de la Terre, de l'ordre donc de $g_K = 10$ N/kg ce qui rendrait les mouvements possibles et agréables. À titre de rappel, la gravité sur notre Lune ($g_L = 1,6$ N/kg) rendait les mouvements très lents et les travaux d'installation difficiles à nos astronautes.

▶ **1.** Cocher la ou les bonnes réponses à l'aide de vos connaissances et des deux documents.

a) Comment se groupent les amas de galaxies ?

❑ en galaxies

❑ en millions d'étoiles

❑ en superamas de galaxies

Physique-chimie – SVT **SUJET** **27**

b) De quoi sont constituées les planètes et étoiles ?
❑ de matière noire
❑ de noyau d'atomes
❑ d'atomes

c) Quels sont les constituants de l'atome ?
❑ les nucléons
❑ un noyau et des électrons
❑ des nucléons et des électrons

d) L'atome de carbone contient 6 électrons. Son noyau est constitué de :
❑ 3 protons et 3 neutrons
❑ 6 protons et 6 neutrons
❑ 6 nucléons

e) La gravité à la surface d'une planète dépend :
❑ de sa masse
❑ de l'existence de l'atmosphère
❑ du champ magnétique

▶ **2.** Kepler-186 se trouve à environ 500 années-lumière de nous.
L'année-lumière est la distance parcourue par la lumière en une année.
a) Combien d'années met la lumière de l'étoile Kepler-186 pour nous parvenir ?
b) Démontrez par calcul qu'une année-lumière fait $9,5 \times 10^{12}$ km, sachant qu'une année contient 365 jours et que la vitesse de la lumière est $c = 300\ 000$ km/s.
c) Donner la distance qui nous sépare de Kepler-186 en km.

▶ **3.** À l'aide du document 2, comparons les poids sur la planète Kepler-186f et sur la Lune d'un astronaute de masse $m = 70$ kg.
a) Calculer le poids de l'astronaute sur Kepler-186f.
b) Calculer son poids sur la Lune et comparer au poids sur Kepler-186f.
c) Un astronaute « flotte » sans toucher le sol dans la station spatiale en orbite autour de la Terre. Comment qualifie-t-on cet état où l'astronaute ne sent pas son poids ?

Physique-chimie – SVT **SUJET** **27**

1ʳᵉ ÉPREUVE

LES CLÉS DU SUJET

■ Exercice 1 : SVT

Comprendre les documents

• Le document 1 donne les caractéristiques connues de la planète Kepler-186f et de l'étoile Kepler-186 autour de laquelle elle tourne.

• Le document 2 explique en quoi cette planète présente des conditions favorables à la vie.

Répondre aux questions

▶ **1.** Cette question ne fait appel qu'à tes connaissances.

▶ **2.** La zone habitable définit une zone où la température permet la présence d'eau liquide, elle dépend de la chaleur émise par l'étoile. Montre la différence entre les deux systèmes.

▶ **3.** Définis les conditions nécessaires à la vie, puis recherche si elles sont présentes sur Kepler-186f.

■ Exercice 2 : physique-chimie

Comprendre les documents

• Le document 1 décrit la structure des amas et superamas de galaxies et donne la constitution de la matière de ces structures géantes.

• Le document 2 nous informe sur les propriétés des planètes : masse, température, gravité à la surface. C'est dans ce document que tu trouveras les constantes de gravité qui te permettront de calculer les poids.

Répondre aux questions

▶ **1.** Relis le document 1 et le début du 2. En ce qui concerne l'atome, il s'agit de questions de cours que tu dois bien connaître.

▶ **2. a)** Aucun calcul n'est nécessaire pour répondre à cette question. Lis bien la définition de l'année-lumière qui est donnée.

b) Tu dois utiliser la définition de l'année-lumière et la formule qui lie la vitesse à la distance et au temps pour convertir une année-lumière en kilomètres.

▶ **3. a)** et **b)** Applique la relation entre le poids et la masse pour ces calculs.

c) Que se passe-t-il lorsqu'il n'y a pas de pesanteur ?

Physique-chimie - SVT CORRIGÉ 27

CORRIGÉ 27

1. SVT

▶ **1.** L'eau à l'état liquide est nécessaire à la vie car tous les êtres vivants sont en majorité composés d'eau. À titre d'exemple, les plantes contiennent entre 80 à 85 % d'eau et les hommes près de 70 %. Sans eau liquide, pas de système circulatoire, ni de cytoplasme, ni de réactions chimiques. De plus la vie sur Terre est apparue dans le milieu aquatique.

▶ **2.** La zone habitable autour de l'étoile Kepler-186 est beaucoup plus proche de son étoile que la zone habitable du système solaire ne l'est du Soleil. Kepler-186 est deux fois plus petite que notre étoile le Soleil, elle émet donc beaucoup moins de chaleur que

> **Conseil**
> Tu dois trouver les informations dans les documents qui te permettent d'expliquer la position de la zone habitable visible sur le schéma.

lui. Aussi une planète comme Kepler-186f pour avoir une température compatible avec la présence d'eau liquide doit être plus proche de lui. La zone habitable est plus proche de Kepler-186 car celle-ci « chauffe » moins que le Soleil.

▶ **3.** Les conditions nécessaires à la vie telle que nous la connaissons sont :

> **Remarque**
> Dans tous les cas il n'y a aucune raison que cette vie soit semblable à celle présente sur Terre.

– la présence d'eau liquide ;

– la présence d'une atmosphère avec du CO_2 nécessaire à la photosynthèse et du O_2 nécessaire à la respiration ;

– la présence d'une surface (planète rocheuse) ;

– une température compatible avec la vie avec peu d'écarts ;

– l'absence de gaz nocifs.

Kepler-186f pourrait abriter la vie, car elle se trouve dans la zone habitable de son étoile et elle peut donc avoir de l'eau à l'état liquide. De plus elle semble rocheuse. Ces conditions sont compatibles avec la vie.

Cependant, la présence d'atmosphère n'est pas vérifiée et sans elle la vie est impossible. En outre, même avec une atmosphère et toutes les conditions réunies, il se peut que la vie peut ne soit pas apparue.

Physique-chimie – SVT **CORRIGÉ** **27**

1re ÉPREUVE

2. PHYSIQUE-CHIMIE

▶ **1. a)** Les galaxies se groupent en superamas de galaxies.

b) Les planètes et étoiles sont constitués d'atomes.

c) L'atome est constitué d'un noyau et d'électrons mais aussi de nucléons et d'électrons car le noyau est constitué de nucléons.

d) Le noyau de carbone contient 6 protons et 6 neutrons.

e) La gravité sur une planète dépend de sa masse (voir document 2).

▶ **2. a)** La lumière de cette étoile met 500 années à nous parvenir.

b) La vitesse de la lumière c, la distance $d = 1$ al et le temps $t = 1$ an sont liés par $c = \dfrac{d}{t}$ avec $c = 300\,000$ km/s et $t = 1$ an $= 365$ jours $= 365 \times 24$ h $= 365 \times 24 \times 3\,600$ s.

> **Conseil**
> Il s'agit d'une conversion, certes, mais il faut faire un calcul. Utilise la formule $v = \dfrac{d}{t}$ et sois rigoureux. N'oublie pas non plus de convertir une année en secondes.

D'où $t = 31\,536\,000$ s $= 3{,}2 \times 10^7$ s.

D'autre part $d = 1$ al $= c \times t = 300\,000 \times 3{,}2 \times 10^7 = 9{,}5 \times 10^{12}$ km.

c) La distance qui nous sépare de Kepler-186 est $d = 500$ al, ce qui donne : $d = 500 \times 9{,}5 \times 10^{12} = 4{,}7 \times 10^{15}$ km.

▶ **3. a)** Le poids est donnée par la relation $P = m \times g$.
Sur Kepler-186f : $P_K = m \times g_K = 70 \times 10 = 700$ N.

b) Sur la Lune : $P_L = m \times g_L = 70 \times 1{,}6 = 112$ N.

> **Remarque**
> La masse reste inchangée sur tous les astres, elle vaut ici $m = 70$ kg.

Le poids sur la Lune est en effet environ 7 fois plus faible que sur Kepler-186f.

c) Dans la station spatiale l'astronaute est en impesanteur.

SUJET

28

Sujet inédit

PHYSIQUE-CHIMIE ET TECHNOLOGIE • 50 points

Le hockey sur glace

Le 81e championnat du monde de hockey sur glace se disputera en France et en Allemagne en mai 2017 dans les villes de Cologne (Allemagne) et Paris. L'équipe de France de hockey sur glace est constituée des meilleurs joueurs français de hockey sur glace. Elle pointe à la 12e position du classement international.

1. PHYSIQUE-CHIMIE • JOUER DU HOCKEY
SUR UNE PATINOIRE   25 POINTS

DOCUMENT 1   Découvrir les règles du jeu et l'équipement

Le hockey sur glace est un sport qui se pratique à six contre six, avec un gardien et cinq joueurs de champ par équipe.

L'objectif du jeu est de marquer un maximum de buts en envoyant un disque en caoutchouc appelé palet (ou rondelle), dans le but adverse. Pour manipuler le palet, les joueurs utilisent une crosse de hockey. Le palet est un disque en caoutchouc vulcanisé, c'est-à-dire chauffé avec du soufre pour le rendre plus élastique. Il pèse entre 156 et 170 grammes.

Le hockey sur glace est le seul sport où les joueurs peuvent se déplacer derrière les buts ! Le terrain de jeu, appelé patinoire, mesure 60 mètres de long sur 30 mètres de large. Il est entouré par des balustrades atteignant parfois 3 mètres de hauteur.

Source : hockeyfrance.com

DOCUMENT 2   La patinoire et la formation de la glace

Une patinoire est une surface d'eau gelée (glace), ou couverte d'un matériau synthétique, sur laquelle on peut faire du patinage ou du hockey sur glace. La patinoire classique est dotée d'un « groupe de production de froid », d'un réseau constituant le « tapis glacier », d'un ballon et de pompes de circulation. Le matériau liquide parcourant le tapis glacier est souvent composé d'eau et de glycol (un liquide

126

permettant à l'eau d'être refroidie jusqu'à − 12 °C). Ce liquide est refroidi dans le groupe de production du froid et circule en boucle fermée dans le tapis glacier. À l'aide d'une lance à eau, on pulvérise la première couche d'eau sur les tuyaux du tapis glacier : l'eau cristallise instantanément. L'opération est répétée plusieurs fois et, peu à peu, la couche de glace se forme. L'épaisseur idéale d'une piste de glace se situe entre 6 et 8 cm. Le « groupe de production de froid », quant à lui, contient en général de l'ammoniac liquide sous pression qui passe dans un « évaporateur » où il change d'état et absorbe une très grande quantité de chaleur au liquide circulant dans le tapis glacier.

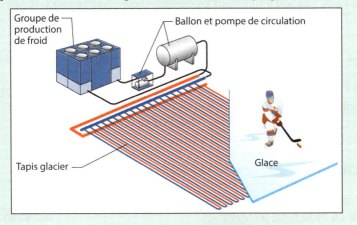

▶ **1.** Donner l'expression de l'énergie cinétique E_C d'un objet de masse m qui se déplace à la vitesse v et préciser les unités de ces trois grandeurs.

▶ **2.** La vitesse du palet peut atteindre des valeurs très grandes. Au cours d'un match, on mesure une vitesse v de 156 km/h.
a) Donner cette vitesse en m/s.
b) Combien de temps le palet mettra-t-il pour parcourir toute la longueur de la patinoire ? On considère que la vitesse reste constante sur la glace pendant tout le parcours.

▶ **3.** Calculer l'énergie cinétique d'un palet de 170 g qui se déplace à la vitesse v donnée dans la question précédente.

▶ **4.** Un objet de masse m (en kg) placé à une hauteur h (en m) par rapport au sol possède une énergie que l'on appelle l'énergie potentielle de pesanteur E_P (en J). L'expression de cette énergie est donnée par :
$$E_P = m \times g \times h.$$

Où g désigne la constante de gravité sur Terre : $g = 9{,}81$ N/kg.
On cherche à comparer l'énergie cinétique du palet avec d'autres formes et d'autres valeurs d'énergies.
a) Calculer l'énergie potentielle de pesanteur d'une pierre de 1 kg lorsqu'elle tombe d'une hauteur de 10 mètres.
b) Comparer cette énergie avec l'énergie cinétique du palet et dire pourquoi la patinoire citée dans le document 1 est entourée par des balustrades.

▶ **5. a)** Quelle est la température de congélation de l'eau ?
b) D'après le document 2, le liquide qui parcourt le tapis glacier contient de l'eau. Expliquer comment il peut être encore liquide à –12 °C.
c) D'après le document 2, « l'eau cristallise » au contact des tuyaux du tapis glacier. De quel changement d'état s'agit-il ? Donner son nom.

▶ **6. a)** Quelle est la différence entre un changement d'état et une transformation chimique ?
b) En vous aidant de la réponse à la question précédente, indiquer si l'ammoniac du groupe de production de froid subit un changement d'état ou une transformation chimique. Nommer ce changement ou cette transformation en justifiant votre réponse.
c) Expliquer, à l'aide du document 2 et du schéma, comment le liquide à l'intérieur du tapis glacier est refroidi.

2. TECHNOLOGIE • PROGRAMMATION
DE LA TABLE DE MARQUE   25 POINTS

> **DOCUMENT 1**   **La crosse de hockey sur glace**
>
>
>
> Quand il prépare un tir, le joueur de hockey fléchit sa crosse afin d'accumuler de l'énergie dans le manche de la crosse. Cette énergie sera libérée lorsqu'il finit son mouvement permettant ainsi au palet d'avoir plus de vitesse.
> Le cahier des charges partiel d'une crosse indique que le matériau choisi pour fabriquer la crosse doit être de faible masse volumique et très résistant aux efforts.

DOCUMENT 2 — Résistance et masse volumique de matériaux

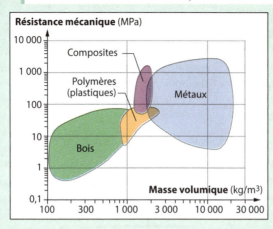

DOCUMENT 3 — L'affichage du score au hockey sur glace

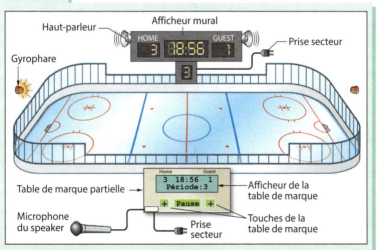

Quand un joueur marque un but, l'arbitre fait un geste afin que la personne à la table de marque sache qu'il y a eu but. Cette personne appuie alors sur le bouton augmentant le score de l'équipe, mettant en pose le chronomètre et activant le gyrophare et les haut-parleurs. Le speaker indique alors qui a marqué à l'aide du microphone. Le score est affiché sur l'afficheur mural de part et d'autre du chronomètre.

▶ **1.** Quelle famille de matériaux offre le meilleur compromis pour fabriquer une crosse ?

▶ **2.** Quelles technologies peut utiliser la table de marque pour communiquer des informations à l'afficheur mural ?

▶ **3.** Identifier les actionneurs, les capteurs/détecteurs et l'interface présents sur la patinoire (document 3).

▶ **4.** En programmation, de combien de variables a-t-on besoin pour afficher le score ?

▶ **5.** Quelles sont leurs valeurs en début de match ?

▶ **6.** Compléter les parties manquantes de l'algorithme de la table de marque ci-dessous.

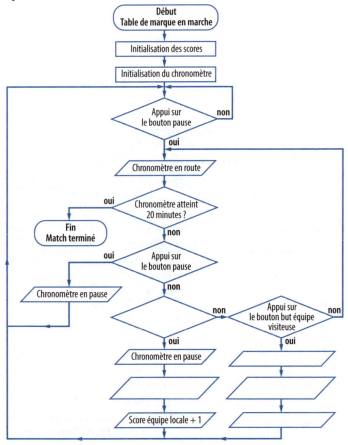

Physique-chimie – Technologie **SUJET** **28**

LES CLÉS DU SUJET

■ Exercice 1 : physique-chimie

Comprendre les documents

• Le document 1 présente des généralités sur l'équipement et les règles du jeu.

• Le document 2 donne des informations sur le fonctionnement du groupe de production de froid et les liquides utilisés.

Répondre aux questions

▶ **2. a)** Aucune justification ne t'est demandée. Tu dois donc simplement appliquer les conversions étudiées en classe.

▶ **4. a)** et **b)** On te demande de comparer les valeurs de E_C et E_P. Elles seront donc à priori soit très semblables, soit assez différentes. N'oublie pas de conclure.

▶ **6.** Fais appel à tes connaissances, et relis bien le document 2.

c) Rappelle-toi que pour s'évaporer, un liquide doit absorber de la chaleur.

■ Exercice 2 : technologie

Comprendre les documents

• Le document 1 présente l'utilisation d'une crosse et ce que le joueur attend de celle-ci quand il l'utilise.

• Le document 2 donne les propriétés de quelques familles de matériaux.

• Le document 3 commence par donner un principe de fonctionnement et un schéma du système.

Répondre aux questions

▶ **1.** Recherche dans le document 1 les propriétés attendues d'une crosse. Cherche dans le document 2 le matériau qui correspond le plus aux propriétés souhaitées.

▶ **2.** Cette question fait appel à tes connaissances sur les différents modes de transmission de l'information.

▶ **3.** Rappelle-toi qu'un actionneur convertit de l'énergie afin de réaliser une action, tandis qu'un capteur/détecteur laisse passer plus ou moins d'énergie pour traduire une information. L'interface est ce qui « relie » capteur et actionneur.

▶ **4.** Identifie les éléments de l'afficheur susceptibles de varier. Ne retiens que ceux sur lesquels on t'interroge !

▶ **6.** Avant de répondre, prends le temps de bien interpréter le principe de fonctionnement et de comprendre l'organigramme.

Physique-chimie – Technologie   **CORRIGÉ** **28**

CORRIGÉ 28

1. PHYSIQUE-CHIMIE

▶ **1.** L'énergie cinétique est donnée par $E_C = \dfrac{1}{2} \times m \times v^2$.

▶ **2. a)** $v = \dfrac{156}{3,6} = 43,3$ m/s.

b) La patinoire fait 60 m de long. $v = \dfrac{d}{t} \Leftrightarrow t = \dfrac{d}{v}$, donc $t = \dfrac{60}{43,3} = 1,4$ s.

▶ **3.** $E_C = \dfrac{1}{2} \times m \times v^2 = \dfrac{1}{2} \times 0,170 \times 43,3^2 = 159$ J.

▶ **4. a)** $E_P = m \times g \times h = 1 \times 9,81 \times 10 = 98,1$ J.

b) On constate qu'une pierre de 1 kg qui tombe de 10 m de hauteur possède moins d'énergie que le palet qui est bien moins lourd mais qui se déplace à une vitesse extrêmement élevée. Le palet peut donc représenter un danger pour le public. C'est pourquoi des balustrades très hautes séparent les joueurs du public.

> **Conseil**
> Pour calculer E_C, il faut prendre la valeur de v en m/s et la masse m en kg.

▶ **5. a)** La température de solidification de l'eau pure est 0 °C.

b) Le liquide du tapis glacier contient certes de l'eau mais aussi du glycol. L'eau n'est donc pas pure dans ce circuit et sa température de solidification n'est plus de 0 °C comme celle de l'eau pure. Ce liquide peut donc être encore à l'état liquide à −12 °C contrairement à l'eau pure qui aurait été solide à cette température.

> **Remarque**
> Le terme « liquide » ne contient pas la notion de pureté. Il faut être vigilant lors de la lecture des documents car trois liquides interviennent dans le fonctionnement de la patinoire.

c) Il s'agit de la solidification de l'eau.

▶ **6. a)** Lors d'un changement d'état, une espèce chimique ou un mélange passe d'un état à un autre sans se transformer : ses molécules restent intactes. Tandis que lors d'une transformation chimique, les molécules des réactifs sont détruites et de nouvelles molécules apparaissent.

b) L'ammoniac subit un changement d'état car il passe de l'état liquide à l'état gazeux sans que ses molécules changent. C'est une évaporation.

c) D'après le document 2, ce liquide traverse le groupe de production du froid par l'action de la pompe de circulation après s'être réchauffé au contact de la surface du patinage. C'est dans ce groupe que le liquide entre en contact avec l'ammoniac liquide qui absorbe la chaleur du liquide du tapis glacier pour le refroidir. L'ammoniac quant à lui, s'évapore car il a absorbé de la chaleur.

2. TECHNOLOGIE

▶ **1.** Les matériaux composites offrent le meilleur compromis car ils ne sont pas trop lourds et assez résistants.

▶ **2.** La table de marque peut utiliser une communication sans fil (Bluetooth, wifi, infrarouge) ou une communication filaire (fibre optique, câble).

▶ **3.** L'interface est la table de marque. Les capteurs/détecteurs sont le microphone et les touches de la table de marque. Les actionneurs sont l'afficheur de la table de marque, l'afficheur mural, les haut-parleurs et les gyrophares.

▶ **4.** Pour le score, on a besoin de deux variables : une pour le score de l'équipe locale et une pour le score de l'équipe visiteuse.

▶ **5.** En début de match, les variables sont initialisées à 0.

▶ **6.**

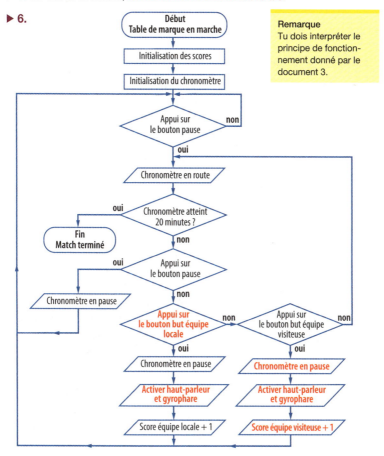

Remarque
Tu dois interpréter le principe de fonctionnement donné par le document 3.

SUJET 29

Sujet inédit
PHYSIQUE-CHIMIE ET TECHNOLOGIE • 50 points

La prothèse Cheetah

L'athlète sud-africain Oscar Pistorius est le premier amputé des membres inférieurs à participer en 2012 aux Jeux olympiques en compagnie d'athlètes non handicapés.

Pour cela, Oscar Pistorius utilise des prothèses Cheetah (nom inspiré de l'animal le plus rapide de la planète : le guépard) développées par la société islandaise Össur.

1. TECHNOLOGIE • ANALYSE DE LA PROTHÈSE   25 POINTS

DOCUMENT 1   Oscar Pistorius

Oscar Pistorius est né sans fibula (péroné), et a été amputé des deux jambes sous le genou alors qu'il n'avait que onze mois.

À l'âge de deux ans, il apprend à marcher avec des prothèses. À l'école, il participe activement à divers sports, notamment le water polo, le rugby et la boxe. En juin 2003, il se brise le genou en jouant au rugby et, sur les conseils de son médecin, il se lance dans la course à pied pour faciliter sa rééducation.

DOCUMENT 2   Principe de fonctionnement de la prothèse

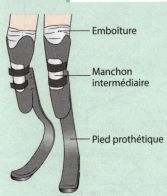

Lors de la course, la courbe « J » de la prothèse se comprime à l'impact, stockant ainsi l'énergie et absorbant de hauts niveaux de contrainte qui, chez le coureur normal, seraient absorbées par la cheville, le genou, la hanche et le bas du dos.

À la fin de la phase d'appui, la « courbe J » reprend sa forme initiale, relâchant ainsi l'énergie stockée et propulsant l'utilisateur en avant

Source : www.techniques-ingenieur.fr

▶ **1.** Formuler le besoin auquel répond la prothèse Cheetah en complétant le schéma du besoin ci-dessous.

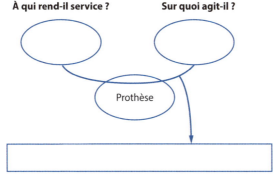

▶ **2.** Y a-t-il un risque de voir disparaître ce besoin ?

▶ **3.** Quels seraient les sources d'insatisfaction possible pour ce type de prothèse ?

▶ **4.** Compléter l'analyse fonctionnelle suivante.

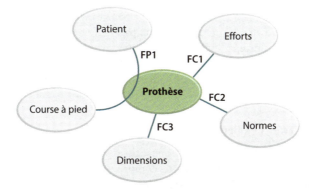

Physique-chimie – Technologie **SUJET** 29

Fonction	Critère	Niveau
FC1 :	Poids du patient	147 kg maxi
	Efforts liés aux mouvements	À mesurer
	Répétition des efforts	Au moins une compétition
FC2 :	Norme ISO 10328	
FC3 :	Hauteur réglable	De 250 mm à 460 mm de haut
	Utilisation d'emboîture existante	FSX50001 à FSX50004

2. PHYSIQUE-CHIMIE • LES CONSTITUANTS DE LA PROTHÈSE
                                                                    25 POINTS

DOCUMENT 1 **Les Cheetah**

Les *Cheetah* sont constitués de feuilles de fibre de carbone imprégnées de résine et collées les unes aux autres (30 à 90 feuilles selon la corpulence du porteur). Le tout est ensuite pressé contre le moule d'une jambe afin d'en épouser la silhouette. La prothèse est ensuite chauffée pour faire fondre la résine, celle-ci permettant d'évacuer les bulles d'air, cause de cassures.

Source : www.sciencesetavenir.fr

Troisième au 100 mètres aux Jeux paralympiques de 2004, Oscar Pistorius remporte la finale du 200 mètres, avec un temps de 21 s 97. Ses prothèses d'un coût supérieur à 20 000 € lui font perdre du temps lors du départ. Il a aussi des difficultés à négocier les virages.

DOCUMENT 2 **Les fibres de carbone**

Les fibres de carbone sont constituées essentiellement d'atomes de carbone C. Avec un diamètre compris entre 5 et 7 micromètres et une masse volumique de l'ordre de 1,8 g/cm^3, ces fibres sont groupées sous forme de fils contenant de 1 000 à 48 000 fibres ou plus. Ce matériau est caractérisé par sa faible densité (1,7 à 1,9), sa résistance élevée à la traction et à la compression, sa flexibilité, sa bonne conductivité électrique et thermique, sa tenue en température et son inertie chimique. Plus solide que l'acier, plus léger que l'aluminium, ces fibres ne rouillent donc pas comme le fer et résistent à la chaleur.

Physique-chimie – Technologie **SUJET** **29**

DOCUMENT 3 **L'acier et l'aluminium**

La rouille (hématite Fe_2O_3) de couleur brun-rouge est produite par la corrosion du fer ou des matériaux contenant du fer comme l'acier. L'acier a une masse volumique $\rho_{acier} = 7{,}8$ g/cm^3 tandis que l'aluminium a une masse volumique $\rho_{Al} = 2{,}7$ g/cm^3.

▶ **1.** Calculer la vitesse d'Oscar Pistorius lors des Jeux paralympiques de 2004 en m/s et en km/h.

▶ **2.** Dans le document 2, il est dit que les fibres de carbone sont plus légères que l'aluminium. Démontrer cette affirmation à l'aide des documents 2 et 3.

▶ **3. a)** Donner les noms des deux constituants d'un noyau atomique.
b) Le fer $_{26}$Fe contient 56 nucléons. Donner le nombre des constituants du noyau ainsi que le nombre des électrons de l'atome de fer. Justifier.
c) La rouille résulte de la réaction chimique entre le fer et l'un des composants de l'air, lequel ?

▶ **4.** On considère que les différentes parties de la prothèse Cheetah nécessitent environ 300 cm^3 de fibres de carbone.
a) Calculer la masse d'une prothèse en fibres de carbone.
b) Calculer la masse de cette prothèse si elle était en acier. Donner la réponse en kg, comparer les masses trouvées dans la question **4.** et conclure sur la raison de l'utilisation des fibres de carbone dans les prothèses Cheetah.

LES CLÉS DU SUJET

■ **Exercice 1 : technologie**

Comprendre les documents

• Le document 1 présente le cas d'une personne en particulier : l'athlète Oscar Pistorius.

• Le document 2 présente le fonctionnement de la prothèse lors de son utilisation.

Répondre aux questions

▶ **1.** Il faut être assez précis en répondant aux deux premières questions et ne pas donner de solution lorsque l'on répond à la question « dans quel but ? ».

▶ **2.** Il faut se référer au document 1.

Physique-chimie - Technologie   CORRIGÉ 29

■ **Exercice 2 : physique-chimie**

Comprendre les documents
• Les trois documents contiennent des données numériques qu'il faut utiliser dans les différentes questions. Mais attention, toutes ces données ne seront pas exploitées pour effectuer des calculs.
• Le document 1 contient des généralités sur la prothèse, le document 2, donne surtout des informations sur les fibres de carbone. Le document 3 servira à comparer ces fibres avec deux métaux.

Répondre aux questions
▶ **2.** Relis attentivement le document 3 car c'est celui qui contient l'information dont tu as besoin.
▶ **3. a) et b)** Cette question porte sur le cours sur les atomes et leurs constituants que tu dois bien connaître.
c) Le document 3 te donne une indication, mais c'est une information que tu doit connaître.
▶ **4.** Utilise les données numériques des documents 2 et 3 pour ces calculs.

CORRIGÉ 29

1. TECHNOLOGIE

▶ **1.**

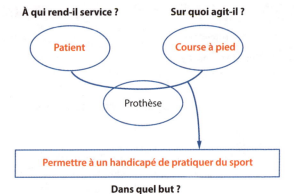

Physique-chimie – Technologie **CORRIGÉ** **29**

1re ÉPREUVE

▶ **2.** Des enfants peuvent naître avec un handicap, les accidents de la route font que ce besoin devrait toujours exister.

▶ **3.** Une source d'insatisfaction serait que la prothèse se casse pendant une course ou qu'elle ne soit pas suffisamment performante.

▶ **4.**

Fonction	Critère	Niveau
FC1 : résister aux efforts	Poids du patient	147 kg maxi
	Efforts liés aux mouvements	À mesurer
	Répétition des efforts	Au moins une compétition
FC2 : respecter les normes en vigueur	Norme ISO 10328	
FC3 : s'adapter à différentes morphologie	Hauteur réglable	De 250 mm à 460 mm de haut
	Utilisation d'emboîture existante	FSX50001 à FSX5000

Remarque : Une fonction s'exprime toujours à l'aide d'un verbe suivi d'un complément.

2. PHYSIQUE-CHIMIE

▶ **1.** La vitesse v est donnée par $v = \dfrac{d}{t}$,

avec $d = 200$ m et $t = 21,97$ s. On a donc :

$v = \dfrac{d}{t} = \dfrac{200}{21,97} = 9,10$ m/s.

On convertit en km/h : $v = 9,10 \times 3,6 = 33$ km/h.

> **Conseil**
> Écris correctement la durée du parcours pour faire le calcul.

▶ **2.** Ces deux documents nous donnent les masses volumiques de l'aluminium $\rho_{Al} = 2,7$ g/cm^3 et des fibres de carbone $\rho_{fibres} = 1,8$ g/cm^3. En comparant ces deux grandeurs physiques on constate qu'un cm^3 d'aluminium a une masse de 2,7 g qui est bien plus élevée que le même volume de fibres de carbone réunies qui ne pèsent que 1,8 g. L'affirmation du texte est donc exacte, le même volume de fibres de carbone est plus léger que l'aluminium, un métal pourtant très léger.

139

Physique-chimie – Technologie **CORRIGÉ** **29**

▶ **3. a)** Le noyau atomique est constitué de protons et de neutrons.

b) Pour le fer, $Z = 26$, le noyau de fer contient donc 26 protons.

Le nombre N des neutrons est donné par $N = 56 - 26 = 30$ neutrons.

L'atome est neutre, il contient donc autant d'électrons (de charge négative) que de protons (de charge positive). Le nombre d'électrons est donc 26.

c) L'air est constitué de dioxygène et de diazote. Le fer réagit avec le dioxygène lorsqu'il rouille. Cette transformation s'appelle l'oxydation du fer.

▶ **4. a)** La masse volumique est donnée par la relation $\rho = \dfrac{m}{V}$ où m est la masse et V le volume.

Nous pouvons écrire $\rho_{fibres} = \dfrac{m_{fibres}}{V}$, d'où :

$m_{fibres} = \rho_{fibres} \times V = 1,8 \times 300 = 540$ g.

La masse de la prothèse est donc 540 g.

> **Remarque**
> Il faut calculer deux masses différentes dans cet exercice pour le même volume V = 300 cm³. Donne des noms différents à ces masses.

b) On utilise la même formule $\rho_{acier} = \dfrac{m_{acier}}{V}$, d'où :

$m_{acier} = \rho_{acier} \times V = 7,8 \times 300 = 2\ 340$ g = 2,34 kg.

En comparant les valeurs de m_{fibres} et m_{acier}, on constate en effet que la prothèse en fibres de carbone est bien plus légère que si on la construisait en acier. Ces fibres offrent d'autres qualités, d'après le document 2, qui les rendent tout à fait comparables aux métaux du point de vue de la dureté mais pour une masse bien plus faible et donc plus faciles à utiliser.

SUJET

30

Sujet inédit
PHYSIQUE-CHIMIE ET TECHNOLOGIE • 50 points

1re ÉPREUVE

Le Li-Fi

Le Li-Fi, une invention française, permet de remplacer le Wi-Fi avec une technologie sans danger. Fini les ondes radio, il suffira bientôt d'allumer la lumière pour charger un film ou envoyer un mail. Avec un débit allant jusqu'à 3 gigabit/seconde, soit 150 fois la vitesse actuelle du Wi-Fi, le Li-Fi est l'avenir de l'Internet sans fil.

1. TECHNOLOGIE • LE FONCTIONNEMENT DU LI-FI   25 POINTS

DOCUMENT 1   **Comment ça marche ?**

Le Li-Fi *(Light Fidelity)* est une alternative au Wi-Fi utilisant des lampes à diodes électroluminescentes (LED) pour transmettre des informations. Le fonctionnement est assez simple : en s'allumant et en s'éteignant plusieurs millions de fois par seconde des ampoules à LED – les seules à posséder une telle vitesse de commutation avec les lasers – transmettent des informations reçues *via* le réseau électrique.

L'utilisation du Li-Fi promet une transmission de données sans ondes électromagnétiques. Contrairement à celles-ci, les ondes lumineuses ne traversent pas le corps humain. Ainsi, le Li-Fi est sans crainte là où le Wi-Fi peut être dangereux ou impossible à utiliser, comme dans les avions, les sous-marins ou les hôpitaux.

Il a aussi l'avantage de ne pas pouvoir être piraté, les informations ne pouvant être captées que sur le trajet de l'onde lumineuse.

Le Li-Fi est également disponible en cas de panne de courant, grâce à des lampes fonctionnant sur batterie d'une autonomie de près de 6 heures.

Physique-chimie – Technologie **SUJET 30**

① L'ordinateur ou serveur qui transmet les données est branché sur le réseau électrique via les prises CPL (courant porteur ligne)

② Les données sont transmises à haut débit vers les lampes LED à travers le réseau électrique.

③ Les lampes LED sont équipées d'un dispositif de traitement numérique (codage) et de modulation. Les impulsions électriques sont transformées en impulsions lumineuses.

Les données ne peuvent être captées que dans la zone d'éclairage.

④ Le faisceau lumineux s'allume et s'éteint plusieurs milliers de fois par seconde. À cette fréquence, la variation est invisible à l'œil nu.

⑤ Les appareils qui reçoivent les données (ordinateur, téléphone, écran vidéo, imprimante...) doivent être équipés d'un dispositif comprenant un photodétecteur, un démodulateur et un système de traitement numérique de données.

Source : www.netemedia.fr

DOCUMENT 2 | **Comparaison de différentes technologies d'ampoule**

Technologie	Lampe à incandescence	Lampe halogène	Lampe fluorescente	Lampe à LED
Efficacité énergétique (lumen/W)	10-20	15-20	40-70	40-100
Temps d'allumage	lent	lent	très lent	immédiat
Durée de vie maximale en heures	2 000	3 000	15 000	50 000

Source : INSA

DOCUMENT 3 | **Comparaison de différentes technologies de communication**

Technologie de communication	Wi-Fi 802.11ac	Li-Fi	Infrarouge	Bluetooth 4.1	Fibre optique	VDSL
Débit ascendant maximal théorique (Mbit/s)	866	3 000	4	24	273 000	55
Portée	35 m	10 m	8 m	60 m	165 km	1,5 km

▶ **1.** D'après le document 1, de quoi auront besoin les équipements informatiques pour pouvoir utiliser le Li-Fi ?

▶ **2.** D'après le document 1, quels sont les deux principaux avantages du Li-Fi par rapport au Wi-Fi ?

▶ **3.** Pourquoi les ampoules à incandescence, halogène et fluorescente ne sont pas utilisables avec la technologie Li-Fi ?

▶ **4.** Quelle technologie d'ampoule a la meilleure efficacité énergétique ?

▶ **5.** Quelle technologie de communication permet de télécharger des données le plus rapidement ?

▶ **6.** Expliquer pourquoi le Li-Fi est une technologie intéressante.

2. PHYSIQUE-CHIMIE • LA LAMPE À LED **25 POINTS**

Le Li-Fi utilise des lampes à LED. Les lampes à LED sont constituées de plusieurs LED par ampoule, parfois plus de 100 !

DOCUMENT 1 — **Une lampe à LED**

Les lampes à diode électroluminescentes produisent de la lumière en transformant l'électricité en lumière en dissipant très peu de chaleur. Les lampes à LED sont utilisées en tant que source de lumière, sachant qu'elles offrent alors une longue liste d'avantages. Ainsi une lampe à LED propose une durée de vie prolongée qui peut aller jusqu'à 100 000 heures. Une LED ne fonctionne qu'en courant continu, toutes ces lampes nécessitent donc l'usage d'un transformateur ou un circuit interne qui diminue la tension et la transforme.

Physique-chimie - Technologie **SUJET 30**

DOCUMENT 2 **Une lampe à 16 LED**

Le schéma du circuit suivant montre l'intérieur d'une lampe à 16 LED toutes identiques. Les éléments nommés C_1 et D_{17} servent à transformer la tension du secteur : ainsi il s'établit une tension continue de $U_{AB} = 15$ V entre les points A et B. L'intensité totale du courant est $I = 40$ mA.

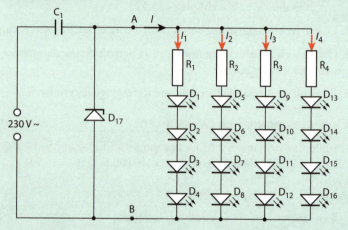

Les 4 résistances sont identiques et ont pour valeur $R_1 = R_2 = R_3 = R_4 = 100\ \Omega$. Leur rôle est de protéger les LED.

DOCUMENT 3 **Une lampe à LED de moindre qualité**

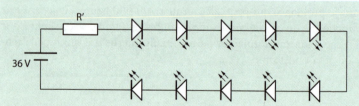

Le circuit ci-dessus représente une autre lampe à 10 LED identiques. Chaque LED fonctionne à $U_D = 3,3$ V et sa puissance nominale est de $P = 66$ mW. Cette lampe nécessite une tension continue de $U' = 36$ V pour fonctionner.

Physique-chimie – Technologie **SUJET** **30**

1re ÉPREUVE

▶ **1.** Dessiner le diagramme d'énergie d'une lampe à LED à l'aide du document 1.

▶ **2.** Calculer la valeur des intensités des courants I_1, I_2, I_3 et I_4 dans chaque branche du circuit du document 2.

▶ **3.** Pour la lampe à LED du document 2 :
a) Quelle est la valeur de la tension aux bornes de chaque branche en dérivation contenant une résistance et quatre LED ?
b) Calculer la valeur de la tension U_R aux bornes de chaque résistance.
c) Calculer la valeur de la tension U_{LED} aux bornes de chaque LED.

▶ **4.** Dans la lampe à 16 LED, celle appelée D_1 grille.
a) Les LED appelées D_2, D_3 et D_4 continuent-elles de fonctionner ? Pourquoi ?
b) Les autres LED fonctionnent-elles toujours ou non ? Pourquoi ?

▶ **5.** Pour la lampe à LED du document 3 :
a) Calculer l'intensité du courant I' dans une LED.
b) Donner l'intensité du courant dans la résistance R' en justifiant.

▶ **6.** Calculer la tension aux bornes de la résistance R' du circuit du document 3.

▶ **7. a)** Si l'une des LED du circuit du document 3 grille, les autres LED continuent-elles de fonctionner ? Pourquoi ?
b) Pourquoi cette lampe est-elle qualifiée de « moindre qualité » par rapport à celle à 16 LED ?

LES CLÉS DU SUJET

■ **Exercice 1 : technologie**

Comprendre les documents
• Le document 1 présente les grandes caractéristiques du Li-Fi et fait quelques comparaisons avec le Wi-Fi.
• Le document 2 permet de comparer différentes technologies d'éclairage.
• Le document 3 compare différents modes de communication.

Répondre aux questions
▶ **3.** Comment les ampoules du Li-Fi transmettent-elles l'information ? Compare les ampoules avec le document 3.
▶ **5.** Compare les débits ascendants du document 3.

Physique-chimie – Technologie **CORRIGÉ 30**

■ **Exercice 2 : physique-chimie**

Comprendre les documents

• Le document 1 donne un certain nombre des propriétés des LED.

• Le document 2 schématise l'intérieur d'une lampe à LED. La façon dont les LED sont disposées ici a été étudiée en classe et porte un nom dont il faut se souvenir.

• La particularité du type de circuit du document 3 a été elle aussi étudiée en classe.

Répondre aux questions

▶ **2. et 3.** La forme particulière de ce circuit régit la loi des intensités et celle des tensions. Utilise la formule qui lie *R*, *U* et *I* vue en cours.

▶ **4.** Cette question porte sur les circuits lorsqu'il y a une panne. Il faut déterminer d'abord si la branche dont il est question est ouverte ou fermée.

▶ **5.** Souviens-toi des lois des intensités et des tensions.

▶ **7. b)** Quel est le défaut, en cas de panne, des circuits à une boucle ?

CORRIGÉ 30

1. TECHNOLOGIE

▶ **1.** Les équipements devront avoir un photodétecteur, un démodulateur et un système de traitement numérique de données.

▶ **2.** Contrairement au Wi-Fi, le Li-Fi promet une transmission de données sans ondes électromagnétiques. Le Li-Fi est donc utilisable là où le Wi-Fi ne l'est pas. Le Li-Fi est plus sécurisé : les données ne peuvent pas être piratées. Le Li-Fi pourra fonctionner en cas de panne de courant.

▶ **3.** Les ampoules à incandescence, halogène et fluorescente mettent trop de temps à s'allumer.

▶ **4.** Les ampoules à LED ont la meilleure efficacité énergétique.

▶ **5.** La fibre optique offre le meilleur débit pour télécharger des données.

▶ **6.** Le Li-Fi permet une communication sans fil, contrairement à la fibre optique.

2. PHYSIQUE-CHIMIE

▶ **1.** Voici le diagramme de la lampe à LED :

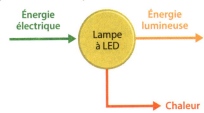

▶ **2.** L'intensité I se partage entre les branches dérivées d'après la loi :

$I = I_1 + I_2 + I_3 + I_4$.

D'autre part $I_1 = I_2 = I_3 = I_4$ car les dipôles branchés dans ces branches sont identiques (une résistance R et 4 LED identiques). D'où :

Remarque
Ton raisonnement concerne la partie du circuit qui se trouve à droite des points A et B. C'est un circuit en dérivation.

$I_1 = I_2 = I_3 = I_4 = \dfrac{I}{4} = \dfrac{40}{4} = $ 10 mA.

▶ **3. a)** La tension est la même aux bornes des branches en dérivation ; elle est égale à $U_{AB} = $ 15 V.

b) On applique la loi d'Ohm aux bornes de chaque résistance :

$U_R = R \times I_1 = 100 \times 0{,}010 = $ 1 V.

c) Dans chaque branche, la résistance R se trouve en série avec 4 LED identiques. La tension U_{AB} se partage entre ces dipôles en série :

Remarque
Les LED sont identiques, la tension est la même aux bornes de chaque LED.

$U_{AB} = U_R + (4 \times U_{LED})$

$4 \times U_{LED} = U_{AB} - U_R = 15 - 1 = 14$ V.

D'où finalement $U_{LED} = \dfrac{14}{4} = $ 3,5 V.

▶ **4. a)** Si D_1 grille, les dipôles en série dans cette branche, donc R, D_2, D_3 et D_4 s'arrêtent de fonctionner car le courant ne circulera plus dans cette branche désormais ouverte : $I_1 = 0$.

b) Toutes les autres LED continueront de fonctionner car les intensités des courants I_2, I_3, et I_4 ne seront pas nulles.

▶ **5. a)** Pour chaque LED du circuit du document 3 :

$P = U_D \times I'$.

D'où $I' = \dfrac{P}{U_D} = \dfrac{0{,}066}{3{,}3} = $ 0,020 A.

Physique-chimie – Technologie **CORRIGÉ 30**

b) Le circuit du document 3 est un circuit en série. L'intensité du courant est partout la même dans ce circuit. On a donc :

$I_{R'} = I' = 0,020$ A.

▶ **6.** La tension du générateur se partage entre la résistance R′ et les 10 LED. On a donc :

$U' = U_{R'} + (10 \times U_D)$.

D'où $U_{R'} = U' - (10 \times U_D)$, soit :

$U_{R'} = 36 - (10 \times 3,3) = 36 - 33 = 3$ V.

> **Gagne des points**
> Donne toutes les formules avant de passer aux calculs. De cette façon, si l'un de tes calculs n'est pas juste, on t'attribuera des points pour ton raisonnement.

▶ **7. a)** Si l'une des LED de ce circuit grille, le circuit sera ouvert. Les autres LED ne fonctionneront plus.

b) Dans le cas de dysfonctionnement d'une seule LED, la lampe à LED en série s'arrête de fonctionner tandis que celle du document 2 où les LED sont dans 4 branches en dérivation, continuera de fonctionner partiellement. C'est pourquoi la lampe du document 3 est d'une qualité inférieure à celle du document 2.

SUJET 31

Sujet inédit
SVT ET TECHNOLOGIE • 50 points

La Soufrière, un volcan surveillé de près

Le 15 août 1976, plus de 70 000 personnes ont dû être évacuées de la partie sud de Basse-Terre, en Guadeloupe. L'éruption du volcan la Soufrière s'est manifestée par des coulées de boue et des projections de poussières et de cendres, mais elle n'a causé que des dommages matériels. Cependant, une éruption explosive peut survenir car le volcan est toujours actif. Comment peut-on la prévoir ?

1. TECHNOLOGIE • SURVEILLANCE SISMIQUE — 25 POINTS

DOCUMENT 1 — Répartition des stations de surveillance en Guadeloupe

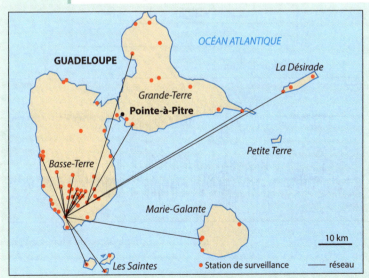

L'observatoire volcanologique et sismique de la Guadeloupe a entre autres pour objectif de surveiller l'activité du volcan la Soufrière. Pour cela, près de 200 sites de mesure dont une soixantaine équipés de stations autonomes sont répartis sur le massif de la Soufrière et l'arc

des petites Antilles. Ces stations peuvent être équipées de sismomètre, de capteur de déformation, de sonde radon, de magnétomètre ou de chromatographie ionique.

Source : Institut de physique du globe de Paris (www.ipgp.fr)

DOCUMENT 2 — **Le sismomètre**

Un sismomètre est composé d'une bobine solidaire au sol et d'un aimant, suspendu par des ressorts à ses extrémités, placé à l'intérieur de la bobine. Lorsqu'il y a des ondes sismiques, l'aimant ne suit pas le sol. Il y a donc un mouvement de l'aimant par rapport à la bobine. Cela crée un signal sous forme d'un courant électrique alternatif.

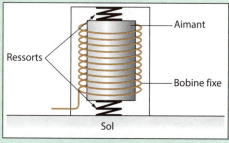

Exemple de signal obtenu :

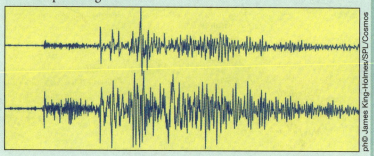

Source : Institut de physique du globe de Paris

DOCUMENT 3 — **Description d'une station sismologique autonome**

Une station sismologique autonome se compose de trois sismomètres (2 horizontaux et un vertical) enterrés dans une cave sismique, d'une antenne GPS, de panneaux solaires photovoltaïques, de batterie et d'un régulateur d'énergie. Un numériseur (composé d'un ordinateur mobile et d'un modem) échantillonne le signal des sismomètres et transmet ce signal ainsi que la position GPS au centre d'observation. Pour cela, la station dispose d'une antenne ou parabole.

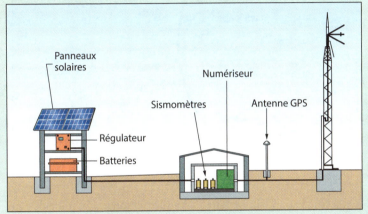

Source : Institut de physique du globe de Paris

▶ **1.** Pourquoi les stations autonomes transmettent les informations acquises par onde radio plutôt que par câble ?

▶ **2.** Le signal créé par un sismomètre est-il analogique, logique ou numérique ? Après échantillonnage, le signal est-il toujours de même nature ?

▶ **3.** Compléter la chaîne d'information suivante :

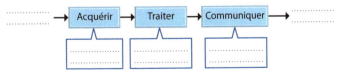

2. SVT • L'ACTIVITÉ VOLCANIQUE DE LA SOUFRIÈRE   25 POINTS

DOCUMENT 1 — Le contexte tectonique des Antilles

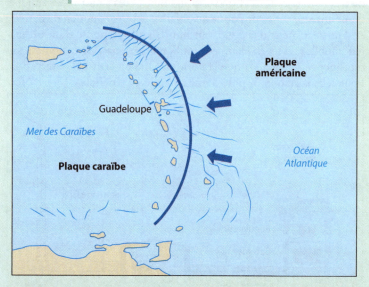

La Guadeloupe située dans les Antilles se trouve à la limite de deux plaques de lithosphère. Il y a un mouvement de convergence et la plaque océanique Amérique du Nord plonge sous la plaque caraïbe ce qui entraîne séismes et activité volcanique.

Source : paysagesdeguadeloupe.com

DOCUMENT 2 — Les éruptions de la Soufrière

La Soufrière est constituée d'un dôme de roches volcaniques (andésites) mis en place au xve siècle lors de la dernière éruption magmatique. Le magma très visqueux en remontant s'est solidifié et a bouché la cheminée volcanique.

Si la pression des gaz est suffisante ce bouchon peut être pulvérisé et provoquer une nuée ardente dévastatrice. Le matériel du volcan explose et crée un nuage de cendres à plus de 400 °C qui dévale les pentes du volcan et atteint des vitesses comprises entre 200 et 600 km/h, détruisant tout sur son passage.

Depuis le xve siècle, il y a eu au moins cinq éruptions phréatiques, dont celle de 1976. Les éruptions phréatiques surviennent lors de la rencontre entre le magma ascendant et de l'eau superficielle (nappe phréatique, cours d'eau, lac, mer) et entraîne sa vaporisation, l'élévation de la pression dans les roches et des explosions violentes. Il y a alors des effondrements de terrains et des coulées de boues importants.

Source : www.ipgp.fr

DOCUMENT 3 — La prévision des éruptions

Parmi les techniques de surveillance et d'alerte, les dispositifs sismologiques de détection et d'enregistrement des vibrations du volcan sont largement utilisés. Ils sont en général associés à des mesures de déformation du volcan (GPS, inclinomètres…) ainsi qu'à l'analyse des gaz émis. Des sismographes sont disposés tout autour du volcan afin de mesurer la moindre vibration du sol.

Une augmentation de l'activité sismique peut signaler l'apparition de fissures provoquées par la montée du magma quelques heures avant l'éruption.

▶ **1.** À l'aide du document 1, complétez le schéma ci-dessous avec les légendes : lithosphère – asthénosphère – remontée de magma – volcan – mouvement de convergence – plaque plongeante.
Titrez le schéma avec le nom du phénomène tectonique visible.

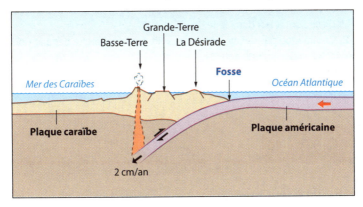

▶ **2.** Pourquoi parle-t-on de « volcan actif » alors qu'en Guadeloupe, il n'y a pas eu d'éruption magmatique depuis le XVe siècle ?

▶ **3.** En quoi la surveillance sismique de la Soufrière permet-elle de prévoir une éruption ?

SVT – Technologie **CORRIGÉ** **31**

LES CLÉS DU SUJET

■ Exercice 1 : technologie

Comprendre les documents

• Le document 1 pose le problème des distances entre l'observatoire et les différentes stations de mesure.

• Le document 2 donne succinctement le fonctionnement du sismomètre.

• Le document 3 présente sous forme de croquis les éléments d'une station de mesure.

Répondre aux questions

▶ **1.** Observe les distances entre les différentes stations sur la carte.

▶ **2.** Explique ce qu'est un signal analogique, numérique et logique.

▶ **3.** Suis le phénomène naturel depuis son acquisition jusqu'à sa transmission.

■ Exercice 2 : SVT

Comprendre les documents

• Le document 1 localise la Guadeloupe par rapport aux plaques lithosphériques et permet de comprendre le contexte tectonique.

• Le document 2 décrit le type de volcanisme de la Soufrière et ses éruptions.

• Le document 3 présente les techniques de surveillance du volcan.

Répondre aux questions

▶ **1.** Le principe est de faire une coupe à partir de la carte du document 1, les indices sont aussi dans le texte.

▶ **2.** Commence par définir un volcan actif, puis recherche dans le document 2 les indices d'une activité.

▶ **3.** Relie l'activité sismique à celle du volcan pour répondre.

CORRIGÉ **31**

1. TECHNOLOGIE

▶ **1.** Les distances entre les différentes stations autonomes sont assez importantes. Il est alors plus efficace d'utiliser un moyen de transmission sans fil.

154

SVT - Technologie **CORRIGÉ** **31**

▶ **2.** Un sismomètre crée un signal continu et ayant une infinité de valeur possible, donc le signal créé par le sismomètre est analogique. Après numérisation, on se limite à un certain nombre de valeurs, le signal est alors numérique.

> **Remarque**
> Une courbe continue comme celle créée par le sismomètre passe par une infinité de valeurs.

▶ **3.**

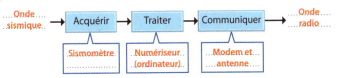

2. SVT

▶ **1.**

Schéma de la subduction en Guadeloupe

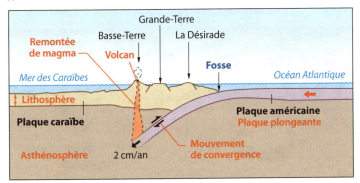

▶ **2.** Un volcan actif est volcan qui a eu au moins une éruption durant les derniers 10 000 ans passés, ce qui est le cas de la Soufrière avec son éruption il y a seulement 600 ans. De plus, les éruptions phréatiques montrent qu'il y a toujours une activité magmatique, puisque du magma entre en contact de l'eau en surface.

▶ **3.** Les sismographes enregistrent l'activité sismique en continu autour du volcan. Une augmentation de cette activité peut traduire une remontée du magma et donc une éruption imminente qu'elle soit magmatique ou phréatique. La population peut alors être évacuée rapidement.

> **Remarque**
> Le délai entre l'alerte et l'éruption peut être très court : il faut connaître les gestes à suivre pour se mettre en sécurité. Les populations vivant près des volcans s'entraînent souvent lors d'alertes fictives comme les alertes incendie ou PPMS au collège.

SUJET 32

Sujet inédit

SVT ET TECHNOLOGIE • 50 points

La station d'épuration

1. TECHNOLOGIE • RÉGULATION DE L'OXYGÉNATION D'UN BASSIN D'AÉRATION **25 POINTS**

Afin de limiter la pollution des cours d'eau, les normes européennes imposent que les eaux usées des habitations soient nettoyées avant d'être rejetées dans la nature.

DOCUMENT 1 — Présentation générale d'une station d'épuration

Les égouts amènent l'eau usée à l'arrivée des eaux usées. On enlève alors les plus gros déchets, comme le plastique, le bois ou le papier, lors du dégrillage. On enlève les particules les plus lourdes et les graisses par décantation dans le bassin nommé déssableur/dégraisseur, les particules lourdes tombant au fond du bassin et les graisses flottant en surface. Dans le bassin d'aération, des bactéries aérobies se nourrissent de la pollution organique et créées un surplus de boue dite activée.

Dans le bassin clarificateur, la boue activée est séparée de l'eau par décantation. En sortie de station d'épuration, l'eau n'est pas potable, mais suffisamment propre pour être rejetée dans la nature.

Source : www.sdea.fr

DOCUMENT 2 — Le bassin d'aération

Le bassin d'aération est un réacteur biologique. Sous l'action d'un brassage mécanique et d'un apport d'oxygène séquentiel, les bactéries se reproduisent rapidement. Le bassin doit être agité pendant le fonctionnement de l'aérateur afin d'augmenter la concentration d'oxygène dissous et d'éviter la sédimentation de la boue. Le taux d'oxygène, présent dans ce bassin, est contrôlé par une sonde oxygène. Le brassage et l'apport en oxygène est alors régulé automatiquement.

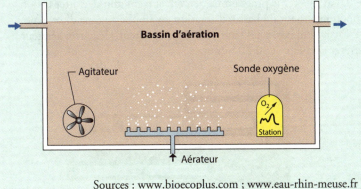

Sources : www.bioecoplus.com ; www.eau-rhin-meuse.fr

DOCUMENT 3 — Programmation de l'automate

La programmation de l'aération permet d'adapter la durée d'aération et d'arrêt de l'aération en fonction de la charge instantanée reçue par l'installation. La durée d'aération et la durée d'anoxie (sans apport d'oxygène) sont alors automatiquement ajustées.

Le signal issu de la sonde oxygène est transmise à l'automate et comparée à des valeurs paramétrées dans sa mémoire.

Une valeur haute commande l'arrêt de l'aération. Une valeur basse amène un temps d'attente d'une demi-heure à une heure avant de reprendre l'aération du bassin.

Source : epnac.irstea.fr

▶ **1.** Indiquer sur le schéma fonctionnel ce qui entre dans la station d'épuration, ce qui est extrait à chaque étape et ce qui sort de la station.

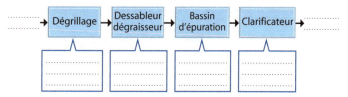

▶ **2.** Indiquer les fonctions des éléments suivants :
• sonde oxygène : ....
• automate : ....
• agitateur : ....
• aérateur : ....

▶ **3.** Compléter le programme Scratch suivant afin d'assurer le bon fonctionnement du bassin d'aération en ajoutant : taux d'oxygène (2 fois), seuil bas, seuil haut, démarrer agitateur, démarrer aérateur, arrêter aérateur et 30-60 minutes.

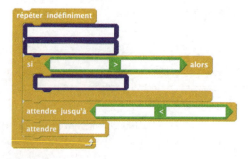

2. SVT • LES BACTÉRIES ÉPURATRICES PRODUISENT-ELLES DE L'EAU POTABLE ? **25 POINTS**

Pour dégrader les matières biodégradables (matière organique) dans les eaux usées domestiques, les stations d'épuration à boues activées (représentant 60 % des stations d'épuration en France) utilisent les bactéries contenues dans les eaux usées.

SVT – Technologie **SUJET 32**

DOCUMENT 1 — Principe des installations à « boues activées »

Le carbone, présent dans toutes les molécules constituant la matière organique (protides, lipides et glucides) est le polluant le plus facilement éliminé dans les stations d'épuration.

Des bactéries naturellement présentes dans les eaux usées vont s'en nourrir. C'est en moyenne 90 % de la charge organique introduite qui peut être soustraite de l'eau à traiter en quelques heures. Dans le même temps, ces bactéries débarrassent les eaux usées de 20 à 30 % de l'azote et du phosphore qu'elles contiennent. Il n'y a aucun ajout de produits chimiques potentiellement polluants.

La culture bactérienne est maintenue dans un bassin aéré et brassé afin d'optimiser leur activité.

Les pesticides, les médicaments et autres produits chimiques ne sont pas dégradés.

Ensuite il y a séparation des phases d'eau épurée et de la boue en excès (bactéries et déchets) dans un clarificateur. Les boues recueillies sont soit envoyées dans une unité de traitement spécifique, en vue de leur épandage agricole ou de leur utilisation comme combustible, soit réinjectées pour partie dans le bassin d'aération. On qualifie cette opération de « recirculation des boues ».

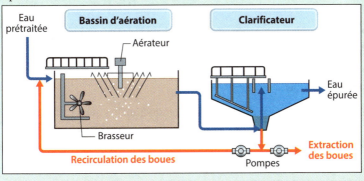

DOCUMENT 2 — Bactéries épuratrices

Les bactéries n'ayant pas les conditions idéales pour se développer naturellement dans les eaux usées, la station d'épuration leur offre un milieu adapté en les regroupant dans un bassin où la pollution est fortement concentrée afin qu'elles puissent s'en nourrir. Ces bactéries sont aérobies, elles ont besoin de dioxygène pour vivre.

SVT – Technologie **SUJET** 32

DOCUMENT 3 **Norme de potabilité de l'eau**

Type de paramètres	Paramètre	Limite de qualité	Unité
Paramètres chimiques	Plomb	10	$\mu g \times L^{-1}$
	Nitrates	50	$mg \times L^{-1}$
	Nitrites	0,5	$mg \times L^{-1}$
	Mercure	1	$\mu g \times L^{-1}$
	Total pesticides	0,5	$\mu g \times L^{-1}$
	pH	6,5 à 9	
Paramètres microbiologiques	Escherichia coli (bactérie pathogène)	0	Cellules pour 100 mL
	Bactéries coliformes	0	Cellules pour 100 mL
Paramètres organoleptiques	Turbidité (apparence)	transparent	
	Odeur et saveur	acceptables	

▶ **1.** D'après les documents 1 et 2, quel est l'intérêt du brassage et de l'aération du bassin où sont les bactéries ?

▶ **2.** D'après l'ensemble des documents, quels sont les intérêts de l'utilisation des boues activées ?

▶ **3.** Montrez à l'aide de l'ensemble des documents que l'eau épurée n'est pas potable. Où se font les traitements nécessaires à l'acquisition de la potabilité ?

LES CLÉS DU SUJET

■ Exercice 1 : technologie

Comprendre les documents

• Le document 1 présente succinctement le rôle des différentes étapes du traitement des eaux usées.

• Le document 2 reprend le fonctionnement et les éléments techniques présents pour l'étape d'aération des eaux usées.

• Le document 3 est l'algorithme d'automatisation du bassin d'aération.

SVT - Technologie **CORRIGÉ 32**

Répondre aux questions

▶ **1.** Recherche les éléments extraits lors de chaque étape dans le document 1.

▶ **2.** Recherche dans les différents documents les verbes que tu pourras réemployer pour exprimer les fonctions.

▶ **3.** Traduit l'algorithme du document 3 en programme.

■ **Exercice 2 : SVT**

Comprendre les documents

• Le document 1 montre la place des bactéries épuratrices dans la station d'épuration.
• Le document 2 expose leurs conditions de vie.
• Le document 3 définit les critères que doit avoir une eau pour être déclarée potable.

Répondre aux questions

▶ **1.** Recherche les besoins des bactéries dans le document 2 afin de savoir à quoi servent le brassage et l'aération décrits dans le document 1.

▶ **2.** Recherche les intérêts économiques, environnementaux de l'utilisation des boues activées.

▶ **3.** Compare les paramètres de l'eau sortant de la station à ceux des limites de qualité de l'eau potable, afin de savoir pourquoi cette eau ne remplit pas tous les critères. La dernière question est une question de cours.

CORRIGÉ 32

1. TECHNOLOGIE

▶ **1.**

▶ **2.**

- Sonde oxygène : acquérir le taux d'oxygène du bassin d'aération.
- Automate : assurer l'automatisation de l'aération du bassin.
- Agitateur : brasser le contenu du bassin.
- Aérateur : augmenter le taux d'oxygène présent dans l'eau du bassin.

▶ **3.**

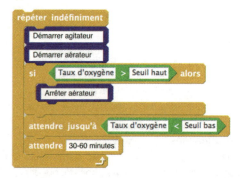

2. SVT

▶ **1.** Les bactéries épuratrices sont aérobies, elles ont donc besoin de dioxygène pour vivre et détruire la matière organique de l'eau. Le brassage et l'aération permettent une bonne oxygénation de l'eau et l'apport optimal en O_2 des bactéries.

▶ **2.** Cette technique ne nécessite pas l'ajout de produits chimiques qui pourraient polluer l'eau. Les boues récupérées peuvent être utilisée pour fournir de l'énergie à la station d'épuration ou comme épandage dans les champs en alternative aux engrais chimiques. Il y a un intérêt environnemental (moins de produits et d'engrais chimiques), mais aussi un intérêt économique car la station peut être partiellement autonome pour son apport en énergie.

Conseil
Souligne de couleurs différentes dans le texte les intérêts économiques et environnementaux pour bien les distinguer.

▶ **3.** L'eau n'est pas potable car on y trouve encore 10 % de matière organique, des produits toxiques (plomb, pesticides) non dégradés, éventuellement des bactéries et le pH n'est pas vérifié ni réajusté. La station d'épuration permet seulement d'enlever la matière organique afin que l'eau puisse être rejetée dans les eaux de surface.

C'est le passage de l'eau dans une station de traitement de l'eau potable avant la distribution *via* l'eau du robinet qui permettra de remplir les normes de potabilité.

27 sujets pour réussir...

... la seconde épreuve écrite du brevet

- **Sujet complet**
  Sujet 33 164

- **Français**
  Sujets 34 à 39 183

- **Histoire**
  Sujets 40 à 47 245

- **Géographie**
  Sujets 48 à 55 268

- **Enseignement moral et civique**
  Sujets 56 à 59 290

SUJET

33

Sujet zéro
Sujet complet

Brevet blanc nº 1 : français, histoire, géographie et EMC

1re partie • Analyse et interprétation de textes et documents, maîtrise des différents langages

■ **1re période** (2 heures)

1. ANALYSER UN DOCUMENT • HISTOIRE   **20 POINTS**

DOCUMENT	**Programme du Conseil national de la Résistance, 15 mars 1944**

Le texte a été diffusé au printemps 1944 dans la clandestinité, par les journaux des mouvements de la Résistance.

Née de la volonté ardente des Français de refuser la défaite, la Résistance n'a pas d'autre raison d'être que la lutte quotidienne sans cesse intensifiée.

Cette mission de combat ne doit pas prendre fin à la Libération.
5 [...]

Aussi les représentants des organisations de Résistance, des centrales syndicales et des partis ou tendances politiques groupés au sein du CNR délibérant en assemblée plénière le 15 mars 1944, ont-ils décidé de s'unir sur le programme suivant, qui comporte à la fois un
10 plan d'action immédiate contre l'oppresseur et les mesures destinées à instaurer, dès la libération du territoire, un ordre social plus juste.

I. Plan d'action immédiate

Les représentants des organisations de Résistance des centrales syndicales et des partis ou tendances politiques groupés au sein du
15 CNR [...] proclament leur volonté de délivrer la patrie en collaborant étroitement aux opérations militaires que l'armée française et les armées alliées entreprendront sur le continent, mais aussi de hâter cette libération, d'abréger les souffrances de notre peuple, de

sauver l'avenir de la France en intensifiant sans cesse et par tous les
20 moyens la lutte contre l'envahisseur et ses agents, commencée dès
1940. […]

II. Mesures à appliquer dès la libération du territoire

[…]

4) Afin d'assurer :

25 – l'établissement de la démocratie la plus large en rendant la
parole au peuple français par le rétablissement du suffrage universel ;

– la pleine liberté de pensée, de conscience et d'expression ;

– la liberté de la presse, son honneur et son indépendance à
l'égard de l'État, des puissances d'argent et des influences étrangères ;

30 – la liberté d'association, de réunion et de manifestation […] ;

– l'égalité absolue de tous les citoyens devant la loi ;

5) Afin de promouvoir les réformes indispensables : […]

Sur le plan social :

– le droit au travail et le droit au repos, notamment par le réta-
35 blissement et l'amélioration du régime contractuel du travail ; […]

– un plan complet de Sécurité sociale, visant à assurer à tous les
citoyens des moyens d'existence, dans tous les cas où ils sont incapables de se les procurer par le travail ; […]

– une retraite permettant aux vieux travailleurs de finir digne-
40 ment leurs jours ; […]

En avant donc, dans l'union de tous les Français rassemblés
autour du CFLN[1] et de son président, le général de Gaulle ! En
avant pour le combat, en avant pour la victoire, afin que vive la
France !

---

1. Comité français de libération nationale, remplacé le 3 juin 1944 par le Gouvernement
provisoire de la République française.

▶ **1.** Identifiez les auteurs du texte.

▶ **2.** Pourquoi le programme d'action du Comité national de la Résistance daté du 15 mars 1944 a-t-il été adopté dans la clandestinité ?
Expliquez la phrase soulignée en quelques lignes en faisant appel à vos
connaissances.

▶ **3.** Comment expliquer que le général de Gaulle soit mentionné dans
le dernier paragraphe ?

Brevet blanc de français, histoire, géographie et EMC SUJET 33

▶ **4.** Relevez et classez les réformes prévues par le CNR dans le tableau suivant.

Les projets de réformes du CNR après la libération du territoire	
Sur le plan des droits et des libertés	Sur le plan social

▶ **5.** À partir de deux exemples précis, relevés dans le texte, montrez que le programme du CNR a été appliqué à partir de 1944.

2. MAÎTRISER DIFFÉRENTS LANGAGES • GÉOGRAPHIE 20 POINTS

▶ **1.** Sous la forme d'un développement construit d'une vingtaine de lignes et en vous appuyant sur un ou des exemples d'aires urbaines étudiés en classe, décrivez les espaces et les dynamiques des villes françaises.

▶ **2.** Localisez et nommez sur le fond de carte ci-dessous Paris et quatre aires urbaines de votre choix.

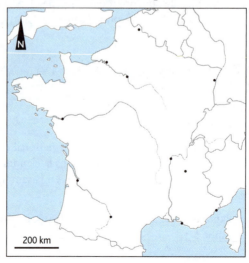

Les principales aires urbaines de la France métropolitaine

3. ENSEIGNEMENT MORAL ET CIVIQUE   10 POINTS

DOCUMENT 1   Affiche 2015 de la commune de Floirac (Gironde)

« Boulevard des potes » : association de lutte contre les discriminations et d'éducation populaire.

Source : www.ville-floirac33.fr

Brevet blanc de français, histoire, géographie et EMC **SUJET 33**

DOCUMENT 2 **Extraits de la Charte de laïcité à l'école (2013)**

Article 3 – <u>La laïcité garantit la liberté de conscience</u> à tous. Chacun est libre de croire ou de ne pas croire [...].

Article 4 – La laïcité permet l'exercice de la citoyenneté, en conciliant la liberté de chacun avec l'égalité et la fraternité de tous dans le
5 souci de l'intérêt général. [...]

Article 8 – <u>La laïcité permet l'exercice de la liberté d'expression des élèves</u> dans la limite du bon fonctionnement de l'École comme du respect des valeurs républicaines et du pluralisme des convictions.

Article 9 – La laïcité implique le rejet de toutes les violences et de
10 toutes les discriminations, garantit l'égalité entre les filles et les garçons et repose sur une culture du respect et de la compréhension de l'autre. [...]

Article 13 – Nul ne peut se prévaloir de son appartenance religieuse pour refuser de se conformer aux règles applicables dans l'École de
15 la République.

▶ **1.** Citez trois valeurs et deux symboles de la République française présents dans les documents.

▶ **2.** Expliquez les phrases soulignées dans le document 2 pour montrer que la laïcité garantit les libertés à l'école.

▶ **3.** Vous êtes chargé de présenter la laïcité à l'école à un correspondant étranger en visite dans votre établissement, en vous aidant des documents et de vos connaissances. En quelques lignes, comment lui expliquez-vous que la laïcité favorise le « vivre ensemble » à l'école ?

Brevet blanc de français, histoire, géographie et EMC **SUJET 33**

■ 2ᵉ période (1 heure)

4. QUESTIONS • FRANÇAIS   20 POINTS

DOCUMENT A ▶ **Texte littéraire**

John Johnson, dit le Boa, a été élu maire de Coca, ville imaginaire des États-Unis. Il a de grands projets pour sa ville. Quelques semaines après son élection, il fait un séjour à Dubaï. C'est son premier voyage hors du continent américain.

Ce qu'il voit entre l'aéroport et la ville provoque chez lui une sensation ambivalente d'euphorie[1] et d'écrasement.

Les grues d'abord lui éberluent[2] la tête : agglutinées par centaines, elles surpeuplent le ciel, leurs bras comme des sabres laser
5 plus fluorescents que ceux des guerriers du Jedi, leur halo blafard
auréolant la ville chantier d'une coupole de nuit blanche. Le Boa se
tord le cou à les compter toutes, et l'homme en *dishdash*[3] blanche
qui le coudoie sur la banquette, le voyant faire, lui signale qu'un
tiers des grues existant à la surface du globe est réquisitionné en
10 ces lieux : une sur trois répète-t-il, une sur trois est ici, chez nous.
Sa toute petite bouche soulignée d'un trait de moustache articule
très doucement nous construisons la cité du futur, une entreprise
pharaonique. Le Boa ne dit plus rien. Il salive, émerveillé. La prolifération des tours le sidère, si nombreuses qu'on les croit multipliées
15 par un œil malade, si hautes qu'on se frotte les paupières, craignant
d'halluciner, leurs fenêtres blanches comme des milliers de petits
parallélogrammes aveuglants, comme des milliers de pastilles de
Vichy effervescentes dans la nuit délavée ; ici on travaille vingt-
quatre heures sur vingt-quatre, les ouvriers sont logés à l'extérieur de
20 la ville, les rotations se font par navette – l'homme susurre chaque
information, escortant l'étonnement de Boa avec délicatesse. Plus
loin, il pointe d'un index cireux un édifice en construction, déjà
haut d'une centaine d'étages, et précise : celle-ci sera haute de sept
cents mètres. Le Boa hoche la tête, s'enquiert soudain des hauteurs
25 de l'Empire State Building de New York, ou du Hancok Center
de Chicago, questionne sur les tours de Shanghai, de Cape Town,
de Moscou, il est euphorique et médusé[4]. À Dubaï donc, le ciel est
solide, massif : de la terre à bâtir. Le trajet est long dans la longue
voiture, la mer tarde à venir, le Boa l'attend plate, inaffectée, lourde
30 nappe noire comme le pétrole dont le pourtour s'effacerait dans la

Brevet blanc de français, histoire, géographie et EMC — SUJET 33

nuit, et il sursaute à la découvrir construite elle aussi, rendue solide, croûteuse, et apte à faire socle pour un archipel artificiel qui reproduirait un planisphère – la Grande-Bretagne y est à vendre trois millions de dollars – ou un complexe d'habitations de luxe en forme de palmier : elle aussi, donc, de la terre à bâtir.

Le Boa arrive à l'hôtel bouleversé, les joues rouges et les yeux exorbités, il peine à s'endormir, la nuit est trop claire, comme filtrée par une gaze[5] chaude, lui-même trop excité – le Burj Al-Arab est l'hôtel le plus haut du monde, une immense voile de verre et de Teflon gonflée face au golfe Persique qui est absolument noir à cette heure, et clos comme un coffre [...]. Au réveil, le Boa est convaincu d'avoir trouvé l'inspiration qui manquait à son mandat. C'est un espace maîtrisé qui s'offre à ses yeux, un espace, pense-t-il, où la maîtrise se combine à l'audace, et là est la marque de la puissance.

Maylis de Kerangal, *Naissance d'un pont*, 2010, © Éditions Gallimard.

---

1. Euphorie : sensation intense de bien-être, de joie, d'optimisme.
2. Éberluer : étonner vivement, stupéfier.
3. *Dishdash* : longue robe blanche, vêtement traditionnel.
4. Médusé : qui manifeste un grand étonnement, de la stupeur.
5. Gaze : tissu léger, utilisé en couture ou pour faire des compresses et des pansements.

DOCUMENT B — Travailleurs sur un site de construction à Dubaï

ph © STR New/Reuters

Brevet blanc de français, histoire, géographie et EMC **SUJET** 33

Les réponses aux questions doivent être entièrement rédigées.

Sur le texte littéraire (document A)

▶ **1.** Quelles sont les caractéristiques principales de la ville décrite dans le texte ? *(2 points)*

▶ **2.** Étudiez précisément la progression des émotions et sensations ressenties par le personnage principal au fil de l'extrait. *(3 points)*

▶ **3.** À quel temps les verbes sont-ils majoritairement conjugués dans le texte ? Comment comprenez-vous ce choix de l'auteure ? *(2 points)*

▶ **4.** « Sa toute petite bouche soulignée d'un trait de moustache articule très doucement nous construisons la cité du futur, une entreprise pharaonique » (l. 11-13) : comment, dans cette phrase, les propos tenus par le personnage sont-ils rapportés ? Est-ce une manière de faire habituelle ? À votre avis, pourquoi l'auteure procède-t-elle ainsi ? *(2,5 points)*

▶ **5.** « une entreprise <u>pharaonique</u>. » *(1,5 point)*
a) Comment le mot souligné est-il construit ?
b) Que signifie-t-il généralement ?
c) Le contexte lui donne-t-il une valeur particulière ?

▶ **6.** « […] un espace, pense-t-il, où la maîtrise se combine à l'audace, et là est la marque de la puissance. » (l. 43-44)
a) Expliquez le sens de cette phrase en vous aidant de ce qui la précède. *(2 points)*
b) À votre avis, l'auteure partage-t-elle ici la pensée du personnage ? *(1 point)*

▶ **7.** Proposez un titre pour ce texte, puis expliquez vos intentions et ce qui justifie votre proposition. *(2 points)*

Sur le texte et l'image (documents A et B)

▶ **8.** Quels sont les éléments qui rapprochent l'image et le texte ? *(2 points)*

▶ **9.** Quelles impressions suscite en vous cette photographie ? Sont-elles comparables à celles produites par le texte ? Pourquoi ? *(2 points)*

2ᵉ partie • Français, rédaction et maîtrise de la langue (2 heures)

5. DICTÉE   5 POINTS

Le titre et la source de l'extrait sont écrits au tableau au début de la dictée.

Au-delà

Les Parisiens n'ont jamais de leur ville le plaisir qu'en prennent les provinciaux. D'abord, pour eux, Paris se limite à la taille de leurs habitudes et de leurs curiosités. Un Parisien réduit sa ville à quelques quartiers, il ignore tout ce qui est au-delà qui cesse d'être Paris pour lui. Puis il n'y a pas ce sentiment presque continu de se perdre qui est un grand charme. Cette sécurité de ne connaître personne, de ne pouvoir être rencontré par hasard. Il lui arrive d'avoir cette sensation bizarre au contraire dans de toutes petites villes où il est de passage, et le seul à ne pas connaître tous les autres.

Louis Aragon, *Aurélien*, 1944, © Éditions Gallimard.

6. RÉÉCRITURE   5 POINTS

« Le Boa arrive à l'hôtel bouleversé, les joues rouges et les yeux exorbités, il peine à s'endormir, la nuit est trop claire, comme filtrée par une gaze chaude, lui-même trop excité [...]» (l. 36-38).
Réécrivez cette phrase en remplaçant « Le Boa » par « Ils » et en procédant à toutes les transformations nécessaires.

7. TRAVAIL D'ÉCRITURE   20 POINTS

Vous traiterez au choix le sujet A ou B. Votre rédaction sera d'une longueur minimale d'une soixantaine de lignes (300 mots environ).

Sujet A

Selon vous, la vie au sein d'une ville moderne est-elle source de bonheur et d'épanouissement ?
Vous répondrez à cette question dans un développement argumenté en vous appuyant sur votre expérience, sur vos lectures, votre culture personnelle et les connaissances acquises dans l'ensemble des disciplines.

Sujet B

Vous êtes architecte et vous proposez au pays imaginaire d'Utopia la fondation d'une ville idéale. Écrivez la lettre que vous adressez aux dirigeants d'Utopia pour expliquer votre vision de la ville, justifier vos choix et les inviter à retenir votre projet.

Brevet blanc de français, histoire, géographie et EMC **SUJET** **33**

LES CLÉS DU SUJET

■ Analyser un document • Histoire

Comprendre le document

Ce document est un programme qui fixe à la fois l'action immédiate et la reconstruction politique et sociale qui devra suivre la fin de la guerre. Il a été adopté à l'unanimité par les membres du CNR le 15 mars 1944. Tu dois donc mobiliser tes connaissances sur deux thèmes du programme : la France défaite et occupée durant la Seconde Guerre mondiale, et la refondation républicaine entre 1944 et 1947.

Répondre aux questions

▶ **1.** Rappelle ce qu'est le CNR et dans quel but il a été mis en place.

▶ **2.** Repère la date précise (jour, mois) du document. Quelle est la situation à ce moment-là en France ? Quels événements sont encore à venir ?

▶ **5.** La réponse n'est pas dans le texte, elle fait appel à tes connaissances sur les grandes réformes adoptées en France dans l'immédiat après-guerre. Tes réponses à la question 4 devraient te mettre sur la piste.

■ Maîtriser les différents langages • Géographie

▶ **1.** Le développement construit est centré sur les aires urbaines. On te demande d'abord de décrire les espaces urbains. Tu profiteras de cette première partie pour présenter la composition d'une aire urbaine et définir correctement les différents termes clés (pôle urbain, couronne périurbaine). Tu consacreras ta seconde partie à la description des dynamiques urbaines, c'est-à-dire les évolutions des villes à différentes échelles. Ici, tu peux te contenter d'une dynamique à l'échelle urbaine (l'étalement) et à l'échelle nationale (la métropolisation).

■ Enseignement moral et civique

Comprendre les documents

• Le document 1 est une affiche invitant les citoyens à participer à un débat organisé par une association luttant contre les discriminations.

• Adoptée en 2013, la Charte de la laïcité (document 2) doit être affichée dans tous les établissements scolaires et figurer dans les carnets de correspondance des élèves. Elle explique ce qu'est la laïcité et la manière dont elle doit être appliquée à l'école.

Répondre aux questions

▶ **3.** Tu dois montrer ce que la laïcité apporte aux élèves (plus de libertés et plus d'égalité) en donnant des exemples concrets que tu peux puiser dans tes connaissances personnelles.

Brevet blanc de français, histoire, géographie et EMC **SUJET** 33

■ Questions • Français

Le texte littéraire (document A)

• Le roman *Naissance d'un pont* raconte le chantier de la construction d'un pont dans la ville imaginaire de Coca, aux États-Unis. Dans l'extrait présenté, le maire de Coca est impressionné par ce qu'il découvre dans la ville de Dubaï, aux Émirats arabes unis : les chantiers et les projets décrits semblent repousser les limites de la réalité, mais sont pourtant bien réels.

L'image (document B)

• La photographie, prise en légère plongée, montre des ouvriers travaillant à la construction des fondations d'une tour comme celles qu'on voit en arrière-plan. On fait ainsi facilement la différence entre les ouvriers, qui creusent la terre, et les tours, qui touchent le ciel.

■ Travail d'écriture (sujet A)

Recherche d'idées

Ton point de vue doit être nuancé. Tu peux d'abord souligner l'attrait de la ville moderne : elle offre des possibilités d'emploi variées ; les plaisirs et les distractions y sont plus nombreux. Comme arguments opposés, tu peux signaler que les grandes villes accroissent parfois le sentiment d'isolement, et que les nuisances y sont nombreuses.

Conseils de rédaction

Pense à utiliser des connecteurs logiques pour organiser ta réflexion : *tout d'abord, ensuite, par exemple, toutefois, c'est pourquoi, cependant…* Dans le développement, tu mentionneras en dernier les arguments qui te semblent les plus convaincants.

■ Travail d'écriture (sujet B)

Recherche d'idées

Fais la liste de ce qui te semble négatif dans les villes que tu connais : l'absence d'espaces verts, le bruit incessant, les embouteillages, le sentiment d'anonymat, etc. Ensuite, cherche des solutions pour que ces problèmes disparaissent : privilégier les transports en commun, préférer les maisons individuelles aux immeubles collectifs, créer un cadre de vie convivial, etc.

Conseils de rédaction

Tu dois écrire une lettre officielle, avec tous les impératifs que cela comporte : en-tête, objet, formule de politesse, etc. N'hésite pas à inventer des détails sur l'expéditeur que tu incarnes : *je suis un excellent architecte, j'ai dessiné les plans de l'écoquartier de…, je pense à ce projet depuis longtemps…* Enfin, n'oublie pas que ta description est au service d'une argumentation : tu dois convaincre les destinataires.

Brevet blanc de français, histoire, géographie et EMC **CORRIGÉ** 33

CORRIGÉ 33

1re partie • Analyse et interprétation de textes et documents, maîtrise des différents langages

■ 1re période

1. ANALYSER UN DOCUMENT • HISTOIRE

▶ **1.** Ce texte est extrait du programme du Conseil national de la Résistance (CNR). Mis en place grâce à l'action de Jean Moulin en mai 1943, le CNR réunit, sous l'autorité du général de Gaulle, les représentants des

> **Gagne des points**
> N'hésite pas à citer quelques noms de mouvements de résistance, si tu en connais : Libération Nord, Franctireur, Défense de la France…

huit grands mouvements de la Résistance intérieure française, toutes tendances politiques confondues, ainsi que les leaders des deux grands syndicats d'avant-guerre (CGT et CFTC) et des six partis politiques de la IIIe République.

▶ **2.** À la date de parution du programme du CNR, le 15 mars 1944, la guerre n'est pas terminée et la France vit toujours sous occupation allemande. Les résistants agissent dans la clandestinité. Leur but premier est de libérer le territoire en appuyant la résistance extérieure, dont les instances ont quitté Londres pour Alger, et les Alliés qui progressent sur tous les fronts, dans l'attente d'un débarquement.

▶ **3.** La constitution du CNR avait pour but d'unir la Résistance française derrière le général de Gaulle, installé à Londres depuis le 17 juin 1940 et reconnu par les autorités britanniques.

> **Info +**
> La constitution du CNR a été lente et difficile, car de nombreux résistants ne souhaitaient pas s'engager derrière de Gaulle. Pourtant, c'est leur union qui a permis la rédaction d'un programme ambitieux de reconstruction politique et sociale.

▶ **4.**

Les projets de réformes du CNR après la libération du territoire	
Sur le plan des droits et des libertés	**Sur le plan social**
• Rétablissement du suffrage universel • Liberté de pensée, de conscience et d'expression	• Droit au travail et au repos • Établissement d'une Sécurité sociale
• Liberté de la presse • Liberté de réunion, d'association et de manifestation • Égalité devant la loi	• Retraite

Brevet blanc de français, histoire, géographie et EMC CORRIGÉ 33

▶ **5.** Une fois le territoire libéré et la légitimité républicaine rétablie, des élections municipales sont organisées les 26 avril et 13 mai 1945. Pour la première fois, les Françaises y participent. Ainsi, conformément au programme du CNR, le suffrage universel a été non seulement rétabli, mais aussi élargi aux femmes.

Une ordonnance du 4 octobre 1945 institue la Sécurité sociale. Dans l'esprit des rédacteurs du programme du CNR, elle vise à « assurer à tous les citoyens des moyens d'existence, dans tous les cas où ils sont incapables de se les procurer par le travail ».

2. MAÎTRISER DIFFÉRENTS LANGAGES • GÉOGRAPHIE

▶ **1.** Les villes françaises – en fait les aires urbaines – rassemblent aujourd'hui 85 % de la population totale. Une aire urbaine est constituée d'un pôle urbain et de sa couronne périurbaine, lesquels s'opposent à l'espace rural environnant. Le pôle urbain peut être divisé en deux espaces de morphologies différentes : la ville-centre, à l'habitat très dense, et les banlieues, moins denses et composées soit d'habitats collectifs, soit d'habitats individuels. Ce pôle urbain rassemble au moins 5 000 emplois. Autour de lui, la couronne périurbaine, qui peut être très étendue, compte des communes qui ne sont pas contiguës, mais dont au moins 40 % des actifs vont travailler dans l'aire urbaine.

> **Conseil**
> Tu peux illustrer ta réponse à l'aide d'un schéma simple, sur lequel tu porteras le nom de l'aire urbaine étudiée en classe.

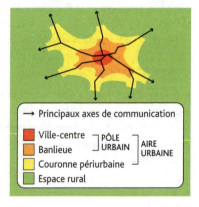

Schéma d'une aire urbaine

C'est la première dynamique manifeste des villes françaises : l'étalement des aires urbaines, qui entraîne une explosion des mobilités, notamment des migrations pendulaires domicile-travail. Une deuxième dynamique, à l'échelle nationale cette fois, est la métropolisation : plus une aire urbaine est élevée dans la hiérarchie urbaine nationale, plus elle tend à se renforcer, à concentrer les hommes et les activités. Paris, ville mondiale, profite le plus de cette dynamique, suivie par les autres grandes métropoles de rang national, voire européen : Lille, Lyon, Marseille, Toulouse notamment. À l'inverse, les villes petites et moyennes, surtout dans les régions les moins dynamiques, connaissent davantage de difficultés.

▶ **2.**

Sur la carte ci-dessus, toutes les aires urbaines repérées ont été nommées. Mais, le jour de l'examen, contente-toi de faire ce qui est demandé pour ne pas perdre de temps.

3. ENSEIGNEMENT MORAL ET CIVIQUE

▶ **1.** Les principales valeurs républicaines figurant dans les documents sont la liberté, l'égalité, la fraternité et la laïcité. Les symboles visibles sont la devise, Marianne et les couleurs du drapeau national.

▶ **2.** D'une part, « la laïcité garantit la liberté de conscience » : en effet, selon le principe de laïcité, chacun est libre de croire (ou de ne pas croire) en ce qu'il veut sans subir les pressions d'autres personnes qui chercheraient à imposer leurs croyances. D'autre part, « la laïcité permet l'exercice de la liberté d'expression des élèves », puisqu'il ne leur est pas interdit de parler des religions et des croyances, à partir du moment où les échanges se font dans le respect des convictions de chacun.

▶ **3.** Des élèves de religions différentes, athées ou sans religion, se côtoient dans les écoles où la laïcité leur permet de travailler sereinement et de mieux « vivre ensemble ». C'est une valeur qui garantit leurs libertés de conscience et d'expression et assure l'égalité entre eux : quelle que soit leur religion, les élèves sont tous traités de la même façon et aucune discrimination liée

> **Conseil**
> Commence par rédiger une phrase introductive reprenant les termes du sujet, ici l'expression « vivre ensemble ».

Brevet blanc de français, histoire, géographie et EMC **CORRIGÉ** 33

aux convictions religieuses n'est tolérée. Les croyances doivent donc rester personnelles ; il est par exemple interdit de porter des signes religieux trop visibles dans les écoles françaises. La laïcité est donc bien une valeur essentielle au bon fonctionnement des établissements scolaires.

■ 2ᵉ période

4. QUESTIONS • FRANÇAIS

▶ **1.** Il s'agit avant tout d'une ville en chantier, ce dont témoigne le champ lexical de la construction. Cette ville se caractérise également par le gigantisme (les centaines de grues, la prolifération des tours, un édifice haut de sept cents mètres), la lumière permanente (« le halo blafard » des grues, « une coupole de nuit blanche », les fenêtres sont « aveuglantes », « la nuit est trop claire »), et l'absence de limites, puisqu'elle s'étend dans le ciel comme sur la mer.

▶ **2.** Au début, le personnage est partagé entre une joie intense et une impression d'accablement (« une sensation ambivalente d'euphorie et d'écrasement »). On retrouve cette ambiguïté dans la suite du texte : la joie (« il salive », « émerveillé », « euphorique ») alterne avec la plus grande stupéfaction (« éberluent », « se tord le cou », « le sidère », « l'étonnement », « médusé »). Ce choc amène une révélation pour le personnage, convaincu d'avoir trouvé l'inspiration.

▶ **3.** Les verbes sont majoritairement conjugués au présent de l'indicatif. Il s'agit de rendre plus vivantes, plus proches du lecteur les actions racontées dans le récit. On parle alors de présent de narration.

▶ **4.** Les propos tenus dans cette phrase semblent rapportés au discours direct : le pronom employé (« nous ») le prouve. Mais, contrairement à l'usage, la ponctuation attendue n'est pas respectée : les deux-points et les guillemets sont omis. La limite entre narration et dialogue s'estompe. Le narrateur procède ainsi pour souligner la grande douceur avec laquelle les paroles sont prononcées, qui n'interrompent ni les pensées du personnage ni le fil de la lecture.

▶ **5. a)** Le mot est construit par dérivation : le radical *pharaon* est suivi du suffixe *–ique*.

b) « Pharaonique » est un adjectif qui signifie « gigantesque, démesuré ».

Brevet blanc de français, histoire, géographie et EMC CORRIGÉ **33**

c) Par l'emploi de cet adjectif, l'auteur rapproche les constructions de la ville de Dubaï des pyramides monumentales construites par les pharaons.

> **Info +**
> La pyramide de Khéops fut ainsi pendant des millénaires le bâtiment le plus haut et le plus massif jamais construit, suscitant, comme les tours de Dubaï chez le Boa, l'étonnement et l'admiration.

▶ **6. a)** Le Boa est fasciné par ce qu'il vient de découvrir de la ville de Dubaï. C'est un lieu où la maîtrise (le savoir-faire technique) est accompagnée d'audace, c'est-à-dire d'idées nouvelles et courageuses. En effet, les limites traditionnelles à l'expansion de la ville disparaissent : le ciel et la mer sont devenus constructibles.

b) Il s'agit ici d'une pensée rapportée, comme le souligne l'incise « pense-t-il ». Cette précision semble indiquer que le narrateur ne partage pas les réflexions de son personnage.

▶ **7.** L'extrait pourrait s'intituler : « Une ville au-delà des limites ». Ce titre insiste sur la démesure de la ville visitée par le personnage, où des ouvriers travaillent sans relâche à l'édification de tours toujours plus hautes, où l'on bâtit dans le ciel et sur la mer.

> **Conseil**
> Beaucoup de réponses sont possibles, pour peu qu'elles soulignent un aspect important du texte : le gigantisme architectural, l'étonnement du personnage… Seule contrainte : le titre doit prendre la forme d'un groupe nominal.

▶ **8.** De nombreux éléments sont communs au texte et à l'image, qui s'attachent tous deux à montrer le quotidien de la ville de Dubaï : les gratte-ciels, les grues, la ville en chantier, les ouvriers travaillant à une nouvelle construction…

▶ **9.** La photographie ne transmet pas une impression de joie : les ouvriers sont dans un trou, surveillés par un contremaître. Les machines et les constructions occupent les deux tiers supérieurs de l'image. Les hommes sont au service d'un projet qui les dépasse, mais ils ne manifestent aucun entrain. Dans le texte, au contraire, le lecteur peut comprendre l'étonnement médusé du personnage. Les impressions sont différentes : le texte offre une vision d'ensemble du projet, quand l'image montre une réalité moins grandiose, celle du quotidien des travailleurs.

Brevet blanc de français, histoire, géographie et EMC **CORRIGÉ** **33**

2ᵉ partie • Français, rédaction et maîtrise de la langue

5. DICTÉE

POINT MÉTHODE

1 Accorde bien les déterminants : *quelques quartiers, cette sécurité,* etc.

2 Dans la première phrase, le sujet du verbe *prendre* est inversé. Repère-le pour choisir la bonne terminaison.

3 Attention aux homophones ! Veille à distinguer *ce* (déterminant démonstratif, suivi d'un nom), *ce* (pronom démonstratif, que l'on peut remplacer par *cela*) et *se* (pronom réfléchi, qui n'est jamais le sujet d'un verbe). En outre, tu ne dois pas confondre *qu'en* (*que* + *en*) avec *quand* (qui signifie *lorsque*).

Les Parisiens n'ont jamais de leur ville le plaisir qu'en prennent les provinciaux. D'abord, pour eux, Paris se limite à la taille de leurs habitudes et de leurs curiosités. Un Parisien réduit sa ville à quelques quartiers, il ignore tout ce qui est au-delà qui cesse d'être Paris pour lui. Puis il n'y a pas ce sentiment presque continu de se perdre qui est un grand charme. Cette sécurité de ne connaître personne, de ne pouvoir être rencontré par hasard. Il lui arrive d'avoir cette sensation bizarre au contraire dans de toutes petites villes où il est de passage, et le seul à ne pas connaître tous les autres.

6. RÉÉCRITURE

Les termes modifiés sont en couleur.

« Ils arrivent à l'hôtel bouleversés, les joues rouges et les yeux exorbités, ils peinent à s'endormir, la nuit est trop claire, comme filtrée par une gaze chaude, eux-mêmes trop excités. »

7. TRAVAIL D'ÉCRITURE

Voici un exemple de rédaction sur chacun des deux sujets.
Attention les indications entre crochets ne doivent pas figurer sur ta copie.

Sujet A

[Introduction] Tout au long du XXᵉ siècle, les campagnes ont été de plus en plus délaissées au profit des grandes villes : vivre en ville permettait d'améliorer sa situation économique et d'éviter la misère. Mais le bonheur

Brevet blanc de français, histoire, géographie et EMC **CORRIGÉ** **33**

et l'épanouissement individuel sont-ils aujourd'hui possibles dans ces cités modernes, où réside désormais la majorité de la population ?

[La ville moderne offre des avantages et des commodités...] Vivre dans une ville moderne peut procurer certains avantages : il est plus facile d'y trouver un emploi par exemple. La ville moderne offre aussi des facilités qui rendent le quotidien plus agréable : les distractions sont nombreuses, les transports bien développés, les commerces ouverts tous les jours. Et il est certain que l'épanouissement personnel passe aussi par ces commodités.

[... mais elle n'est pas pour autant source de bonheur] Cependant la vie au sein d'une grande ville présente aussi des inconvénients : les logements sont plus chers et plus petits ; on peut vite se sentir isolé dans un lieu où l'on ne connaît personne ; le bruit et la pollution sont inévitables. Ainsi, de ma chambre en ville, j'entends en permanence les bruits des travaux, du métro et des voitures, même la nuit.

> **Conseil**
> Démarre ta seconde partie par un connecteur logique d'opposition, pour montrer que tu vas maintenant mentionner les arguments « contre ».

[Conclusion] Si la vie au sein de la ville moderne présente des avantages certains, ces avantages ne sont pas forcément source d'épanouissement. Les progrès technologiques rendent de plus en plus ces avantages accessibles partout, même dans des campagnes isolées. Pour ma part, je considère donc que les inconvénients présentés par la vie dans une grande ville sont très nombreux et peuvent dans bien des cas être des obstacles au bonheur.

Sujet B

Frédéric Pirès
14, rue du Stand
75009 Paris

À l'attention des dirigeants d'Utopia

Paris, le 15 septembre 2016

Objet : projet pour la fondation d'une ville idéale

Madame, Monsieur,

[Introduction] Cela fait longtemps que j'admire le pays d'Utopia. Architecte de formation, je suis particulièrement sensible au défi que pose aujourd'hui l'édification d'une ville moderne. C'est pourquoi je voudrais vous soumettre mon projet pour la fondation d'une ville idéale, que votre pays pourrait accueillir.

> **Remarque**
> Le premier paragraphe rappelle la situation d'énonciation : qui est l'émetteur, à qui il s'adresse et dans quel but.

2de ÉPREUVE

181

Brevet blanc de français, histoire, géographie et EMC **CORRIGÉ** **33**

[Avantages du projet] La cité idéale doit essayer de préserver le contact de l'homme avec la nature, en réduisant au maximum les nuisances visuelles et les nuisances sonores liées au trafic permanent. J'ai donc songé à un projet fabuleux pour l'immense vallée qui se trouve au sud d'Utopia. Chaque habitant pourra disposer d'une maison individuelle et d'un jardin. Les équipements de loisirs, parcs, gymnases, plans d'eau, y seront nombreux, afin de favoriser les contacts entre les gens. Pour que le confort de vie soit total, les activités professionnelles seront interdites dans cette zone. C'est seulement dans le centre-ville que le travail sera autorisé, où de hauts édifices seront construits, de manière à concentrer toutes les activités. Il sera interdit aux habitants de se rendre à leur travail en voiture. Ils devront utiliser les transports en commun. Afin de ne pas défigurer l'espace, ces transports seront uniquement souterrains. La surface de la terre sera donc libérée de la pollution que produisent les véhicules motorisés.

[Conclusion] Si vous retenez mon projet, les habitants de cette ville pourront à juste titre se sentir les citoyens les plus privilégiés d'Utopia.

Dans l'attente de votre réponse, je vous prie d'agréer, Madame, Monsieur, mes sincères salutations.

Frédéric Pirès

SUJET

34

Sujet inédit • Se raconter, se représenter
50 points

Une famille de rêve

Ce sujet regroupe tous les exercices de français de la 2de épreuve écrite.

1re partie • Analyse et interprétation de textes et de documents (1 heure)

DOCUMENT A   **Texte littéraire**

2de ÉPREUVE

Alain Mabanckou raconte dans cet ouvrage son retour, après vingt-trois ans d'absence, dans la ville où il a grandi, Pointe-Noire, au Congo. Il explique pourquoi il a longtemps refusé d'accepter la mort de sa mère, survenue entre-temps, et évoque quelques souvenirs d'enfance.

Oui, j'ai longtemps laissé croire que ma mère était encore en vie. Je n'avais, pour ainsi dire, pas le choix, ayant pris l'habitude de ce genre de mensonges depuis l'école primaire lorsque je ressuscitais mes sœurs aînées dans le dessein d'échapper aux railleries de mes camarades qui,
5 eux, se glorifiaient d'avoir une famille nombreuse et se proposaient de « prêter » des rejetons à ma mère. Obsédée par l'idée de voir un autre enfant sortir de son ventre, elle avait consulté les médecins les plus réputés de la ville et la plupart de ces guérisseurs traditionnels qui prétendaient avoir soigné des femmes dont la stérilité datait au
10 moins d'une vingtaine d'années. Déçue […], ma mère s'était résolue à accepter sa condition : n'avoir qu'un seul enfant et se dire qu'il y avait sur terre d'autres femmes qui n'en avaient pas et qui auraient été comblées d'être à sa place. Elle ne pouvait pas pour autant balayer d'un revers de main le fait que la société dans laquelle elle vivait consi-
15 dérait une femme sans enfants comme aussi malheureuse que celle qui n'en avaient eu qu'un seul. Dans ce même esprit, un fils unique était un pestiféré[1]. Il était la cause des malheurs de ses parents […]. Sans compter qu'on lui attribuait les pouvoirs les plus extraordinaires : il était capable de faire pleuvoir, d'arrêter la pluie, de causer la fièvre à
20 ses ennemis, de rendre les plaies de ces derniers incurables. Tout juste s'il ne pouvait influer sur la rotation de la Terre. […]

Français • Se raconter, se représenter **SUJET** 34

Lorsque j'évoquais ces sœurs devant mes camarades j'exagérais sans doute. J'avançais avec fierté qu'elles étaient grandes, belles et intelligentes. J'ajoutais, sûr de moi, qu'elles portaient des robes aux
25 couleurs d'arc-en-ciel et qu'elles comprenaient la plupart des langues de la terre. Et pour convaincre certains de mes détracteurs, j'insistais qu'elles roulaient dans une Citroën DS décapotable rouge conduite par un *boy*[2], qu'elles avaient maintes fois pris l'avion, et qu'elles avaient traversé les mers et les océans. Je savais alors que
30 j'avais marqué des points lorsque les interrogations fusaient :

— Donc toi aussi tu es entré dans cette Citroën DS avec tes sœurs ? questionnait le plus candide de mes camarades dont les yeux luisaient de convoitise.

Je trouvais vite un alibi inattaquable.

35 — Non, je suis trop petit, mais elles ont promis de me laisser entrer dedans quand j'aurai leur taille…

Un autre, plutôt animé par la jalousie, essayait de me contrarier :

— C'est du n'importe quoi ! Depuis quand il faut être grand pour entrer dans une voiture ? J'ai vu des enfants plus petits que nous
40 dans les voitures !

Je ne perdais pas mon calme :

— Est-ce que c'était dans une Citroën DS que tu les avais vus, ces enfants ?

— Euh… non… C'était une Peugeot…

45 — Ben voilà… Dans la Citroën DS décapotable il faut être plus grand que nous parce que c'est une voiture qui va vite, et c'est dangereux si tu es encore petit…

Puisque personne n'avait vu ces sœurs, mitraillé de questions par une assemblée de mômes de plus en plus curieux, mais dont
50 l'incrédulité croissait au rythme de ma mythomanie[3], je prétextais qu'elles étaient en Europe, en Amérique, voire en Asie et qu'elles reviendraient en vacances pendant la saison sèche. […]

Égaré dans la nasse[4] de mes propres fictions, je commençais à y croire plus que mes camarades, et j'attendais de pied ferme le retour
55 de mes aînées.

Alain Mabanckou, *Lumières de Pointe-Noire*, 2013,
© Éditions du Seuil, « Fiction et Cie », 2013, Points, 2014.

---

1. Pestiféré : maudit.
2. *Boy* : domestique.
3. Mythomanie : tendance excessive à mentir et à inventer des histoires.
4. Nasse : filet dont le poisson ne peut plus s'échapper après y être entré.

Français • Se raconter, se représenter SUJET 34

DOCUMENT B **Wilfredo Lam, *Niño en blanco*, 1940**

Wilfredo Lam (1902-1982) est un peintre cubain, influencé à la fois par les arts occidentaux et par les arts africains.

QUESTIONS 20 POINTS

Les réponses doivent être entièrement rédigées.

Sur le texte littéraire (document A)

▶ **1.** Quels sont les membres de sa famille que le narrateur mentionne ? Qu'apprend-on d'eux dès les premières lignes ? *(2 points)*

▶ **2.** Quelles sont les croyances populaires attachées à un enfant unique, mentionnées dans le texte ? *(2 points)*

Français • Se raconter, se représenter **SUJET** 34

▶ **3.** « […] "prêter" des rejetons à ma mère. » (ligne 6) *(2 points)* :
a) Que propose-t-on de « prêter » à la mère du narrateur ?
b) Pourquoi le verbe prêter est-il entre guillemets ?

▶ **4. a)** Quelle image le narrateur donne-t-il de ses sœurs à ses camarades ? *(1 point)*
b) Quelles sont les figures de style employées pour faire leur portrait ? *(1 point)*
❏ La comparaison.
❏ L'énumération.
❏ La périphrase.
❏ L'hyperbole.
c) Pourquoi dresse-t-il leur portrait ? *(1 point)*

▶ **5. a)** Quels sont les différents sentiments qui poussent les camarades du narrateur à lui poser des questions ? *(1 point)*
b) « […] dont l'incrédulité croissait au rythme de ma mythomanie […] » (lignes 49-50)
Expliquez le sens de ce passage en vous aidant de ce qui précède et de ce qui suit. *(2 points)*

▶ **6.** Selon vous, le narrateur souffre-t-il de sa situation familiale ? *(2 points)*

▶ **7.** Expliquez les impressions ressenties à la lecture de ce passage, en vous appuyant sur des éléments précis du texte. Vous attendiez-vous à cela ? *(2 points)*

Sur le texte et l'image (documents A et B)

▶ **8.** Selon vous, quels sont les éléments qui permettent de rapprocher la peinture et le texte ? *(2 points)*

▶ **9.** Qu'évoque en vous cette peinture ? Pourquoi ? Comparez ces impressions à celles provoquées par la lecture du texte. *(2 points)*

Français • Se raconter, se représenter **SUJET 34**

2de partie • Rédaction et maîtrise de la langue (2 heures)

DICTÉE   5 POINTS

Le titre et la source de l'extrait sont écrits au tableau au début de la dictée.

Alain Mabanckou
Lumières de Pointe-Noire
© Éditions du Seuil, 2013
Points, 2014

Une mère complice

On pouvait m'entendre monologuer sur le chemin de l'école ou dans le quartier quand ma mère m'envoyait acheter du sel ou du pétrole. À force de passer des heures avec ces sœurs dans mes pensées, je les voyais à présent la nuit ouvrir la porte de notre maison, entrer et s'orienter vers la cuisine où elles fouillaient dans les marmites les restes de la nourriture que ma mère avait préparée. Le jour où je soufflai à ma mère que mes deux sœurs nous avaient rendu visite et n'avaient pas trouvé de quoi manger, elle demeura silencieuse puis […] me dit :

– Tu n'as pas remarqué que tous les soirs je laisse deux assiettes remplies de nourriture à l'entrée de la porte ?

RÉÉCRITURE   5 POINTS

« Égaré dans la nasse de mes propres fictions, je commençais à y croire plus que mes camarades, et j'attendais de pied ferme le retour de mes aînées. »

Réécrivez ce passage en remplaçant la première personne du singulier par la première personne du pluriel, et l'imparfait par le présent de l'indicatif. Vous ferez toutes les modifications nécessaires.

TRAVAIL D'ÉCRITURE   20 POINTS

Vous traiterez au choix le sujet A ou le sujet B.
Votre rédaction sera d'une longueur minimale d'une soixantaine de lignes (300 mots environ).

Sujet A

Vous avez, un jour, proféré des mensonges avant d'être obligé d'avouer la vérité. Racontez cet épisode, en insistant particulièrement sur les sentiments ressentis à cette occasion.

Français • Se raconter, se représenter **SUJET** 34

Sujet B

Certains appartiennent à des familles nombreuses, tandis que d'autres n'ont ni frère ni sœur. Pensez-vous qu'il est préférable, pour un adolescent, d'avoir des frères et sœurs ou d'être enfant unique ? Vous présenterez votre réflexion de manière structurée, dans un texte organisé en paragraphes.

LES CLÉS DU SUJET

■ Les documents

Le texte littéraire (document A)
Le texte autobiographique d'Alain Mabanckou, écrit comme un moyen d'accepter enfin la mort de sa mère, raconte dans ses premières pages la naissance et l'enfance du narrateur. Les sœurs aînées mentionnées ne sont pas des inventions pures ; mais le narrateur ne les a jamais connues, car elles sont mortes en venant au monde.

Le tableau (document B)
Influencé par Picasso et le mouvement surréaliste, Wilfredo Lam (1902-1982) a toujours revendiqué l'influence de la poésie africaine sur sa peinture. Il est marqué, en 1931, par un événement tragique : sa femme et son fils succombent à la tuberculose. Il peint alors de nombreux tableaux de mère et enfant pour exprimer sa douleur.

■ Travail d'écriture (Sujet A)

Recherche d'idées
Si tu n'as pas de souvenir précis dont tu pourrais t'inspirer, tu peux imaginer une situation où tu mens à l'un de tes camarades, à tes parents ou à tes professeurs. Définis avec précision les raisons qui t'ont conduit à mentir : la peur, l'envie ou la précipitation.

Conseils de rédaction
Commence par présenter la situation : l'âge que tu avais, le lieu où tu te trouvais. Pense ensuite à bien expliquer les raisons qui t'ont poussé(e) à mentir, puis celles qui t'ont forcé(e) à avouer le mensonge. Quand tu mentionneras tes sentiments, insiste sur le doute (*s'imaginer, espérer, sans doute, éventuellement…*) ou la culpabilité (*honte, responsabilité, faute, regret…*).

Français • Se raconter, se représenter **CORRIGÉ** **34**

■ Travail d'écriture (Sujet B)

Recherche d'idées

Réfléchis d'abord aux avantages dont jouit un enfant unique : une attention plus grande de la part des parents, l'absence de chamailleries et de disputes, des conditions de vie parfois plus agréables matériellement… Puis, à l'inverse, pense à ce que peut apporter l'existence de frères et de sœurs : le plaisir du partage, la protection des aînés, l'apprentissage de la responsabilité.

Conseils de rédaction

Au brouillon, ne rédige entièrement que l'introduction et la conclusion. Ton plan comportera deux parties, reliées par un lien logique d'opposition (*cependant*, *néanmoins*, *toutefois*…). Attends la conclusion pour donner ton opinion personnelle sur le sujet.

2de ÉPREUVE

CORRIGÉ **34**

1re partie • Analyse et interprétation de textes et de documents

QUESTIONS

▶ **1.** Le narrateur mentionne d'abord sa mère, puis ses sœurs aînées. Dès les premières lignes, on apprend que ces personnes sont mortes, mais qu'il a longtemps laissé croire qu'elles étaient encore en vie. Le mensonge concernant ses sœurs date de son enfance ; on comprend que le mensonge concernant sa mère est, comme son décès, beaucoup plus récent.

▶ **2.** La société dans laquelle vit la mère déconsidère les femmes qui n'ont eu qu'un seul enfant. Les croyances qui s'y attachent sont clairement péjoratives : l'enfant est vu comme un pestiféré, cause de malheurs, et possède des pouvoirs surnaturels (commander la pluie, faire du tort à ses ennemis, par exemple).

▶ **3. a)** Les camarades du narrateur, par raillerie, proposent de prêter à sa mère des enfants supplémentaires.

b) Les guillemets signalent que le verbe « prêter » n'est pas adapté à la proposition ; on ne peut pas prêter des enfants.

Français • Se raconter, se représenter **CORRIGÉ** **34**

▶ **4. a)** Le narrateur donne de ses sœurs une image très positive : en plus d'être *grandes, belles et intelligentes*, elles sont polyglottes, voyagent et se déplacent luxueusement.

b) Pour mentionner toutes ces qualités, deux figures sont utilisées : l'énumération, et l'hyperbole.

> **Zoom**
> L'hyperbole est une figure d'exagération.

c) Le narrateur dresse un portrait exagérément positif de ses sœurs imaginaires, car il veut avant tout échapper aux railleries de ses camarades qui lui reprochent d'être enfant unique ; en s'inventant une famille magnifique, il cherche peut-être également à combler un certain vide.

▶ **5. a)** Les sentiments successivement mentionnés sont : la convoitise, la jalousie, la curiosité et l'incrédulité.

b) Plus ses camarades le questionnent, plus le narrateur est amené à forger de nouveaux mensonges ; et plus les mensonges sont nombreux, plus ses camarades ont du mal à le croire. Mais plus il profère de mensonges, plus il se met lui-même à y croire : sa mythomanie (ou le fait de croire à ses propres mensonges) augmente, tandis que l'incrédulité de ses camarades grandit elle aussi.

▶ **6.** Enfant unique dans une société où cela est très mal vu, le narrateur vit seul avec sa mère, car ses deux sœurs aînées sont mortes à la naissance. Il ne parle pourtant pas de souffrance ; il n'insiste pas sur sa solitude. Le mensonge des sœurs aînées sert avant tout à impressionner ses camarades.

▶ **7.** Les premières phrases mentionnent les décès de sa mère et de ses sœurs ; le lecteur s'attend alors à un texte d'une tonalité grave ou triste. Mais c'est une impression bien plus légère qui prévaut : le chagrin est absent du portrait que l'enfant dresse de sa mère et de ses sœurs, s'emmêlant dans ses mensonges. On peut ressentir à la lecture de ce passage à la fois de la surprise et de l'amusement. L'exagération rend en effet la lecture de ce texte très plaisante (*tout juste s'il ne pouvait influer sur la rotation de la Terre, j'exagérais sans doute…*).

> **Zoom**
> On utilise le terme « tonalité » pour parler de l'impression qu'un texte cherche à produire sur le lecteur. On parle ainsi de tonalité pathétique, tragique, lyrique, comique, etc.

▶ **8.** Le thème de la famille semble commun aux deux documents. Le texte présente un petit garçon, sa mère et ses sœurs ; le tableau montre une silhouette d'enfant, s'accrochant au cou d'une figure maternelle. L'attachement de l'enfant aux membres, réels ou fantasmés, de sa famille, se retrouve dans les deux documents.

Français • Se raconter, se représenter **CORRIGÉ** 34

▶ **9.** Le lien entre les deux silhouettes est au centre du tableau de Wilfredo Lam. Mais les **couleurs** majoritairement utilisées sont **froides**, et les **différences** sont importantes **entre l'enfant et la mère** (les couleurs utilisées, les visages, les attitudes). Le tableau n'évoque donc pas une relation éternellement heureuse. Comme dans le texte, les liens familiaux, même emplis d'amour, ne sont pas forcément synonymes de bonheur.

2ᵈᵉ partie • Rédaction et maîtrise de la langue

DICTÉE

POINT MÉTHODE

1 Ne confonds pas les **homophones** suivants : *ou* (= ou bien)/*où* ; *ces* (déterminant démonstratif)/*ses* (déterminant possessif).

2 Sois attentif aux **accords du participe passé** : employé sans auxiliaire, il fonctionne comme un adjectif et s'accorde avec le nom qu'il qualifie ; employé avec avoir, il ne s'accorde jamais avec le sujet ; mais il peut s'accorder avec le COD si celui-ci est placé avant le verbe.

3 Pour savoir s'il faut employer l'**imparfait** (*je soufflais*) ou le **passé simple** (*je soufflai*), identifie la valeur du temps dans la phrase : il s'agit ici d'une action ponctuelle, il faut donc employer le passé simple.

On pouvait m'entendre monologuer sur le chemin de l'école **ou** dans le quartier quand ma mère m'envoyait acheter du sel **ou** du pétrole. À force de passer des heures avec **ces** sœurs dans mes pensées, je les voyais à présent la nuit ouvrir la porte de notre maison, entrer et s'orienter vers la cuisine **où** elles fouillaient dans les marmites les restes de la nourriture que ma mère avait **préparée**. Le jour **où** je **soufflai** à ma mère que mes deux sœurs nous avaient **rendu** visite et n'avaient pas **trouvé** de quoi manger, elle demeura silencieuse puis […] me dit :

– Tu n'as pas **remarqué** que tous les soirs je laisse deux assiettes **remplies** de nourriture à l'entrée de la porte ?

RÉÉCRITURE

Les modifications sont mises en couleur.

« **Égarés** dans la nasse de **nos** propres fictions, **nous commençons** à y croire plus que **nos** camarades, et **nous attendons** de pied ferme le retour de **nos** aînées. »

Français • Se raconter, se représenter **CORRIGÉ** 34

TRAVAIL D'ÉCRITURE

Voici un exemple de rédaction sur chacun des deux sujets.
Attention les titres en couleur ne doivent pas figurer sur ta copie.

Sujet A

[Présentation des circonstances] Lorsque j'avais dix ans, ma mère et moi sommes partis en vacances au Maroc et je pris l'avion pour la première fois. Pendant tout le vol, j'étais tellement excité que je n'arrivais pas à me taire. En arrivant à Marrakech, ma mère était nerveuse et irritable à cause de la fatigue due au voyage, et sans doute aussi de mon bavardage incessant. Lorsque je fis tomber ma valise sur son petit orteil, elle devint écarlate et se mit à crier contre moi, nous donnant en spectacle, sans faire aucun cas du regard des autres ; je pris très mal cette humiliation publique et sonore.

[Le mensonge et l'aveu] Lorsque nous sommes parvenus aux douanes, ma mère avait retrouvé son calme. J'étais, quant à moi, à la fois décontenancé et plein de rancune. Aussi lorsque le policier, après avoir examiné mon passeport, me demanda si la dame qui m'accompagnait était ma mère, je répondis que non, et que je ne la connaissais pas. Il regarda alors ma mère d'un air interrogateur. Je vis bien qu'elle s'efforçait de garder son calme, tandis qu'elle répondait au douanier, mais le regard qu'elle me lança ne laissait rien présager de bon. Une discussion s'engagea entre les deux adultes dans une atmosphère tendue. Je commençai à avoir très chaud, et à me demander si je n'avais pas un peu exagéré. Finalement, au milieu de la suspicion générale, ma mère brandit le livret de famille qui prouvait, même si nous ne portions pas le même nom, que j'étais bien son fils. Je dus alors, tête baissée, avouer aux policiers que j'avais menti. Le regard noir et la main posée sur leur arme, ils me firent bien comprendre qu'ils n'avaient pas trouvé ça drôle.

[Conclusion] J'avais menti car j'étais en colère contre ma mère ; mais je fis connaissance avec une colère bien plus terrible encore : ce ne fut que le lendemain, après une bonne nuit et un petit-déjeuner copieux, que ma mère accepta de me parler à nouveau à peu près gentiment.

> **Conseil**
> Tu n'es pas obligé de terminer ton devoir par une conclusion bien-pensante du type : *j'ai compris que c'était mal de mentir, je ne le ferai plus*, etc.

Français • Se raconter, se représenter **CORRIGÉ** **34**

Sujet B

[Introduction] On peut naître dans une famille nombreuse, ou au contraire être l'unique enfant de ses parents. À l'adolescence cela prend une importance tout à fait particulière. À cet âge, vaut-il mieux avoir des frères et sœurs ou être enfant unique ?

> **Conseil**
> Pour rédiger l'introduction, commence par rappeler le sujet, formule ensuite la question (problématique) à laquelle ton devoir va répondre, puis annonce son plan.

[Les avantages d'être enfant unique] Lorsque l'on est l'unique enfant à la maison, on profite d'abord d'une attention plus grande de la part de ses parents, qui n'ont pas à s'occuper d'enfants, par exemple plus petits, qui nécessitent beaucoup de temps et de vigilance. C'est d'autant plus important en cette période fragile qu'est l'adolescence. Le quotidien d'un enfant unique est aussi plus calme : ni disputes, ni rivalité, ni jalousie envers un aîné ou un cadet. Enfin, c'est aussi la garantie de ne pas avoir à partager sa chambre, à un âge où l'on souhaite particulièrement préserver son intimité.

[Les avantages d'appartenir à une fratrie] Toutefois, avoir des frères et sœurs peut se révéler très bénéfique, notamment à l'adolescence. On peut partager avec eux ses angoisses et ses joies. Durant cette période de la vie où l'on manque parfois de repère, il peut également être bon de bénéficier du soutien et des conseils de quelqu'un de plus proche de soi que les parents. Enfin, en jouant ce même rôle auprès des plus jeunes, on apprend à être responsable et à donner l'exemple.

[Conclusion] Être enfant unique peut donc présenter des avantages indéniables. Mais avoir des frères et sœurs me semble encore plus bénéfique. Si leur rôle est central à l'adolescence, il ne se limite pas à cet âge. Les liens tissés dans une fratrie pendant l'enfance sont un gage de rapports affectifs solides à l'âge adulte.

2de ÉPREUVE

SUJET

35

Sujet inédit • Dénoncer les travers de la société
50 points

Des expériences professionnelles traumatisantes

Ce sujet regroupe tous les exercices de français de la 2de épreuve écrite.

1re partie • Analyse et interprétation de textes et de documents (1 heure)

DOCUMENT A ▶ **Texte littéraire**

La narratrice est embauchée dans une grande société japonaise et découvre les règles insolites qui la régissent.

Monsieur Saito me présenta brièvement à l'assemblée. Après quoi, il me demanda si j'aimais les défis. Il était clair que je n'avais pas le droit de répondre par la négative.

– Oui, dis-je.

5 Ce fut le premier mot que je prononçai dans la compagnie. Jusque-là, je m'étais contentée d'incliner la tête.

Le « défi » que me proposa monsieur Saito consistait à accepter l'invitation d'un certain Adam Johnson à jouer au golf avec lui, le dimanche suivant. Il fallait que j'écrive une lettre en anglais à ce 10 monsieur pour le lui signifier.

– Qui est Adam Johnson ? eus-je la sottise de demander.

Mon supérieur soupira avec exaspération et ne répondit pas. Était-il aberrant d'ignorer qui était monsieur Johnson, ou alors ma question était-elle indiscrète ? Je ne le sus jamais et ne sus jamais qui 15 était Adam Johnson.

L'exercice me parut facile. Je m'assis et écrivis une lettre cordiale : monsieur Saito se réjouissait de jouer au golf le dimanche suivant avec monsieur Johnson et lui envoyait ses amitiés. Je l'apportai à mon supérieur.

Français • Dénoncer les travers de la société   SUJET   35

20   Monsieur Saito lut mon travail, poussa un petit cri méprisant et
le déchira :

– Recommencez.

Je pensai que j'avais été trop aimable ou trop familière avec
Adam Johnson et je rédigeai un texte froid et distant : monsieur
25   Saito prenait acte de la décision de monsieur Johnson et conformément à ses volontés jouerait au golf avec lui.

Mon supérieur lut mon travail, poussa un petit cri méprisant et
le déchira :

– Recommencez.

30   J'eus envie de demander où était mon erreur, mais il était clair
que mon chef ne tolérait pas les questions, comme l'avait prouvé sa
réaction à mon investigation au sujet du destinataire. Il fallait donc
que je trouve par moi-même quel langage tenir au mystérieux Adam
Johnson.

35   Je passai les heures qui suivirent à rédiger des missives à ce joueur
de golf. Monsieur Saito rythmait ma production en la déchirant,
sans autre commentaire que ce cri qui devait être un refrain. Il me
fallait à chaque fois inventer une formulation nouvelle.

Il y avait à cet exercice un côté : « Belle marquise, vos beaux yeux
40   me font mourir d'amour »[1] qui ne manquait pas de sel. J'explorai
des catégories grammaticales en mutation : « Et si Adam Johnson
devenait le verbe, dimanche prochain le sujet, jouer au golf le sujet
et monsieur Saito l'adverbe ? Dimanche prochain accepte avec joie
de venir adamjohnsoner un jouer au golf monsieur Saitoment. Et
45   pan dans l'œil d'Aristote[2] ! »

Je commençais à m'amuser quand mon supérieur m'interrom-
pit. Il déchira la énième lettre sans même la lire et me dit que made-
moiselle Mori était arrivée.

Amélie Nothomb, *Stupeur et tremblements*, 1999, © Albin Michel.

---

1. Allusion au *Bourgeois gentilhomme* de Molière. Monsieur Jourdain demande à son
maître de philosophie de l'aider à rédiger un mot doux destiné à une marquise en
employant ces seuls mots : « Belle marquise, vos beaux yeux me font mourir d'amour »,
ce qui donne lieu à des phrases à la syntaxe déstructurée.
2. Philosophe grec qui pose les lois du raisonnement et fonde la logique comme instrument de précision du discours philosophique.

Français • Dénoncer les travers de la société   **SUJET 35**

DOCUMENT B   **Extrait du film *Les Temps modernes* de Charlie Chaplin (1936)**

Modern Times © Roy Export S.A.S. Scan Courtesy Cineteca di Bologna

QUESTIONS   **20 POINTS**

Les réponses doivent être entièrement rédigées.

Sur le texte littéraire (document A)

▶ **1.** Quelle tâche la narratrice doit-elle effectuer ? *(0,5 point)*

▶ **2. a)** En quoi les directives du supérieur sont-elles déroutantes ? *(0,5 point)*
b) Comment la narratrice réagit-elle ? *(1 point)*
c) Quel est l'effet produit ? *(1 point)*

▶ **3.** « Monsieur Saito rythmait ma production en la déchirant, sans autre commentaire que ce cri qui devait être un refrain. » (lignes 36-37) Pourquoi la narratrice associe-t-elle le cri à un refrain ? *(1 point)*

▶ **4. a)** Quel registre littéraire trouve-t-on dans cet extrait ? *(1 point)*
❏ Le registre dramatique.
❏ Le registre satirique.
❏ Le registre polémique.
b) Justifiez son emploi. *(1 point)*

▶ **5.** « Je passai les heures qui suivirent à rédiger des <u>missives</u> à ce joueur de golf. » (lignes 35-36)
a) Donnez au moins deux mots de la même famille que le mot souligné. *(1 point)*

Français • Dénoncer les travers de la société SUJET 35

b) Quel est le sens commun à tous ces mots ? *(0,5 point)*
c) Quel synonyme de ce mot trouve-t-on dans l'extrait ? *(0,5 point)*

▶ **6.** « Je <u>passai</u> les heures qui <u>suivirent</u> à rédiger des missives à ce joueur de golf. Monsieur Saito <u>rythmait</u> ma production en la déchirant, sans autre commentaire que ce cri qui <u>devait</u> être un refrain. Il me <u>fallait</u> à chaque fois inventer une formulation nouvelle. » (lignes 35 à 38)
a) Quels sont les temps des verbes soulignés ? *(2 points)*
b) Expliquez leur emploi. *(2 points)*

▶ **7.** Au moyen de quels suffixes la narratrice a-t-elle transformé des noms propres en verbe et adverbe ? (lignes 43-44) *(1 point)*

▶ **8.** Quelle image ce texte donne-t-il, selon vous, des conditions de travail dans une grande entreprise japonaise ? *(2 points)*

Sur le texte et la séquence filmique (documents A et B)

▶ **9. a)** Après avoir regardé l'extrait du film de Charlie Chaplin, *Les Temps modernes*, racontez brièvement ce qui arrive au personnage de Charlot. *(1,5 point)*
b) Selon vous, quelle signification peut-on donner à la scène ? *(1,5 point)*

▶ **10.** Selon vous, quels sont les éléments qui rapprochent le document audiovisuel et le texte ? *(2 points)*

2ᵈᵉ partie • Rédaction et maîtrise de la langue (2 heures)

DICTÉE   **5 POINTS**

Le titre, la source de l'extrait et les noms Yumimoto et Saito sont écrits au tableau au début de la dictée.

Amélie Nothomb
Stupeur et tremblements, 1999
© Albin Michel

Premier jour de travail
Un homme d'une cinquantaine d'années, petit, maigre et laid, me regardait avec mécontentement.

– Pourquoi n'aviez-vous pas averti la réceptionniste de votre arrivée ? me demanda-t-il.

Je ne trouvai rien à répondre et ne répondis rien. J'inclinai la tête et les épaules, constatant qu'en une dizaine de minutes, sans avoir prononcé

Français • Dénoncer les travers de la société **SUJET** 35

un seul mot, j'avais déjà produit une mauvaise impression, le jour de mon entrée dans la compagnie Yumimoto.

L'homme me dit qu'il s'appelait monsieur Saito. Il me conduisit à travers d'innombrables et immenses salles, dans lesquelles il me présenta à des hordes de gens, dont j'oubliais les noms au fur et à mesure qu'il les énonçait.

RÉÉCRITURE   5 POINTS

« Mon supérieur lut mon travail, poussa un petit cri méprisant et le déchira :
– Recommencez.
J'eus envie de demander où était mon erreur, mais il était clair que mon chef ne tolérait pas les questions, comme l'avait prouvé sa réaction à mon investigation au sujet du destinataire. »

Réécrivez ces lignes en mettant le groupe nominal « mon supérieur » au pluriel et procédez à toutes les modifications nécessaires.

TRAVAIL D'ÉCRITURE   20 POINTS

Vous traiterez au choix le sujet A ou le sujet B.
Votre rédaction sera d'une longueur minimale d'une soixantaine de lignes (300 mots environ).

Sujet A

Vous avez eu, un jour, un défi à relever. Vous raconterez votre expérience, votre réussite ou votre échec et les sentiments que vous avez éprouvés.

Sujet B

Pensez-vous que le fait de fournir un travail soit uniquement synonyme d'effort et de contrainte, ou peut-il aussi procurer un certain plaisir et un enrichissement personnel ? Vous répondrez à cette question dans un développement argumenté en vous appuyant sur votre expérience, sur vos lectures et votre culture personnelle et les connaissances acquises dans l'ensemble des disciplines.

Français • Dénoncer les travers de la société **SUJET** 35

LES CLÉS DU SUJET

■ Les documents

Le texte littéraire (document A)

Stupeur et tremblements raconte comment Amélie, une jeune Belge amoureuse du Japon, décroche un contrat dans une prestigieuse entreprise nippone. Cette expérience va se révéler particulièrement déstabilisante.

L'image (document B)

Dans le film de Charlie Chaplin, *Les Temps modernes*, Charlot, le célèbre personnage créé et interprété par le cinéaste, lutte pour survivre dans le monde industrialisé. Dans la séquence, Charlie Chaplin se livre à une satire du travail à la chaîne et critique l'exploitation des ouvriers dans le contexte de la crise de 1929.

■ Travail d'écriture (Sujet A)

Recherche d'idées

Demande-toi dans quel domaine tu as eu à relever un défi : ce peut être dans le domaine sportif, artistique, scolaire… Rien ne t'empêche d'en inventer un : il s'agit d'un sujet d'invention qui fait appel aussi à l'imagination.

Conseils de rédaction

• Commence par présenter les circonstances dans lesquelles le défi a été relevé.

• Prends le temps ensuite de le raconter en faisant la part belle au suspense.

• Comme Amélie Nothomb, tu peux faire preuve d'humour et chercher à rendre ton récit amusant.

■ Travail d'écriture (Sujet B)

Recherche d'idées

• Interroge-toi sur ton rapport au travail. Est-ce pour toi uniquement une contrainte ou quelque chose qui t'apporte une certaine satisfaction, voire un sentiment d'épanouissement ?

• N'envisage pas seulement le travail scolaire, réfléchis à d'autres domaines : entraînement sportif, exercices nécessaires à la pratique d'un instrument de musique, répétitions théâtrales, apprentissage des techniques du bricolage… Tu peux aussi faire appel ce que tu connais du monde professionnel.

2de ÉPREUVE

Français • Dénoncer les travers de la société **CORRIGÉ** 35

Conseils de rédaction

• Dans l'introduction, commence par présenter la question.

• Tu peux organiser ton devoir en deux parties :

– les aspects négatifs du travail : travail fastidieux, répétitif comme celui exercé par Charlot, travail pénible, voire dangereux…

– les aspects positifs, enrichissants : le travail scolaire comme source de connaissances et de savoir-faire, la création d'un objet, d'une œuvre artistique, les emplois dans l'humanitaire…

• N'oublie pas de donner des exemples pour illustrer ton propos.

• Dans la conclusion, tu peux faire le bilan entre les aspects négatifs et positifs du travail.

CORRIGÉ 35

1ʳᵉ partie • Analyse et interprétation de textes et de documents

QUESTIONS

▶ **1.** La narratrice doit écrire une lettre pour répondre à une invitation à jouer au golf adressée à son supérieur.

▶ **2. a)** Les directives du supérieur de la narratrice sont déroutantes, car il se contente de lui demander de recommencer sans aucune explication sur les erreurs commises.

b) Tout d'abord, la narratrice s'étonne et s'interroge, puis elle choisit de s'en amuser et réagit avec humour.

c) L'effet produit est comique. Il s'agit d'un comique de répétition.

▶ **3.** Le cri de monsieur Saito, répété après chaque nouvelle tentative infructueuse, est comme un refrain repris entre chaque couplet d'une chanson.

▶ **4. a)** Il s'agit du registre satirique.

b) Amélie Nothomb se livre à une critique pleine d'humour de la société japonaise et des règles en apparence absurdes qui régissent les grandes entreprises nippones, lorsqu'elles sont vues ou vécues par des Occidentaux.

Français • Dénoncer les travers de la société **CORRIGÉ** **35**

▶ **5. a)** Les mots suivants appartiennent à la même famille que missive : mission, missionnaire, missile, émission, émissaire.

> **Info +**
> *Missive* vient du latin *missus,* participe passé de *mittere,* « envoyer ».

b) Le sens commun à tous ces mots est qu'il s'agit de choses ou de personnes que l'on envoie ou encore de l'action d'envoyer.

c) Le synonyme de *missive* est *lettre*.

▶ **6. a)** Les verbes soulignés sont à l'imparfait (*rythmait, devait, fallait*) et au passé simple (*passai, suivirent*).

b) Ce sont deux temps du passé. Les verbes au passé simple expriment des actions achevées, qui ont lieu à un moment donné, « durant les heures qui suivirent ». Les verbes à l'imparfait expriment des actions qui se répètent (*à chaque fois*).

▶ **7.** La narratrice a transformé le premier nom propre en verbe en lui adjoignant le suffixe *–er* (« adamjohnsoner ») et le deuxième en adverbe à l'aide du suffixe *–ment* (« saitoment »).

▶ **8.** Ce texte donne une image dévalorisante des conditions de travail dans la grande société japonaise : la jeune narratrice se retrouve dans un univers en apparence hostile où semble régner l'absence de communication. Son supérieur se montre méprisant et refuse de lui donner la moindre directive. Il ne semble pas de bon ton de poser des questions. Son travail finit par lui sembler absurde. Elle aurait pu être gravement déstabilisée mais, dans cet extrait, elle réagit avec humour.

> **Zoom**
> Un suffixe s'ajoute à la racine ou au radical d'un mot pour constituer un nouveau mot appelé dérivé. Contrairement au préfixe, le suffixe modifie la catégorie grammaticale du mot de base : *flatter* = verbe → *flatterie* = nom, *flatteur* = adjectif → *flatteusement* = adverbe.

▶ **9. a)** L'extrait du film *Les Temps modernes* nous montre Charlot occupé à visser des écrous sur une chaîne de production dans une usine. Le rythme s'accélère jusqu'à ce que Charlot soit avalé par la machine. Le sourire du personnage est trompeur : le travail à la chaîne l'a rendu fou.

b) La séquence du film montre la puissance de la machine qui annihile la personnalité des ouvriers contraints à des tâches répétitives et à des cadences de travail inhumaines dans le seul but de gagner en productivité et en profit pour l'entreprise.

▶ **10.** Dans les deux cas, les personnages – la narratrice et Charlot – sont confrontés à des tâches morcelées et répétitives qui semblent dépourvues de sens. De même que Charlot n'a aucune idée de ce qu'il contribue à produire, de même la narratrice ne comprend pas très bien ce que l'on attend d'elle.

Français • Dénoncer les travers de la société **CORRIGÉ 35**

2ᵈᵉ partie • Rédaction et maîtrise de la langue

DICTÉE

POINT MÉTHODE

1 Il ne faut pas confondre l'imparfait et le passé simple lorsqu'il s'agit de verbes du premier groupe conjugués à la première personne du singulier (*oubliais* = imparfait, *trouvai* et *inclinai* = passé simple). Pour éviter la confusion, remplace la première personne par la troisième (*il trouva, il inclina* ≠ *il oubliait*).

2 Attention à ne pas oublier la cédille sous le c d'*énonçait*. Pour obtenir le son [s], il faut mettre une cédille sous le *c* devant un *a*, un *o* ou un *u*.

Un homme d'une cinquantaine d'années, petit, maigre et laid, me regardait avec mécontentement.

– Pourquoi n'aviez-vous pas averti la réceptionniste de votre arrivée ? me demanda-t-il.

Je ne trouvai rien à répondre et ne répondis rien. J'inclinai la tête et les épaules, constatant qu'en une dizaine de minutes, sans avoir prononcé un seul mot, j'avais déjà produit une mauvaise impression, le jour de mon entrée dans la compagnie Yumimoto.

L'homme me dit qu'il s'appelait monsieur Saito. Il me conduisit à travers d'innombrables et immenses salles, dans lesquelles il me présenta à des hordes de gens, dont j'oubliais les noms au fur et à mesure qu'il les énonçait.

RÉÉCRITURE

Les modifications sont mises en couleur.

« M**es** supérieur**s** lu**rent** mon travail, pouss**èrent** un petit cri méprisant et le déchir**èrent** :

– Recommencez.

J'eus envie de demander où était mon erreur, mais il était clair que m**es** chef**s**

Attention !
Il faut mettre non seulement « mon supérieur » mais aussi « mon chef » au pluriel, puisqu'il s'agit de la même personne.
Cri et *réaction* peuvent être mis au pluriel ou laissés au singulier.

ne toléra**ient** pas les questions, comme l'avait prouvé **leur** réaction à mon investigation au sujet du destinataire. »

Français • Dénoncer les travers de la société **CORRIGÉ 35**

TRAVAIL D'ÉCRITURE

Voici un exemple de rédaction sur chacun des deux sujets.
Attention les titres en couleur ne doivent pas figurer sur ta copie.

Sujet A

[Présentation du défi] Ce matin-là, j'avais décidé de combattre ma timidité en relevant un défi en apparence insurmontable pour moi : monter sur les planches. Je décidai donc de m'inscrire à un cours de théâtre.

[Mise en œuvre du défi] Je me rendis dans le centre d'animation de mon quartier et je me retrouvai sur la scène d'un petit théâtre devant un personnage impressionnant qui se révéla être le professeur d'art dramatique.

> **Attention !**
> Si tu choisis, comme ici, d'employer les temps du passé, sois vigilant pour la conjugaison du passé simple, en particulier pour la première personne du singulier (*ai* ≠ *ais*).

– Peux-tu nous dire un texte de ton choix ? l'entendis-je me demander.

Prise de court, je balbutiai :

– Maître Corbeau sur un arbre perché…

– Parle plus fort, m'intima-t-il d'une voix de stentor. On ne t'entend pas !

Je pris mon courage à deux mains et répétai d'une voix un peu plus forte :

– Maître Corbeau sur un arbre perché…

– Articule ! m'ordonna la voix de stentor.

– Maî-tre cor-beau sur un ar-bre per-ché, répétai-je en essayant de détacher les syllabes. J'étais terrorisée. J'aurais aimé m'enfuir, mais j'étais comme paralysée. Je sentais tous les regards fixés sur moi malgré les projecteurs qui m'éblouissaient.

> **Conseil**
> Tu peux utiliser le comique de répétition pour rendre ton texte plaisant à lire.

– Reprends sans regarder tes pieds, entendis-je encore clamer la voix de stentor.

– Maître Cor…

Ma voix se brisa et mes yeux se remplirent de larmes. Je me sentais ridicule.

[Réussite du défi] Alors je me révoltai et hurlai au professeur :

– Je ne suis pas venue pour me faire humilier. Je n'ai jamais fait de théâtre. Je voulais vaincre ma timidité. Je pensais que c'était une bonne idée, mais je vois que je me suis trompée.

Étrangement, ma voix était devenue forte et je n'avais plus peur.

– Tu vois quand tu veux ! me félicita le professeur. Reprends la fable.

– Maître Corbeau sur un arbre perché…

Français • Dénoncer les travers de la société **CORRIGÉ 35**

Ma voix retentit à mes oreilles, claire et forte. Je pris plaisir à dire les vers de La Fontaine, à jouer tour à tour le vaniteux corbeau et le rusé flatteur ; je sentais la présence du public et son écoute attentive. J'étais bien dans le rond de lumière des projecteurs.

[Conclusion] Lorsque je me tus, tout le monde applaudit et je me permis un petit salut. Non seulement j'avais relevé avec succès le défi que je m'étais lancé, mais j'avais en plus trouvé ma vocation : je serai comédienne.

Sujet B

[Introduction] Le travail est généralement considéré comme une contrainte. On l'oppose souvent aux loisirs qui sont associés à la détente et au plaisir. Mais les choses sont-elles aussi simples ? Le travail n'est-il réellement qu'un effort pénible ?

[Aspects négatifs du travail] Bien sûr, si l'on songe à l'esclavage, au travail répétitif et fastidieux des ouvriers sur les chaînes de montage ou à l'exploitation révoltante des enfants dans le monde, il est impossible d'affirmer que le travail est un épanouissement. Il peut être dévalorisant, déshumanisant, voire dégradant. Dans nos sociétés occidentales, il conduit parfois à la dépression, au *burn-out*.

[Aspects positifs du travail] Cependant, le travail peut se présenter sous bien d'autres formes. Prenons le cas du travail scolaire : c'est avant tout une chance donnée aux jeunes de s'enrichir, de développer leurs capacités intellectuelles. Bien sûr, apprendre une leçon, ne pas baisser les bras devant un exercice de mathématiques difficile demande un réel effort, mais la réussite au contrôle, la découverte de la solution du problème apporte un vrai sentiment de satisfaction.

> **Conseil**
> Pour introduire un argument qui s'oppose au précédent, emploie des connecteurs logiques qui marquent l'opposition : *cependant, mais, or*...

D'ailleurs, les loisirs demandent aussi leur lot d'efforts et de contraintes. Ainsi, pour réussir et s'épanouir dans un sport, ne faut-il pas de longues heures d'entraînement ? Pour prendre plaisir à courir longtemps, ne faut-il pas savoir dépasser sa douleur ? Pour jouer d'un instrument de musique, combien d'heures de répétition nécessaires ! Mais au bout de tous ces efforts, quelle jouissance que de marquer un but ou de saluer sous les applaudissements !

[Conclusion] Le travail, s'il apparaît tout d'abord comme une contrainte, peut devenir une véritable source d'épanouissement et même de plaisir.

SUJET

36

Sujet inédit • Agir dans la cité : individu et pouvoir
50 points

Une insoumise

Ce sujet regroupe tous les exercices de français de la 2ᵈᵉ épreuve écrite.

1ʳᵉ partie • Analyse et interprétation de textes et de documents (1 heure)

DOCUMENT A **Texte littéraire**

Anouilh revisite le mythe antique d'Antigone, fille d'Œdipe, déjà raconté par le dramaturge grec Sophocle. Les deux frères d'Antigone, Étéocle et Polynice, se sont entretués pour accéder au pouvoir. Créon, le nouveau roi, refuse que Polynice, le cadet, soit enterré. Quiconque bravera cet interdit sera condamné à mort.

CRÉON (*à Antigone*). – Où t'ont-ils arrêtée ?

LE GARDE. – Près du cadavre, chef.

CRÉON. – Qu'allais-tu faire près du cadavre de ton frère ? Tu savais que j'avais interdit de l'approcher.

5 LE GARDE. – Ce qu'elle faisait, chef ? C'est pour ça qu'on vous l'amène. Elle grattait la terre avec ses mains. Elle était en train de le recouvrir encore une fois.

CRÉON. – Sais-tu bien ce que tu es en train de dire, toi ?

LE GARDE. – Chef, vous pouvez demander aux autres. On avait
10 dégagé le corps à mon retour ; mais avec le soleil qui chauffait, comme il commençait à sentir, on s'était mis sur une petite hauteur, pas loin, pour être dans le vent. On se disait qu'en plein jour on ne risquait rien. Pourtant on avait décidé, pour être plus sûrs, qu'il y en aurait toujours un de nous trois qui le regarderait. Mais à midi, en
15 plein soleil, et puis avec l'odeur qui montait depuis que le vent était tombé, c'était comme un coup de massue. J'avais beau écarquiller les yeux, ça tremblait comme de la gélatine, je voyais plus. Je vais au camarade lui demander une chique pour passer ça… Le temps que je me la cale à la joue, chef, le temps que je lui dise merci, je me
20 retourne : elle était là à gratter avec ses mains. En plein jour ! Elle

205

devait bien penser qu'on ne pouvait pas ne pas la voir. Et quand elle a vu que je lui courais dessus, vous croyez qu'elle s'est arrêtée, qu'elle a essayé de se sauver peut-être ? Non. Elle a continué de toutes ses forces aussi vite qu'elle le pouvait, comme si elle ne me voyait pas
25 arriver. Et quand je l'ai empoignée, elle se débattait comme une diablesse, elle voulait continuer encore, elle me criait de la laisser, que le corps n'était pas encore recouvert…

CRÉON (*à Antigone*). – C'est vrai ?

ANTIGONE. – Oui, c'est vrai.

30 LE GARDE. – On a découvert le corps, comme de juste, et puis on a passé la relève, sans parler de rien, et on est venu vous l'amener, chef. Voilà.

CRÉON. – Et cette nuit, la première fois, c'était toi aussi ?

ANTIGONE. – Oui. C'était moi. Avec la petite pelle de fer qui
35 nous servait à faire des châteaux de sable sur la plage, pendant les vacances. C'était justement la pelle de Polynice. Il avait gravé son nom au couteau sur le manche. C'est pour cela que je l'ai laissée près de lui. Mais ils l'ont prise. Alors, la seconde fois, j'ai dû recommencer avec mes mains.

40 LE GARDE. – On aurait dit une petite bête qui grattait. Même qu'au premier coup d'œil, avec l'air chaud qui tremblait, le camarade dit : « Mais non, c'est une bête. » « Penses-tu, je lui dis, c'est trop fin pour une bête. C'est une fille. »

CRÉON. – C'est bien. On vous demandera peut-être un rapport
45 tout à l'heure. Pour le moment, laissez-moi seul avec elle. […]

Les gardes sont sortis […]. *Créon et Antigone sont seuls l'un en face de l'autre.* […] *Un silence. Ils se regardent.*

CRÉON. – Pourquoi as-tu tenté d'enterrer ton frère ?

ANTIGONE. – Je le devais.

50 CRÉON. – Je l'avais interdit.

ANTIGONE. – Je le devais tout de même. Ceux qu'on n'enterre pas errent éternellement sans jamais trouver de repos. Si mon frère vivant était rentré harassé d'une longue chasse, je lui aurais enlevé ses chaussures, je lui aurais fait à manger, je lui aurais préparé son
55 lit… Polynice aujourd'hui a achevé sa chasse. Il rentre à la maison où mon père et ma mère, et Étéocle aussi l'attendent. Il a droit au repos. […]

CRÉON. – Tu savais le sort qui était promis à celui, quel qu'il soit, qui oserait lui rendre les honneurs funèbres ?

60 ANTIGONE. – Oui, je le savais.

Jean Anouilh, *Antigone*, 1944, © Éditions de la Table ronde.

DOCUMENT B

Bruno Raffaelli et Françoise Gillard apparaissent ici dans la mise en scène de la pièce d'Anouilh par Marc Paquien, au théâtre du Vieux-Colombier (Comédie-Française), en septembre-octobre 2012.

ph © Pascal Victor/ArtComArt

QUESTIONS   **20 POINTS**

Les réponses doivent être entièrement rédigées.

Sur le texte littéraire (document A)

▶ **1.** À quel genre littéraire ce texte appartient-il ? Soyez le plus précis possible et justifiez votre réponse à l'aide du texte. *(3 points)*

▶ **2. a)** Quelle tâche Antigone s'impose-t-elle ? *(1 point)*
b) Pourquoi ? *(1 point)*
c) Quelle peine encourt-elle ? *(1 point)*

▶ **3.** Quel est le niveau de langage employé par le garde ? Justifiez votre réponse au moyen d'éléments relevés dans le texte. *(2 points)*

▶ **4.** « […] le camarade dit : "Mais non, c'est une bête." "Penses-tu, je lui dis, c'est trop fin pour une bête. C'est une fille." » (lignes 41 à 43)
a) De quelle façon les paroles échangées par les deux gardes sont-elles rapportées ? *(1 point)*
b) À votre avis, pourquoi ce choix ? *(2 points)*

Français • Agir dans la cité **SUJET 36**

▶ **5.** Que pensez-vous de l'attitude d'Antigone ? A-t-elle raison, selon vous, de refuser d'obéir au pouvoir en place ? Justifiez votre réponse en vous appuyant sur le texte mais aussi sur une réflexion personnelle et des exemples historiques. *(3 points)*

Sur le texte et l'image (documents A et B)

▶ **6.** Observez la photographie. Quels sont les choix du metteur en scène concernant le décor, les costumes, l'attitude des personnages ? *(3 points)*

▶ **7.** Ces choix correspondent-ils à l'idée que vous vous faites des personnages et de la scène entre Antigone et Créon ? *(3 points)*

2de partie • Rédaction et maîtrise de la langue (2 heures)

DICTÉE   **5 POINTS**

Le titre et la source de l'extrait sont écrits au tableau au début de la dictée.

Jean Anouilh
Antigone, 1944
© Éditions de la Table ronde

Une jeune révoltée

Comprendre… Vous n'avez que ce mot-là dans la bouche, tous, depuis que je suis toute petite. Il fallait comprendre qu'on ne peut pas toucher à l'eau, à la belle et fuyante eau froide parce que cela mouille les dalles, à la terre parce que cela tache les robes. Il fallait comprendre qu'on ne doit pas manger tout à la fois, donner tout ce qu'on a dans ses poches au mendiant qu'on rencontre, courir, courir dans le vent jusqu'à ce qu'on tombe par terre et boire quand on a chaud et se baigner quand il est trop tôt ou trop tard, mais pas juste quand on en a envie ! Comprendre. Toujours comprendre. Moi, je ne veux pas comprendre.

RÉÉCRITURE   **5 POINTS**

« Elle a continué de toutes ses forces aussi vite qu'elle le pouvait, comme si elle ne me voyait pas arriver. Et quand je l'ai empoignée, elle se débattait comme une diablesse. »

Réécrivez le passage en remplaçant « elle » par « elles » et en procédant à toutes les modifications nécessaires.

Français • Agir dans la cité SUJET 36

TRAVAIL D'ÉCRITURE **20 POINTS**

Vous traiterez au choix le sujet A ou le sujet B.

Votre rédaction sera d'une longueur minimale d'une soixantaine de lignes (300 mots environ).

Sujet A

Vous avez été amené(e) à vous opposer à une injustice. Vous commencerez par exposer les circonstances de cette expérience. Vous ferez part de vos réflexions, de vos sentiments et surtout des arguments que vous avez employés pour convaincre vos interlocuteurs.

Sujet B

Imaginez le monologue théâtral d'Antigone parlant à son frère défunt pendant qu'elle tente de recouvrir son corps de terre en lui expliquant les raisons de son geste. Vous respecterez la présentation d'une scène de théâtre et vous introduirez quelques didascalies pour indiquer le ton ou les gestes d'Antigone.

2de ÉPREUVE

LES CLÉS DU SUJET

■ Les documents

Le texte littéraire (document A)

Anouilh revisite le mythe antique d'Antigone. Il écrit cette pièce durant la Seconde Guerre mondiale, sous l'occupation allemande : ce contexte donne un éclairage particulier au mythe : comment ne pas associer l'attitude d'Antigone à celle des résistants et à leur refus d'obéissance au gouvernement de Vichy, parfois au sacrifice de leur vie ?

L'image (document B)

Dans cette mise en scène Marc Paquien, fait le choix de la modernité : les costumes sont actuels et non antiques ; Créon ne possède aucun attribut royal ; le décor est dépouillé.

■ Travail d'écriture (Sujet A)

Recherche d'idées

• Décide d'abord de quelle injustice tu veux parler (harcèlement, racket, racisme, etc.). Tu peux t'inspirer d'une expérience vécue ou en imaginer une à partir de reportages ou d'articles que tu as vus/lus.

• Choisis ensuite tes arguments : lâcheté, refus de l'autre, de ses différences, non-assistance à personne en danger…

• Choisis aussi tes interlocuteurs : camarades de classe, voisins, personnes croisées dans un lieu public…

Français • Agir dans la cité **CORRIGÉ** 36

Conseils de rédaction

• Commence par présenter l'injustice en question et tes sentiments à ce sujet (malaise, tristesse, dégoût, révolte…).

• Précise les circonstances de ton intervention : heure de vie de classe, cour de récréation, lieu public…

• Présente ensuite tes arguments de façon structurée.

• Conclus par l'effet de ton intervention sur ton auditoire.

■ Travail d'écriture (Sujet B)

Recherche d'idées

• Demande-toi quelle pouvait être la relation qui unissait Antigone à son frère (tendresse, admiration, connivence…).

• Tu dois t'inspirer des arguments employés par Antigone dans l'extrait pour expliquer son geste : qu'il faut accomplir les rites, que c'est son devoir de sœur, qu'un corps sans sépulture ne trouvera jamais le repos.

Conseils de rédaction

• Puise à la fois dans le champ lexical des sentiments (chéri, chérir, aimer, tendre, douleur, déchirement…) et dans celui du devoir (nécessité, tâche, rôle, obligation, promesse…).

• N'oublie pas la présence des gardes à proximité : cela te permettra d'introduire un sentiment d'urgence et de danger.

CORRIGÉ 36

1re partie • Analyse et interprétation de textes et de documents

QUESTIONS

▶ **1.** Ce texte est une scène de théâtre, comme le montrent les noms des personnages placés devant les répliques et les didascalies en italique.

Elle est extraite d'une tragédie antique revisitée par un auteur moderne. Les personnages sont de condition royale, à l'exception du garde.

Il y est question de devoir, de vie et de mort. Le dénouement de la pièce s'annonce fatal : l'héroïne est prête à sacrifier sa vie pour ne pas renoncer à ce qu'elle pense être son devoir.

Français • Agir dans la cité   CORRIGÉ   36

▶ **2. a)** Antigone tente de recouvrir de terre le corps de son frère Polynice, laissé sans sépulture sur l'ordre du roi Créon.

b) Elle s'impose cette tâche, car elle veut que Polynice trouve le repos dans la mort : elle considère que cela relève de **son devoir de sœur**.

c) Elle encourt la **peine de mort**.

▶ **3.** Le garde s'exprime dans un niveau de langage **familier**. Il emploie des constructions et des expressions familières, comme par exemple l'oubli du premier élément de la négation : « je voyais plus » à la place de « je ne voyais plus ». Ou bien encore : « Je vais au camarade lui demander une chique pour passer ça. »

▶ **4. a)** Les paroles sont rapportées au **discours direct**, telles qu'elles ont été prononcées, entre guillemets.

b) Cela rend la scène **plus vivante**, plus naturelle et conserve au dialogue des gardes toute sa truculence.

▶ **5.** On peut bien sûr penser que le geste d'Antigone est inutile face à l'intransigeance de Créon. Son sacrifice peut sembler vain : elle devrait plutôt choisir de vivre. Cependant, s'il n'existait pas d'Antigone pour s'opposer à l'inacceptable, que serait le monde dans lequel nous vivons ? Ainsi, le sacrifice des résistants ou les risques pris par certains Français pour protéger des familles juives pendant la Seconde Guerre mondiale ne doivent pas être oubliés.

Sans aller jusqu'au sacrifice de sa vie, il faut être capable de ne pas se laisser aller à de petites lâchetés et de ne pas se taire lorsque l'on est témoin d'une injustice, d'un racket ou d'une agression par exemple.

▶ **6.** Dans cette version d'*Antigone*, le metteur en scène a opté pour un **décor simple**, dépouillé, dans des teintes de gris.

Les **costumes** sont modernes : Antigone porte un pantalon gris et une chemise d'homme, et les cheveux courts à la garçonne. Créon est en costume-cravate, mais sans sa veste, en bras de chemise et bretelles, la cravate de travers. Rien ne rappelle ses fonctions de roi, ni sceptre ni couronne.

Antigone, derrière Créon, semble révoltée et déterminée. Son visage exprime une sensibilité à fleur de peau, à la fois souffrance et conviction. Créon, lui, semble fatigué, accablé par sa tâche de roi et par son impuissance à faire entendre raison à la jeune insoumise.

▶ **7.** Bien sûr, il existe bien d'autres possibilités de mise en scène : certains pourront préférer des costumes antiques, d'autres insisteront sur le contexte de l'occupation nazie. Cependant, cette version épurée, pleine de sobriété, nous emmène au plus proche de l'universalité du mythe.

2ᵈᵉ ÉPREUVE

Français • Agir dans la cité **CORRIGÉ** 36

2de partie • Rédaction et maîtrise de la langue

DICTÉE

POINT MÉTHODE

❶ Attention aux terminaisons verbales. Tu ne dois pas confondre :

– la deuxième personne du pluriel du **présent de l'indicatif** : *vous n'avez* ;

– la troisième personne du singulier de l'**imparfait** : *il fallait* (action **passée**) ;

– l'**infinitif** des verbes du premier groupe : *toucher, manger, donner, se baigner*.

❷ Ne confonds pas les homophones : *ce* et *se* ; *a* et *à*.

Comprendre… Vous n'avez que ce mot-là dans la bouche, tous, depuis que je suis toute petite. Il fallait comprendre qu'on ne peut pas toucher à l'eau, à la belle et fuyante eau froide parce que cela mouille les dalles, à la terre parce que cela tache les robes. Il fallait comprendre qu'on ne doit pas manger tout à la fois, donner tout ce qu'on a dans ses poches au mendiant qu'on rencontre, courir, courir dans le vent jusqu'à ce qu'on tombe par terre et boire quand on a chaud et se baigner quand il est trop tôt ou trop tard, mais pas juste quand on en a envie ! Comprendre. Toujours comprendre. Moi, je ne veux pas comprendre.

RÉÉCRITURE

Les modifications sont mises en couleur.

« Elles ont continué de toutes leurs forces aussi vite qu'elles le pouvaient, comme si elles ne me voyaient pas arriver. Et quand je les ai empoignées, elles se débattaient comme des diablesses. »

> **Attention !**
> Le participe passé *empoignées* est employé avec l'auxiliaire *avoir* et s'accorde donc avec le pronom COD *les*, féminin pluriel.

TRAVAIL D'ÉCRITURE

Voici un exemple de rédaction sur chacun des deux sujets.
Attention les titres en couleur ne doivent pas figurer sur ta copie.

Sujet A

[Présentation de l'injustice et des sentiments ressentis] L'an dernier, j'ai été témoin d'une injustice : un nouvel élève était arrivé dans la classe ; très vite, il est devenu le bouc émissaire de tous. Pour moi, la situation était intolérable : je ne supporte pas les injustices. Aussi, ai-je décidé d'en parler. Ce n'était pas

212

Français • Agir dans la cité **CORRIGÉ** 36

facile, car je suis plutôt timide. Cependant, je n'avais pas le choix : cela me tourmentait, m'empêchait de dormir. Je ne voulais pas être témoin et encore moins complice d'un tel acharnement.

[Les circonstances de la prise de parole] Un jour, à l'heure de la vie de classe, j'ai pris mon courage à deux mains et j'ai décidé de prendre la parole. J'ai commencé par parler d'*Antigone*, la pièce d'Anouilh que nous étions en train d'étudier. J'ai rappelé à mes camarades qu'il fallait parfois savoir dire non. Nous en étions tous d'accord. Eh bien, le moment était venu d'en faire nous-mêmes l'expérience.

> **Conseil**
> Varie les moyens de rapporter les paroles : discours indirect, discours indirect libre et discours direct. N'oublie pas les guillemets au discours direct.

[1er argument : les différences de chacun sont source de richesse] « Nous ne pouvons plus continuer à harceler Paul, ai-je dit. C'est l'un des nôtres. Nous sommes tous différents, c'est ce qui fait la richesse de notre classe. Apprenons à mieux le connaître.

[2e argument : s'attaquer à plus faible que soi est lâche et cruel] De plus, ai-je continué, c'est lâche de s'en prendre à quelqu'un de plus faible, qui est seul contre tous. C'est tellement facile ! On dirait une meute de chiens qui s'acharne sur une proie. En réalité, c'est vous qui êtes faibles, sans honneur, sans dignité. »

Quelques rires ont fusé, quelques plaisanteries ont été lancées, mais très vite le silence s'est fait.

[3e argument : le harcèlement peut mettre en danger de la vie d'autrui] « Et surtout, je refuse d'être complice : Paul est absent aujourd'hui, comme souvent. Il semble profondément affecté par toutes les méchancetés qu'il subit sans cesse. J'ai peur pour lui. N'avez-vous pas vu à la télévision la campagne contre le harcèlement : les conséquences peuvent être tragiques et nous serons tous coupables. »

[Conclusion] Alors, d'autres ont pris la parole. Nous avons décidé de téléphoner, d'envoyer des textos ou des mails le soir même à Paul pour lui demander de nous excuser.

Sujet B

[Évocation des souvenirs heureux, de la complicité passée] ANTIGONE (*penchée sur le corps de son frère*) Polynice, mon frère, toi qui as partagé mes secrets, toi qui m'as initiée aux jeux les plus intrépides, toi qui m'as tiré les cheveux quand nous nous disputions, mais qui savais aussi me protéger, comment pourrais-je t'abandonner, solitaire et rejeté de tous,

> **Attention !**
> Place bien le nom du personnage devant sa tirade sans guillemets ni verbe introducteur et pense aux didascalies.

2de ÉPREUVE

Français • Agir dans la cité **CORRIGÉ** 36

condamné à être dévoré par les corbeaux, sous les yeux de ces deux gardes stupides qui ne savent qu'obéir ? *(Elle regarde dans leur direction)* Il faut que je fasse vite avant d'être découverte.

[Explication, justification de son geste] De toute façon, je préfère braver la mort que de vivre avec le remords de t'avoir renié : comment pourrais-je profiter du jour, de la caresse du soleil, de la douceur de la pluie, de la sérénité de la nuit, si je te sais errant sans sépulture dans les ténèbres de la mort ? Et si ta sœur,

> **Conseil**
> N'oublie pas de faire allusion aux gardes qui peuvent à tout moment arrêter Antigone.

ta petite Antigone, ne le fait pas, qui le fera ? *(Chuchotant d'une voix douce)* Regarde, j'ai pris la petite pelle sur laquelle papa avait gravé ton nom et avec laquelle nous faisions des châteaux dans le sable. Je te revois, les cheveux pleins de sel et le corps hâlé. Tu étais mon héros, j'étais ta princesse.

[Révolte d'Antigone devant la mort de ses frères] Quelle tristesse que ce pouvoir maudit vous ait poussés à vous battre à mort, vous, mes deux frères chéris, Polynice et Étéocle ! Quelle est cette soif dévorante qui a fait se déchirer deux frères jadis si complices ?

[Dernière promesse] Dors en paix, mon Polynice. Et ne t'inquiète pas, s'ils viennent te découvrir, je reviendrai, s'ils m'emmènent, je m'échapperai et s'ils m'enferment, je serai là par la pensée. Antigone sera toujours avec toi.

SUJET

37

Sujet inédit • Agir dans la cité : individu et pouvoir

50 points

L'exil

Ce sujet regroupe tous les exercices de français de la 2ᵈᵉ épreuve écrite.

1ʳᵉ partie • Analyse et interprétation de textes et de documents (1 heure)

DOCUMENT A ▶ **Texte littéraire**

Originaire d'un pays ravagé par la guerre, M. Linh débarque un jour de novembre dans « un pays sans odeur », avec une « valise légère » et un bébé dans les bras.

C'est un vieil homme debout à l'arrière d'un bateau. Il serre dans ses bras une valise légère et un nouveau-né, plus léger encore que la valise. Le vieil homme se nomme Monsieur Linh. Il est le seul à savoir qu'il s'appelle ainsi car tous ceux qui le savaient sont morts
5 autour de lui.

Debout à la poupe du bateau, il voit s'éloigner son pays, celui de ses ancêtres et de ses morts, tandis que dans ses bras l'enfant dort. Le pays s'éloigne, devient infiniment petit, et Monsieur Linh le regarde disparaître à l'horizon, pendant des heures, malgré le vent
10 qui souffle et le chahute comme une marionnette.

Le voyage dure longtemps. Des jours et des jours. Et tout ce temps, le vieil homme le passe à l'arrière du bateau, les yeux dans le sillage blanc qui finit par s'unir au ciel, à fouiller le lointain pour y chercher encore les rivages anéantis.
15 Quand on veut le faire entrer dans sa cabine, il se laisse guider sans rien dire, mais on le retrouve un peu plus tard, sur le pont arrière, une main tenant le bastingage, l'autre serrant l'enfant, la petite valise de cuir bouilli posée à ses pieds.

Une sangle entoure la valise afin qu'elle ne puisse pas s'ouvrir,
20 comme si à l'intérieur se trouvaient des biens précieux. En vérité, elle ne contient que des vêtements usagés, une photographie que la lumière du soleil a presque entièrement effacée, et un sac de toile

2ᵈᵉ ÉPREUVE

dans lequel le vieil homme a glissé une poignée de terre. C'est là tout ce qu'il a pu emporter. Et l'enfant bien sûr.

25 [...]

Enfin, un jour de novembre, le bateau parvient à sa destination, mais le vieil homme ne veut pas descendre. Quitter le bateau, c'est quitter vraiment ce qui le rattache encore à sa terre. Deux femmes alors le mènent avec des gestes doux vers le quai, comme s'il était 30 malade. Il fait froid, le ciel est couvert. Monsieur Linh respire l'odeur du pays nouveau. Il ne sent rien. Il n'y a aucune odeur. C'est un pays sans odeur. Il serre l'enfant plus encore contre lui, chante la chanson à son oreille. En vérité, c'est aussi pour lui-même qu'il la chante, pour entendre sa propre voix et la musique de sa langue.

35 Monsieur Linh et l'enfant ne sont pas seuls sur le quai. Ils sont des centaines, comme eux. Vieux et jeunes, attendant docilement, leurs maigres effets à leurs côtés, attendant sous un froid tel qu'ils n'en ont jamais connu qu'on leur dise où aller. Aucun ne se parle. Ce sont de frêles statues aux visages tristes, et qui grelottent dans le 40 plus grand silence.

Philippe Claudel, *La Petite Fille de Monsieur Linh*, 2005, © Stock.

DOCUMENT B — **Barthélémy Toguo, *Road to exile* (2008)**

Né en 1967 au Cameroun, Barthélémy Toguo est un artiste de renommée internationale. Avec cette « barque de l'exode », il explore le thème de l'exil mais aussi, en filigrane, la possibilité d'une autre vie.

Français • Agir dans la cité **SUJET** 37

QUESTIONS 20 POINTS

Les réponses doivent être entièrement rédigées.

Sur le texte littéraire (document A)

▶ **1.** Qui est Monsieur Linh ? Qu'apprend-on sur lui ? *(2 points)*

▶ **2.** Que ressent Monsieur Linh ? Justifiez vos réponses en citant des éléments du texte. *(2 points)*

▶ **3.** Comment Monsieur Linh essaie-t-il de rester en contact avec son pays perdu ? *(3 points)*

▶ **4.** Quelles sont les images employées par Philippe Claudel pour caractériser Monsieur Linh et les autres réfugiés ? *(2 points)*

▶ **5.** Quel est le sens dans le texte du verbe « chahuter » (ligne 10) ? *(1 point)*

▶ **6.** Quels sont les temps utilisés dans cet extrait ? Expliquez leur emploi. *(2 points)*

▶ **7.** Quelle impression ce texte produit-il sur vous ? *(2 points)*

Sur le texte et l'image (documents A et B)

▶ **8.** Observez l'œuvre de Barthélemy Toguo : selon vous, que cherche à exprimer l'artiste ? *(2 points)*

▶ **9. a)** En quoi cette œuvre fait-elle écho au texte de Philippe Claudel ? *(2 points)*
b) L'impression laissée par l'œuvre de Barthélemy Toguo est-elle tout à fait la même que celle suscitée par la lecture de l'extrait du roman de Philippe Claudel ? *(2 points)*

Français • Agir dans la cité **SUJET 37**

2ᵈᵉ partie • Rédaction et maîtrise de la langue (2 heures)

DICTÉE   5 POINTS

Le titre et la source de l'extrait, ainsi que le mot « aïeux » sont écrits au tableau au début de la dictée.

Philippe Claudel
La petite fille de Monsieur Linh, 2005
© Stock

Au village

Au village, il n'y avait qu'une rue. Une seule. Le sol était de terre battue. Quand la pluie tombait, violente et droite, la rue devenait un ruisseau furieux dans lequel les enfants nus se coursaient en riant. Lorsqu'il faisait sec, les cochons y dormaient en se vautrant dans la poussière, tandis que les chiens s'y poursuivaient en aboyant. Au village, tout le monde se connaissait, et chacun en se croisant se saluait. Il y avait en tout douze familles, et chacune de ces familles savait l'histoire des autres, pouvait nommer les grands-parents, les aïeux, les cousins, connaissait les biens que les autres possédaient. Le village en somme était comme une grande et unique famille […].

RÉÉCRITURE   5 POINTS

« Quand on veut le faire entrer dans sa cabine, il se laisse guider sans rien dire, mais on le retrouve un peu plus tard, sur le pont arrière, une main tenant le bastingage […]. »

Réécrivez le passage en mettant le pronom « le » au pluriel et en procédant à toutes les modifications nécessaires.

TRAVAIL D'ÉCRITURE   20 POINTS

Vous traiterez au choix le sujet A ou le sujet B.
Votre rédaction sera d'une longueur minimale d'une soixantaine de lignes (300 mots environ).

Sujet A

Écrivez une suite immédiate au texte de Philippe Claudel. Vous tiendrez compte des indications apportées par l'extrait et vous respecterez le temps choisi par l'auteur.

Français • Agir dans la cité **SUJET** 37

Sujet B

Vos parents vous annoncent que vous allez déménager dans une autre ville, loin de l'endroit où vous avez grandi. Vous décidez de leur expliquer ce que ce déménagement signifie pour vous. Vous énoncerez vos arguments de façon claire et organisée.

LES CLÉS DU SUJET

■ Les documents

Le texte littéraire (document A)
Il s'agit de l'incipit, les toutes premières lignes, du roman de Philippe Claudel qui relate l'exil d'un vieil homme ayant fui son pays en guerre et dont toute la famille a été massacrée. Seul lui reste le tout jeune enfant qu'il serre dans ses bras et au sujet duquel la fin du roman réserve une surprise poignante.

L'image (document B)
Cette installation artistique de grande taille (220 × 260 × 135 cm), constituée de matériaux divers (bois, bouteilles en plastique, tissus), est exposée au Musée national de l'histoire et des cultures de l'immigration, à Paris. L'artiste évoque ainsi les longues et périlleuses migrations de ceux qui doivent quitter leur pays pour un ailleurs qu'ils rêvent meilleur.

■ Travail d'écriture (Sujet A)

Recherche d'idées
• Relis bien le texte pour t'imprégner de l'atmosphère. Essaie d'imaginer l'arrivée de ces migrants. Où va-t-on les emmener ? À quoi va ressembler leur hébergement ?
• Interroge-toi sur les réactions potentielles de M. Linh : va-t-il rester passif et continuer à se laisser guider ?

Conseils de rédaction
• Comme il s'agit d'une suite de texte, il faut que tu respectes certains éléments du texte de Claudel : il s'agit d'un récit à la troisième personne, au présent (sauf pour les faits antérieurs ou postérieurs).
• Sois attentif à toutes les indications apportées par le texte.

2de ÉPREUVE

Français • Agir dans la cité CORRIGÉ **37**

■ **Travail d'écriture (Sujet B)**

Recherche d'idées

Si tu as vécu cette situation, appuie-toi sur ton expérience. Sinon, pose-toi la question : comment réagirais-tu ? Quels seraient tes sentiments (tristesse, nostalgie, révolte ou, au contraire, enthousiasme et excitation) ? Qu'est-ce qui pourrait te manquer ? Qu'est-ce qui pourrait au contraire t'attirer dans cette nouvelle vie ?

Conseils de rédaction

• Tu dois t'adresser à tes parents (ou à l'un des deux) et donc utiliser la deuxième personne.

• Il faut que ton texte soit argumenté. Pense à classer tes arguments par ordre d'importance.

• Emploie aussi un lexique des sentiments : verbes (ressentir, se sentir…), adjectifs (triste, déchiré, nostalgique, enthousiaste, curieux…), noms (tristesse, souffrance, enthousiasme, impatience…) ou encore expressions (avoir le cœur brisé…).

CORRIGÉ 37

1ʳᵉ partie • Analyse et interprétation de textes et de documents

QUESTIONS

▶ **1.** Comme son nom le suggère, Monsieur Linh est un réfugié asiatique qui fuit son pays en guerre, où tous les siens sont morts. Il émigre probablement vers la France.

▶ **2.** Monsieur Linh est profondément triste, car ce n'est pas seulement son pays qu'il quitte, c'est aussi toute sa vie. Seul l'enfant le rattache encore à l'existence.

▶ **3.** Monsieur Linh tente de rester en contact avec son pays perdu, par la vue, l'odorat et l'ouïe. Tout d'abord, il reste à l'arrière du bateau, les yeux rivés sur sa patrie qui s'efface peu à peu ; la photographie qu'il a emportée est elle aussi à moitié effacée. Ensuite, il a dans sa valise un peu de la terre et peut-être, avec elle, un peu des odeurs de son pays ; dans le pays qu'il découvre il

Français • Agir dans la cité **CORRIGÉ** **37**

ne sent aucune odeur. Enfin, il chante à l'enfant une chanson : il veut entendre la **musique de sa langue**.

▶ **4.** Monsieur Linh est comparé à « une **marionnette** » qui se laisse chahuter par le vent, guider vers sa cabine ou conduire vers le quai sans aucune réaction. À la fin de l'extrait, les réfugiés sont décrits au moyen d'une **métaphore** : « frêles statues aux visages tristes, et qui grelottent dans le plus grand silence. » C'est comme s'ils avaient perdu toute attache, toute volonté, tout désir, toute identité, qu'ils n'étaient plus qu'une même et immense tristesse.

▶ **5.** Le verbe « chahuter » est ici employé transitivement (COD : « le »). Il signifie « pousser de-ci de-là », « balloter », « bousculer », « malmener ». Le vent **bouscule** Monsieur Linh, le pousse d'un côté, puis de l'autre. Monsieur Linh n'oppose aucune résistance : il se laisse faire.

▶ **6.** Les temps employés sont essentiellement le **présent** et le **passé composé** de l'indicatif. Il y a aussi un verbe à l'imparfait.

Le présent est un **présent de narration**. Si Philippe Claudel a choisi ce temps, c'est sans doute pour rendre son récit plus simple, plus proche et peut-être aussi plus universel. « C'est un vieil homme debout à l'arrière d'un bateau… » : dès les premières lignes, on *voit* le personnage, il est devant nous, à la fois présent et absent.

Le **passé composé** est employé pour les actions liées à la vie passée du vieil homme : ainsi, le « sac de toile dans lequel le vieil homme a glissé une poignée de terre ».

▶ **7.** Ce texte produit une impression de profonde **tristesse**, de désespoir infini.

▶ **8.** Il s'agit d'une installation artistique de grande taille, exécutée à partir de matériaux courants : bois, tissus, bouteilles… Elle évoque l'**exil**, le long voyage vers un ailleurs rêvé, dans l'**espoir d'une vie meilleure**. Les migrants quittent le pays de leurs aïeux, à leurs risques et périls, prêts à affronter l'océan et

> **Conseil**
> N'hésite pas à décrire en détail l'œuvre proposée. Cela te permettra d'en dégager du sens et d'étayer ta réponse.

ses vagues – représentées par les bouteilles – sur une embarcation de fortune surchargée. Les baluchons d'étoffes aux couleurs vives et chaleureuses, entassés en une pyramide instable et arrimés par des cordages lestés de bouilloires, évoquent les quelques maigres biens qui rattachent les migrants à la terre qu'ils ont quittée.

▶ **9. a)** Les ballots font écho à la petite valise de cuir bouilli entourée d'une sangle de Monsieur Linh contenant une photographie à moitié effacée et une poignée de terre, dans le texte de Claudel.

2ᵈᵉ ÉPREUVE

221

Français • Agir dans la cité **CORRIGÉ** 37

b) Cependant, l'impression laissée par l'installation de Barthélemy Toguo diffère de celle qui se dégage du texte : cette barque, chargée d'étoffes aux couleurs vives, laisse poindre une *énergie vitale* que n'a plus Monsieur Linh.

2de partie • Rédaction et maîtrise de la langue

DICTÉE

POINT MÉTHODE

1 Le temps employé dans cet extrait est l'*imparfait* : certains verbes sont au singulier (*-ait*), d'autres au pluriel (*-aient*). Tu dois être attentif et bien identifier le sujet de ces verbes, en posant, par exemple, la question « qu'est-ce qui » ou « qui est-ce qui » devant le verbe.

2 Attention à l'*accord* avec les sujets « *tout le monde* », « *chacun* », « *chacune de*… » ou encore « *il* » dans l'expression « *il y avait* » : il se fait au singulier.

Au village, il n'y av*ait* qu'une rue. Une seule. Le sol ét*ait* de terre battue. Quand la pluie tomb*ait*, violente et droite, la rue deven*ait* un ruisseau furieux dans lequel les enfants nus se cours*aient* en riant. Lorsqu'il fais*ait* sec, les cochons y dorm*aient* en se vautrant dans la poussière, tandis que les chiens s'y poursuiv*aient* en aboyant. Au village, *tout le monde* se connaiss*ait*, et *chacun* en se croisant se salu*ait*. *Il* y av*ait* en tout douze familles, et *chacune de ces familles* sav*ait* l'histoire des autres, pouv*ait* nommer les grands-parents, les aïeux, les cousins, connaiss*ait* les biens que les autres posséd*aient*. Le village en somme ét*ait* comme une grande et unique famille […].

RÉÉCRITURE

Les modifications sont mises en couleur.

« Quand on veut **les** faire entrer dans **leur(s)** cabine**(s)**, il**s** se laiss**ent** guider sans rien dire, mais on **les** retrouve un peu plus tard, sur le pont arrière, une main tenant le bastingage. »

Attention !
Il y a deux possibilités pour accorder « leur cabine » : laisser le GN au singulier (ils n'ont chacun qu'une cabine) ou le mettre au pluriel (il y a plusieurs cabines). Mais il ne faut surtout pas mettre l'un des éléments au singulier et l'autre au pluriel.

222

Français • Agir dans la cité **CORRIGÉ** 37

TRAVAIL D'ÉCRITURE

Voici un exemple de rédaction sur chacun des deux sujets.
Attention les titres en couleur ne doivent pas figurer sur ta copie.

Sujet A

[Transfert en car] Les réfugiés sont dirigés vers un car qui les attend dans une petite rue voisine. Ils ont froid et se recroquevillent dans leurs trop légers vêtements, frissonnant dans l'humidité qui les enveloppe. Un brouillard monte de la mer et les transforme en **ombres fantomatiques**, en **spectres égarés** dans un monde qui n'est pas le leur.

Ils montent dans le car, se glissent sur les sièges qu'on leur désigne. Monsieur Linh refuse de déposer sa petite valise dans l'espace destiné aux bagages ; il s'y agrippe comme à une bouée dérisoire. Il fredonne et berce l'enfant. Il aimerait regagner le bateau ou au moins le port pour retrouver le fil ténu qui le relie encore au pays de ses ancêtres. Il a peur de se perdre à jamais.

[Premier repas] Le car s'arrête devant un haut bâtiment d'un gris terne. Monsieur Linh entend son nom, se dirige vers la femme qui l'appelle. Elle coche une case sur une feuille de papier puis le confie à une autre femme qui l'emmène doucement vers une porte donnant sur une grande salle meublée de quelques longues tables. Il se laisse faire **comme un pantin docile**. Elle tend les bras vers l'enfant, s'offre à le porter. Il resserre son étreinte. Il rejoint les autres migrants. On leur sert une assiette dans laquelle il y a des aliments qu'il ne connaît pas, des aliments sans saveurs et sans odeurs. Il n'a pas faim. Il essaie de se remémorer le goût du riz parfumé et des épices qu'il partageait avec les siens. Il a peur d'oublier.

> **Conseil**
> Tu peux reprendre sous d'autres formes les images employées par Claudel lorsqu'il compare les réfugiés à des marionnettes ou des statues (métaphore filée). Tu peux aussi trouver d'autres images pour donner du relief à ton texte (voir passages en gras).

[Première nuit] On les conduit ensuite dans de petites chambres. Il pose délicatement son maigre bagage au pied du lit et s'allonge, tout habillé, serrant contre lui l'enfant, les yeux ouverts fixés au plafond, chantonnant sa petite chanson et il reste ainsi pendant des heures, berçant une tristesse infinie.

Sujet B

[Présentation des faits et premières réactions] Quand vous m'avez appris que nous allions déménager à l'autre bout de la France, je me suis senti très triste. J'ai eu soudain le sentiment d'un grand vide, d'être comme déraciné, condamné à laisser derrière moi tout ce que j'aime.

Français • Agir dans la cité **CORRIGÉ** **37**

[Arguments contre le déménagement] Tout d'abord, il va falloir quitter l'appartement dont je connais chaque recoin comme ma poche et le quartier qui m'a vu grandir : le square où je jouais près de mon ancienne école, la bibliothèque où j'ai découvert le plaisir de lire, la boulangerie où j'allais acheter des bonbons.

> **Attention !**
> Classe tes arguments en gardant celui qui t'importe le plus pour la fin.

Ensuite, il y a mon club de foot : vous ne pouvez pas me demander d'abandonner mon équipe, mon entraîneur !

Enfin et surtout, je vais devoir laisser mes amis d'enfance – Paul, Ahmed, Marie –, ceux pour qui je n'ai pas de secrets. Je leur ai promis de former un groupe de rock avec eux. C'est moi qui devais être le guitariste. Marie devait être la chanteuse. Je ne peux pas les laisser tomber.

[Arguments pour le déménagement (ici, ceux des parents)] Bien sûr, je connais vos arguments : ce n'est pas la fin du monde ; j'aurai une grande chambre pour moi tout seul ; nous aurons un jardin et le chien dont j'ai toujours rêvé mais dont vous me disiez qu'il n'était pas possible d'en avoir un à Paris… Et je sais aussi que je pourrai inviter mes meilleurs amis pour les vacances.

[Conclusion] Cependant, cela ne me console pas. Rien ne sera plus jamais pareil. Je trouve que c'est difficile d'être un adolescent parce qu'on doit obéir à ses parents, les suivre sans discuter. Je sais bien que papa n'a pas le choix, que c'est pour son travail, néanmoins cela me désespère.

SUJET

38

Sujet inédit • Visions poétiques du monde
50 points

Objets quotidiens

Ce sujet regroupe tous les exercices de français de la 2ᵈᵉ épreuve écrite.

1ʳᵉ partie • Analyse et interprétation de textes et de documents (1 heure)

DOCUMENT A ▶ **Texte littéraire**

Ponge fait ici la description d'un objet familier de notre quotidien, le pain.

Le pain

La surface du pain est merveilleuse d'abord à cause de cette impression quasi panoramique qu'elle donne : comme si l'on avait à sa disposition sous la main les Alpes, le Taurus ou la Cordillère des Andes.

5   Ainsi donc une masse amorphe[1] en train d'éructer[2] fut glissée pour nous dans le four stellaire[3], où durcissant elle s'est façonnée en vallées, crêtes, ondulations, crevasses... Et tous ces plans dès lors si nettement articulés, ces dalles minces où la lumière avec application couche ses feux, – sans un regard pour la mollesse ignoble
10 sous-jacente.

Ce lâche et froid sous-sol que l'on nomme la mie a son tissu pareil à celui des éponges : feuilles ou fleurs y sont comme des sœurs siamoises soudées par tous les coudes à la fois. Lorsque le pain rassit ces fleurs fanent et se rétrécissent : elles se détachent alors les unes
15 des autres, et la masse en devient friable...

Mais brisons-la : car le pain doit être dans notre bouche moins objet de respect que de consommation.

Francis Ponge, *Le Parti pris des choses*, 1942, © Éditions Gallimard.

---

1. Amorphe : qui n'a pas une forme, une structure bien définie.
2 Éructer : rejeter des gaz par la bouche, roter.
3 Stellaire : relatif aux étoiles, astral.

2ᵈᵉ ÉPREUVE

Français • Visions poétiques du monde   SUJET 38

| DOCUMENT B | Pablo Picasso, *Tête de taureau* (1942) |

Cette œuvre de Pablo Picasso est constituée de l'assemblage d'une selle et d'un guidon de vélo.

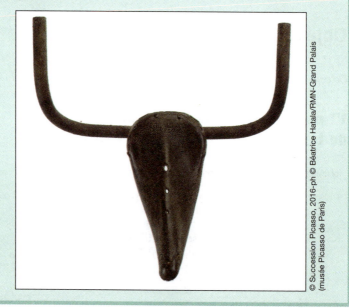

© Succession Picasso, 2016-ph © Béatrice Hatala/RMN-Grand Palais (musée Picasso de Paris)

QUESTIONS   **20 POINTS**

Les réponses doivent être entièrement rédigées.

Sur le texte littéraire (document A)

▶ **1.** Quelle forme de discours trouve-t-on essentiellement dans ce texte ? *(1 point)*
❏ La forme narrative.
❏ La forme descriptive.
❏ La forme argumentative.

▶ **2.** Quel est la valeur du présent employé dans ce poème ? *(1 point)*

▶ **3. a)** Quelles sont les différentes parties du pain présentées successivement dans ce poème ? *(1 point)*
b) Sont-elles, selon vous, décrites de la même façon ? Justifiez votre réponse. *(1 point)*
c) Quelles différences peut-on trouver entre elles ? *(1 point)*

Français • Visions poétiques du monde **SUJET** **38**

▶ **4. a)** Quel est le champ lexical employé par Ponge au début du texte (lignes 1 à 7) ? *(1 point)*
b) Relevez tous les mots appartenant à ce champ lexical. *(2 points)*
c) Pourquoi, selon vous, l'auteur a-t-il choisi ce champ lexical ? *(1 point)*

▶ **5.** « feuilles ou fleurs y sont comme des sœurs siamoises soudées par tous les coudes à la fois. » (lignes 10-11)
a) Observez les jeux de sonorités dans cette phrase. Que remarquez-vous ? Quels sont les sons qui se répètent ? *(2 points)*
b) Quel est, selon vous, l'effet recherché ? *(1 point)*

▶ **6.** Relevez deux comparaisons et deux métaphores (lignes 9 à 11) *(2 points)*

▶ **7.** En vous appuyant sur vos réponses aux questions précédentes, dites pourquoi on peut dire que ce texte est un poème en prose. *(3 points)*

Sur le texte et l'image (documents A et B)
▶ **8.** Quelles réflexions l'œuvre de Picasso vous inspire-t-elle ? *(1,5 point)*

▶ **9.** Quelles ressemblances ou dissemblances pouvez-vous repérer entre les procédés employés d'une part par Ponge, d'autre part par Picasso ? *(1,5 point)*

2de partie • Rédaction et maîtrise de la langue (2 heures)

DICTÉE **5 POINTS**

Le titre, la source de l'extrait ainsi que « évanescent » et « suspens » sont écrits au tableau au début de la dictée.

Philippe Delerm
La Première Gorgée de bière et autres plaisirs minuscules, 1997
© Éditions Gallimard

Les boules en verre
C'est l'hiver pour toujours, dans l'eau des boules de verre. On en prend une dans ses mains. La neige flotte au ralenti, dans un tourbillon né du sol, d'abord opaque, évanescent ; puis les flocons s'espacent, et le ciel bleu turquoise reprend sa fixité mélancolique. Les derniers oiseaux de papier restent en suspens quelques secondes avant de retomber. […] On prend le monde dans ses mains, la boule est vite presque chaude.

Français • Visions poétiques du monde **SUJET** **38**

Une avalanche de flocons efface d'un seul coup cette angoisse latente des courants. Il neige au fond de soi, dans un hiver inaccessible où le léger l'emporte sur le lourd. La neige est douce au fond de l'eau.

RÉÉCRITURE   5 POINTS

« Ainsi donc une masse amorphe en train d'éructer fut glissée pour nous dans le four stellaire, où durcissant elle s'est façonnée en vallées, crêtes, ondulations, crevasses… »

Réécrivez ces lignes en mettant « une masse amorphe en train d'éructer » au pluriel et en procédant à toutes les modifications nécessaires.

TRAVAIL D'ÉCRITURE   20 POINTS

Vous traiterez au choix le sujet A ou le sujet B.
Votre rédaction sera d'une longueur minimale d'une soixantaine de lignes (300 mots environ).

Sujet A

À la manière de Francis Ponge, décrivez un objet que vous aimez. Vous n'oublierez aucun aspect : formes, matières, usages… Vous emploierez des comparaisons et des métaphores.

Sujet B

Une œuvre vous a particulièrement marqué(e) : un film, un livre, une photographie, une peinture, une sculpture… En quoi cette œuvre vous a-t-elle aidé(e) à porter un regard nouveau sur le monde ou les objets qui vous entourent ? Vous organiserez votre texte de façon argumentée.

LES CLÉS DU SUJET

■ Les documents

Le texte littéraire (document A)

Ce texte est extrait du recueil de poèmes intitulé *Le Parti pris des choses*, paru en 1942, dans lequel Ponge s'applique à décrire avec précision et minutie des objets quotidiens, des animaux… Il s'agit de poèmes en prose.

L'image (document B)

Le taureau est un thème cher à Picasso. L'idée de cette œuvre lui est venue alors qu'il rangeait son atelier, en découvrant une selle et un guidon de bicyclette. Aussitôt, il décida de les réunir pour créer un assemblage : cette tête de taureau. On peut parler de surréalisme, mais aussi de primitivisme : par sa simplicité, cette œuvre évoque les peintures rupestres de la préhistoire.

Français • Visions poétiques du monde **SUJET** 38

■ Travail d'écriture (Sujet A)

Recherche d'idées

• Choisis un objet que tu aimes : tu auras d'autant plus de plaisir à le décrire. Évite cependant ceux qui sont trop compliqués, trop complexes.

• Imagine ton objet, visualise-le bien puis décris sa forme, sa structure, la ou les matières dont il est constitué, sa ou ses couleurs, sa fonction, etc.

Conseils de rédaction

Pour décrire avec précision, tu vas employer de nombreux adjectifs. Cherche ceux qui correspondent le mieux à ton objet. Par exemple, un objet peut être lisse, doux, soyeux, velouté, délicat au toucher ou au contraire rugueux, râpeux, granuleux, grumeleux, plein d'aspérités… Ce ne sont pas les adjectifs qui manquent !

■ Travail d'écriture (Sujet B)

Recherche d'idées

• Commence par choisir une œuvre qui t'a marqué, inspiré et a changé le regard que tu portes sur le monde qui t'entoure (film, livre, photographie, peinture, sculpture…).

• Certaines œuvres peuvent aussi t'avoir ouvert les yeux sur des réalités historiques ou sociales qui t'ont choqué et que tu ne veux plus voir se reproduire, comme le tableau de Picasso, *Guernica*, qui symbolise toute l'horreur de la guerre.

Conseils de rédaction

• Tu dois d'abord présenter l'œuvre, en préciser l'auteur et la décrire succinctement (évite les œuvres que tu connais mal).

• Explique ensuite l'effet qu'elle a produit sur toi : étonnement, plaisir, choc émotionnel…

• Enfin, explique en quoi elle a changé ta façon de voir les objets qui t'entourent, le monde ou les hommes.

2de ÉPREUVE

Français • Visions poétiques du monde **CORRIGÉ 38**

CORRIGÉ 38

1ʳᵉ partie • Analyse et interprétation de textes et de documents

QUESTIONS

▶ **1.** Il s'agit du discours **descriptif**.

▶ **2.** C'est un présent de **vérité générale**.

▶ **3. a)** Ponge commence par décrire la croûte, puis la mie, l'extérieur puis l'intérieur.

b) Il emploie un **lexique mélioratif** pour décrire la croûte (« La surface du pain est merveilleuse », « ces dalles minces où la lumière avec application couche ses feux ») et un **lexique péjoratif** pour décrire la mie (« mollesse ignoble », « lâche et froid sous-sol »).

c) La croûte est dure et purifiée par le feu alors que la mie du pain est molle, humide et froide.

▶ **4. a)** Ponge emploie un vocabulaire emprunté au **champ lexical de la géographie**, de la **géologie**.

b) Voici les mots appartenant à ces champs lexicaux : panoramique, les Alpes, le Taurus, la Cordillère des Andes, vallées, crêtes, ondulations, crevasses, dalles, sous-sol.

c) Ponge utilise ce champ lexical dans le but de **comparer le pain à la terre** : comme elle, il présente un relief particulier fait de creux et de crêtes.

▶ **5. a)** Ponge joue sur les sonorités avec des assonances en *eu*, *œu*, *ou*, et des allitérations en *f* et *s* : « **feu**illes ou **fl**eurs y sont comme des **sœu**rs siamoises **sou**dées par **tou**s les **cou**des à la **f**ois. »

b) Ce jeu sur les **sonorités** permet à Ponge d'insister sur l'unité, l'homogénéité, la solidarité de chacune des petites alvéoles qui constituent la mie.

> **Zoom**
> Une assonance est la reprise d'un même son voyelle ; une allitération est la reprise d'un même son consonne.

▶ **6.** Le poète emploie deux **comparaisons** : « son tissu pareil à celui des éponges » et « comme des sœurs siamoises soudées par tous les coudes à la fois ». S'y mêlent des **métaphores** : la mie rappelle un sous-sol, et les alvéoles, des fleurs et des feuilles.

Français • Visions poétiques du monde **CORRIGÉ** 38

▶ **7.** Ce texte est un poème en prose. Tout d'abord, il s'agit d'un **texte court**. Ensuite Ponge s'appuie sur de **nombreuses images** – comparaisons et métaphores – pour décrire le pain. Pour finir, il y a dans ce texte la **musicalité** particulière des poèmes : des effets de rythme, des jeux de sonorités avec de nombreuses allitérations et assonances. Il n'y a pas de rimes mais des procédés de reprises sonores qui créent comme des échos à l'intérieur du texte.

> **Zoom**
> On appelle prose tout texte qui n'est pas en vers. Il existe une poésie en prose.

▶ **8.** Picasso a employé des objets du quotidien qu'il a **détournés de leur usage propre** : une selle et un guidon de bicyclette. Ce faisant, il donne naissance à une œuvre d'art : une sculpture ou plutôt un assemblage représentant une tête de taureau. L'imagination de l'artiste a su **transposer la réalité** en une autre réalité poétique, artistique. Cette tête de taureau s'impose à nous avec autant sinon plus de puissance que si l'artiste avait créé une œuvre figurative.

▶ **9.** Ponge et Picasso s'emploient tous deux à **représenter une réalité quotidienne** : le premier, le pain, le second, une tête de taureau. Bien sûr, l'un part des mots, l'autre d'objets ordinaires. Mais cependant, des similitudes apparaissent entre les deux démarches : Ponge emploie des images, des comparaisons et des métaphores ; Picasso détourne les objets de leur usage habituel : la selle et le guidon de bicyclette deviennent en quelque sorte des métaphores entre ses mains pour évoquer le mufle, les cornes du taureau. On peut donc dire que les deux démarches se ressemblent sur ce point, qu'elles sont toutes deux **métaphoriques**.

2ᵈᵉ partie • Rédaction et maîtrise de la langue

DICTÉE

> **POINT MÉTHODE**
>
> **1** Attention à l'accord des **compléments du nom** : *verre* et *papier* sont au singulier (en verre, en papier) alors que *flocons* est au pluriel (il y a de nombreux flocons dans une avalanche).
>
> **2** Attention à l'**orthographe des noms féminins terminés par le son** *-té* ou *-tié* : ils s'écrivent *-té* ou *-tié* (sans e) sauf ceux qui expriment un contenu (une assiettée, une charretée) et les mots usuels suivants : *dictée, portée, pâtée, jetée, montée.*

2ᵈᵉ ÉPREUVE

Français • Visions poétiques du monde **CORRIGÉ 38**

C'est l'hiver pour toujours, dans l'eau des boules **de verre**. On en prend une dans ses mains. La neige flotte au ralenti, dans un tourbillon né du sol, d'abord opaque, évanescent ; puis les flocons s'espacent, et le ciel bleu turquoise reprend sa **fixité** mélancolique. Les derniers oiseaux **de papier** restent en suspens quelques secondes avant de retomber. [...] On prend le monde dans ses mains, la boule est vite presque chaude. Une avalanche **de flocons** efface d'un seul coup cette angoisse latente des courants. Il neige au fond de soi, dans un hiver inaccessible où le léger l'emporte sur le lourd. La neige est douce au fond de l'eau.

RÉÉCRITURE

Les modifications sont mises en couleur.

« Ainsi donc **des** masse**s** amorphe**s** en train d'éructer fu**rent** glissée**s** pour nous dans le four stellaire, où durcissant elle**s** **se sont** façonnée**s** en vallées, crêtes, ondulations, crevasses... »

> **Attention !**
> Ne mets pas *durcissant* au pluriel : c'est un participe présent et non un adjectif verbal. Il est donc invariable.

TRAVAIL D'ÉCRITURE

Voici un exemple de rédaction sur chacun des deux sujets.
Attention les titres en couleur ne doivent pas figurer sur ta copie.

Sujet A

L'oreiller

[Matière] Deux carrés de coton blanc cousus ensemble sur leurs quatre côtés pour former une enveloppe. Le tissu est doux au toucher. L'ensemble

> **Conseil**
> Tu peux donner un titre qui nommera l'objet décrit.

est d'une grande sobriété, d'une parfaite simplicité. À l'intérieur, on sent comme un fin duvet, une matière légère et aérienne comme de la ouate qui se déplace librement sous la pression des doigts. Appuyez-y votre tête, vous aurez l'impression de vous enfoncer dans un moelleux nuage, un nid douillet.

[Couleurs, motifs et odeurs] Il est souvent habillé, enfoui dans des taies de couleurs vives à carreaux, à pois, à rayures, à fleurs, parfois parfumé avec de l'essence de lavande ou autre senteur apaisante. S'y blottir, c'est comme se lover dans un jardin secret.

[Formes et métamorphoses] Il se déforme au gré des événements et épouse la forme de ce qui s'y appuie. Au coucher, il est aérien telle une voile blanche gonflée par le vent ; au réveil, il garde l'empreinte du dormeur, la forme de son crâne ; il a été

> **Conseil**
> N'oublie pas d'employer des comparaisons et des métaphores. Cherche à varier les outils de comparaison : *comme, tel que, semblable à*... La métaphore, elle, n'est pas introduite par un outil de comparaison.

232

Français • Visions poétiques du monde CORRIGÉ 38

serré, travaillé, sculpté semblable à l'argile sous les doigts de l'artiste ; il n'est plus que creux, replis, failles et crêtes, recoins secrets… Il suffit alors de le secouer, de le tapoter pour qu'il retrouve sa forme originelle. Parfois, il s'en échappe une plume, un flocon solitaire qui voltige comme en suspens dans la chambre avant de se poser délicatement sur le sol. Parfois aussi, lors de quelque bataille de polochons, l'oreiller explose sous les coups répétés : c'est alors une véritable tempête de neige qui obscurcit le ciel de la pièce sous les rires des enfants.

Sujet B

[Présentation de l'œuvre artistique qui a servi de déclencheur] Une série de tableaux m'a amenée à regarder le monde avec des yeux neufs et à découvrir toute la poésie qu'il recèle : il s'agit de celle que Monet a consacrée à la cathédrale de Rouen. En effet, il a su voir et montrer combien la lumière transfigure, transforme, modifie les paysages, les monuments, les choses, combien le spectacle est différent selon le moment de la journée et les conditions météorologiques – aube ou crépuscule, temps brumeux ou clair, ciels couverts ou dégagés, sombres ou lumineux…

[Un regard neuf sur le monde] C'est pourquoi, il n'y a pas un jour où je ne prends le temps de m'installer devant ma fenêtre donnant sur les toits de la ville pour observer les variations de la couleur du ciel et toutes ses déclinaisons : gris tourterelle, gris anthracite, noir d'encre, bleu nuit, bleu très pâle, violet, violine, rose, orangé, jaune paille, jaune citron… Les pierres des murs, les ardoises du toit prennent des teintes si différentes sous le soleil ou sous la pluie. J'ai appris à regarder autrement ce petit bout de paysage familier. Je pense alors à tous les tableaux que Monet aurait pu peindre de cette vue toujours changeante bien que restant la même.

[Une envie de création artistique] Comme je n'ai aucun talent pour le dessin et la peinture, j'ai choisi d'avoir toujours un appareil photo à portée de main pour capter orage, arc-en-ciel, lever ou coucher du soleil, moment où ce dernier fait flamboyer les vitres des fenêtres et les cheminées. Chacun de ces instants est unique. Il s'agit toujours du même lieu, mais à chaque fois réinventé par la magie de la lumière.

[Conclusion] J'aimerais constituer un album de toutes les photographies de ces moments privilégiés que j'ai su capter de ma fenêtre.

SUJET

39

Sujet inédit • Progrès et rêves scientifiques
50 points

Expériences et découvertes

Ce sujet regroupe tous les exercices de français de la 2ᵈᵉ épreuve écrite.

1ʳᵉ partie • Analyse et interprétation de textes et de documents (1 heure)

DOCUMENT A   **Texte littéraire**

Louis Pasteur, chimiste et physicien français (1822-1895), est célèbre, entre autres, pour avoir mis au point un vaccin contre la rage. Cet extrait raconte comment le savant et son équipe découvrent l'efficacité du principe de vaccination.

L'équipe de Pasteur ne s'occupait pas que du charbon[1]. On lui avait aussi demandé de mettre fin au « choléra des poules », une maladie qui paralysait la volaille avant de la tuer.

Septembre 1879. [...] Dans un coin de son laboratoire parisien
5 de la rue d'Ulm, on retrouve une culture de bacilles[2] qui avaient été identifiés comme responsables de cette affection[3]. Personne ne s'en était préoccupé durant les deux mois d'été.

Pasteur prélève quelques gouttes du bouillon et les inocule[4] à des poules. Qui tombent un peu malades, mais aucune ne meurt.

10 Un peu plus tard, ces mêmes poules reçoivent une solution « jeune et neuve » des bacilles. Jour après jour, on guette fiévreusement leur état. Au bout de deux semaines, la bonne nouvelle est confirmée : aucune des volailles n'est morte.

Devant ses collaborateurs Chamberland et Roux, Pasteur se serait
15 exclamé : « Ne voyez-vous pas que ces poules ont été vaccinées ? »

[...] Et c'est ainsi qu'il a baptisé « vaccin » le germe affaibli. [...]

Comment atténuer la malfaisance d'un virus ? Tel est le nouveau défi de Pasteur et de son équipe. Le tout jeune Émile Roux, l'une de ses dernières recrues, va jouer un rôle crucial. Il se murmure
20 que, déjà, pour le vaccin qui allait sauver les poules, c'est de lui que serait venue l'idée géniale. Il se chuchote aussi que la contribution

Français • Progrès et rêves scientifiques **SUJET** **39**

de Chamberland, autre assistant, a permis de franchir un pas décisif… Mais, silence ! C'est Pasteur, le héros de l'histoire. Ne rabotons pas sa gloire. Sauf à considérer que son premier mérite est justement
25 d'avoir constitué et conservé un tel commando. Patience, nous y viendrons. […]

Le baron de La Rochette, grand propriétaire, est, à Melun, président de la Société d'agriculture. Il offre à l'expérience sa ferme de Pouilly-le-Fort.

30 Le 5 mai 1881, une foule nombreuse déferle à la gare locale de Cesson : paysans, élus, pharmaciens, vétérinaires… La plupart, sceptiques, ricanent en voyant Pasteur et ses assistants procéder à la première série d'inoculations : vingt-cinq moutons et cinq vaches parquées dans un hangar.

35 Le 17 mai, nouvelle inoculation des mêmes animaux avec le virus moins atténué, donc plus virulent que le précédent.

31 mai : toujours devant la même foule, le bacille du charbon (plus du tout atténué) est inoculé aux trente animaux vaccinés, mais aussi à vingt-cinq moutons et cinq vaches qui n'ont reçu aucun trai-
40 tement. L'attente commence.

Et les tensions montent dans l'équipe : avons-nous choisi le bon vaccin ? Ne fallait-il pas poursuivre les recherches ? Si les vaccinés meurent, nous devrons, dans la honte, fermer notre laboratoire…

Jours d'angoisse. Nuits sans sommeil, car quelques bêtes traitées
45 souffrent de fortes fièvres.

Une semaine plus tard, quand il revient à Pouilly, des acclamations l'accueillent. Tous les animaux non vaccinés sont morts : leurs cadavres gisent, alignés sur le sol. Tous les vaccinés broutent ou gambadent.

Erik Orsenna, *La vie, la mort, la vie*, 2015,
© Librairie Arthème Fayard.

─────────────

1. Charbon : maladie infectieuse, potentiellement mortelle, qui touche aussi bien l'homme que l'animal.
2. Culture de bacilles : élevage de microbes, qui se fait dans un liquide appelé « bouillon ».
3. Affection : maladie.
4. Inoculer : introduire dans l'organisme une substance contenant les germes d'une maladie.

Français • Progrès et rêves scientifiques   **SUJET 39**

DOCUMENT B   **Albert Edelfelt, *Louis Pasteur*, 1885**

En peignant ce portrait de Louis Pasteur, un des plus célèbres scientifiques de l'époque, le peintre finlandais Albert Edelfelt obtient un succès considérable.

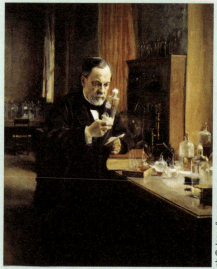

QUESTIONS **20 POINTS**

Les réponses doivent être entièrement rédigées.

Sur le texte littéraire (document A)

▶ **1. a)** Quelles sont les deux expériences successives racontées dans ce texte ? *(1 point)*
b) Quels points communs pouvez-vous relever entre ces expériences ? *(1 point)*

▶ **2.** Pour quelle raison, le 31 mai, le bacille du charbon est-il aussi inoculé aux animaux non vaccinés ? *(1 point)*

▶ **3.** Expliquez précisément quels sont les sentiments de Pasteur et de son équipe tandis qu'ils attendent les résultats des expériences. *(2 points)*

▶ **4.** Expliquez la formation du mot « fiévreusement » (ligne 11) et son sens dans le texte. Le mot « fièvres » (ligne 45) est-il à prendre dans le même sens ? *(3 points)*

Français • Progrès et rêves scientifiques **SUJET 39**

▶ **5.** « Et les tensions montent dans l'équipe : avons-nous choisi le bon vaccin ? Ne fallait-il pas poursuivre les recherches ? » (lignes 41-42)
a) Comment sont rapportées les paroles dans ces phrases ? *(1 point)*
b) Est-ce une manière habituelle de procéder ? *(1 point)*
c) Pourquoi, selon vous, l'auteur procède-t-il ainsi ? *(1 point)*

▶ **6.** « Mais, silence ! C'est Pasteur, le héros de l'histoire. Ne rabotons pas sa gloire. » (lignes 23-24)
a) Quels sont les types de phrase employés ? *(1 point)*
b) Qui parle et à qui ces phrases sont-elles adressées ? *(1 point)*
c) Expliquez le sens de ces phrases en vous aidant de ce qui précède et de ce qui suit. *(1 point)*

▶ **7.** Ce texte dresse-t-il le portrait d'un homme ou d'un projet collectif ? Justifiez votre réponse par des renvois précis au texte. *(2 points)*

Sur le texte et l'image (documents A et B)
▶ **8.** Quels sont les rapports entretenus entre le texte et le tableau ? *(2 points)*

▶ **9.** Quelle impression se dégage du tableau ? Selon vous, est-ce la même que celle dégagée par le texte ? Pourquoi ? *(2 points)*

2ᵈᵉ partie • Rédaction et maîtrise de la langue (2 heures)

DICTÉE **5 POINTS**

Le titre, la source de l'extrait et les noms Victor Hugo, Louis Pasteur et Franche-Comté sont écrits au tableau.

Erik Orsenna
La vie, la mort, la vie, 2015
© Librairie Arthème Fayard

Ils se seront détestés

Victor Hugo et Louis Pasteur. Le grand écrivain et le grand savant. Les deux phares qui, au-delà de la France, éclairent encore le monde. Deux bienfaiteurs de l'humanité. L'un, explorateur des vertiges de l'âme, a rendu leur dignité aux misérables et, pour cela, demeure célébré de l'Amérique latine à la Chine. L'autre, découvreur des sources de la vie, a triomphé de la rage. Tous les deux nés dans cette province appelée Franche-Comté pour les libertés qu'elle savait défendre. […] L'un

Français • Progrès et rêves scientifiques **SUJET 39**

chérissait la liberté, l'autre la science. Quand, l'un après l'autre, la mort finit par les rattraper, le même hommage leur fut rendu […]. Ensemble, ils résument leur siècle.

RÉÉCRITURE   5 POINTS

« Une semaine plus tard, quand il revient à Pouilly, des acclamations l'accueillent. Tous les animaux non vaccinés sont morts […] »

Réécrivez ce passage en remplaçant *il* par *ils,* et *animaux* par *bêtes*. Vous ferez toutes les modifications nécessaires.

TRAVAIL D'ÉCRITURE   20 POINTS

Vous traiterez au choix le sujet A ou le sujet B.
Votre rédaction sera d'une longueur minimale d'une soixantaine de lignes (300 mots environ).

Sujet A

Selon vous, les découvertes scientifiques sont-elles nécessairement une source de progrès pour l'humanité ? Vous présenterez votre réflexion dans un développement organisé, en prenant appui sur des exemples tirés de vos lectures et de votre culture personnelle.

Sujet B

Vous avez fait une découverte qui révolutionne le quotidien. Vous écrivez une lettre au président de l'Académie des sciences pour lui présenter les vertus de votre découverte et le convaincre de soutenir vos travaux de recherche.

LES CLÉS DU SUJET

■ Les documents

Le texte littéraire (document A)

L'écrivain Erik Orsenna, membre de l'Académie française, occupe le fauteuil qui fut jadis celui de Louis Pasteur. Dans le livre qu'il consacre à ce grand savant du XIXe siècle, il retrace sa vie et ses nombreuses découvertes.

Le tableau (document B)

Pasteur est représenté au milieu de son laboratoire, entouré du matériel nécessaire à ses expériences. Le bocal qu'il tient dans la main contient la moelle épinière du lapin contaminé par la rage, à partir de laquelle il va mettre au point le vaccin contre cette maladie.

Français • Progrès et rêves scientifiques **SUJET** 39

■ Travail d'écriture (sujet A)

Recherche d'idées

• Le sujet souligne le rôle des exemples dans ta réflexion. Tu peux les tirer des enseignements donnés en cours de sciences (découverte de l'électricité, par exemple) ou d'histoire (les armes chimiques faisant leur apparition pendant la Première Guerre mondiale).

• Pense également à utiliser le texte support et la découverte du principe de vaccination qui y est mentionnée.

Conseils de rédaction

• Construis ton devoir en deux parties : dans un premier paragraphe, tu traiteras des aspects positifs des découvertes scientifiques, en pensant aux progrès de la médecine et aux améliorations du quotidien ; dans un second paragraphe, tu aborderas les aspects négatifs, en mentionnant les exploitations militaires meurtrières de ces découvertes ou les expérimentations animales. Pense à étayer avec des exemples concrets.

• Donne ton avis en conclusion.

■ Travail d'écriture (sujet B)

Recherche d'idées

• Choisis un domaine qui peut toucher beaucoup de gens : l'alimentation, la pollution ou l'énergie.

• Il est inutile de rentrer dans des explications trop techniques ; pense surtout à présenter les avantages de ta découverte : gain de temps, gain de place, diminution de la pollution ou amélioration du cadre de vie.

Conseils de rédaction

• Commence par expliquer l'utilité de ta découverte en mettant en avant les problèmes qu'elle va permettre de résoudre, car il s'agit avant tout de convaincre ton destinataire de t'aider.

• Présente ensuite plus précisément ton innovation. Termine en demandant un soutien – financier ou autre – à ton destinataire.

• Respecte les codes de l'écriture épistolaire : date et lieu d'envoi, formules d'adresse et d'adieu et signature.

Français • Progrès et rêves scientifiques **CORRIGÉ 39**

CORRIGÉ 39

1ʳᵉ partie • Analyse et interprétation de textes et de documents

QUESTIONS

▶ **1. a)** La première expérience mentionne le procédé tenté pour lutter contre une maladie appelée le « choléra des poules ». La seconde expérience est menée sur des moutons et des vaches pour lutter contre la maladie du charbon.

b) Dans les deux cas, le protocole expérimental est identique : un germe affaibli de la maladie est introduit chez des animaux sains, qui n'en meurent pas. Plus tard, on inocule à ces mêmes animaux un germe très virulent du virus, qui normalement devrait les tuer. Mais aucune bête ne meurt. Ces deux expériences sont donc couronnées de succès.

▶ **2.** Le virus est aussi inoculé à des animaux sains : c'est ce qu'on appelle un groupe témoin. Ils n'ont pas eu la première injection atténuée et mourront, montrant par-là même l'efficacité du vaccin reçu par les bêtes de l'autre groupe.

▶ **3.** Les scientifiques ne sont pas certains de la réussite de leurs expériences. Ils éprouvent d'abord de l'angoisse (« jour après jour, on guette fiévreusement leur état »). Lors de la deuxième expérience, l'angoisse est plus marquée (« les tensions montent dans l'équipe, nuits sans sommeil »), car la réussite moins certaine (« quelques bêtes traitées souffrent de fortes fièvres »). Le soulagement et la joie ne sont pas mentionnés explicitement : l'heure est encore à la recherche.

▶ **4.** L'adverbe « fiévreusement » est dérivé de l'adjectif « fiévreuse », suivi du suffixe –*ment*. L'adjectif lui-même est formé à partir du radical *fièvr-*. Dans le texte, l'adverbe qualifie l'état d'angoisse et d'impatience des scientifiques. Il est donc à prendre au sens figuré. Le mot « fièvre » qui apparaît plus loin, est employé en revanche au sens propre : les animaux vaccinés ont une température plus élevée.

> **Astuce**
> Pour expliquer le sens d'un mot, il est également possible de lui trouver un synonyme, c'est-à-dire un mot de même classe grammaticale. Ici, le synonyme de « fiévreusement » serait « anxieusement ».

Français • Progrès et rêves scientifiques **CORRIGÉ** **39**

▶ **5. a)** Les paroles sont rapportées au **discours direct**, comme le montrent l'emploi du pronom de première personne et les points d'interrogation.

b) Le discours direct n'est toutefois pas employé de manière traditionnelle, car **les guillemets sont absents**.

c) Cette absence peut s'expliquer par le fait qu'il s'agit plus de **pensées rapportées** que de paroles, et qu'elles **émanent d'un groupe** et non d'un individu. On aurait pu parler de discours indirect libre si le pronom de 1re personne n'avait pas été employé.

▶ **6. a)** La phrase **déclarative** est encadrée par deux phrases **injonctives**.

b) Il s'agit ici de **commentaires de la part du narrateur** qui interrompt le récit pour **s'adresser au lecteur**. L'emploi de la 1re personne du pluriel crée une complicité entre le narrateur et le lecteur, associés dans ce « nous ».

> **Zoom**
> Il existe quatre types de phrase : déclarative, injonctive, interrogative et exclamative. Dans la phrase déclarative, le présentatif « C'est » sert à mettre en valeur le nom de Pasteur.

c) Avec une certaine ironie, ces phrases précisent que tout le mérite doit être attribué à Pasteur et non à ses collaborateurs ; ce qui n'est peut-être pas vrai, mais nécessaire à l'élaboration de la légende (« C'est Pasteur, le héros de l'histoire »).

▶ **7.** Le texte dresse le **portrait d'un homme** : « héros » de l'histoire, c'est lui qui prononce pour la première fois le mot « vaccin » et qui est acclamé lorsqu'il retourne à Pouilly. Mais ce portrait conforme à l'image « officielle » du savant est en réalité **plus nuancé** : les membres de l'équipe sont présents à tous les stades des expériences et sont peut-être à l'origine des plus grandes découvertes. L'appellation anachronique « commando » souligne la **force de cette équipe**.

▶ **8.** Les deux documents montrent un grand savant, **Pasteur, au travail**. Alors que le texte détaille des expériences réalisées sur des animaux **sur le terrain**, avec l'aide précieuse d'une équipe entière, le tableau privilégie l'image d'un **homme de laboratoire**, seul dans ses recherches.

▶ **9.** Le tableau dresse le **portrait d'un homme plus que d'un héros**. Une impression de calme et de recherche studieuse se dégage de la toile. Le texte en revanche présente un homme en proie aux doutes et aux angoisses, menant des expériences sur le vivant tout en étant incertain du résultat.

Français • Progrès et rêves scientifiques **CORRIGÉ** 39

2de partie • Rédaction et maîtrise de la langue

DICTÉE

POINT MÉTHODE

1 Souviens-toi que le participe passé employé sans auxiliaire fonctionne comme un adjectif qualificatif : tu dois identifier le nom auquel il se rapporte pour l'accorder convenablement.

2 Les noms féminins qui se terminent par le son –*té* s'écrivent sans *e* (sauf quelques exceptions, comme « dictée »).

3 Attention à l'emploi des consonnes doubles dans certains mots.

Victor Hugo et Louis Pasteur. Le grand écrivain et le grand savant. Les deux phares qui, au-delà de la France, éclairent encore le monde. Deux bienfaiteurs de l'humanité. L'un, explorateur des vertiges de l'âme, a rendu leur dignité aux misérables et, pour cela, demeure célébré de l'Amérique latine à la Chine. L'autre, découvreur des sources de la vie, a triomphé de la rage. Tous les deux nés dans cette province appelée Franche-Comté pour les libertés qu'elle savait défendre. […] L'un chérissait la liberté, l'autre la science. Quand, l'un après l'autre, la mort finit par les rattraper, le même hommage leur fut rendu […]. Ensemble, ils résument leur siècle.

RÉÉCRITURE

Les modifications sont mises en couleur.

« Une semaine plus tard, quand **ils reviennent** à Pouilly, des acclamations **les** accueillent. **Toutes** les **bêtes** non **vaccinées sont mortes** […]. »

TRAVAIL D'ÉCRITURE

Voici un exemple de rédaction sur chacun des deux sujets.
Attention les titres en couleur ne doivent pas figurer sur ta copie.

Sujet A

[Introduction] Les découvertes scientifiques ont considérablement changé le quotidien des hommes, dans de nombreux domaines : la santé, la communication, les déplacements. On parle ainsi des « progrès » scientifiques qui améliorent notre ordinaire. Pourtant, les découvertes ne sont pas toujours synonymes d'amélioration. Nous étudierons d'abord les aspects positifs des

Français • Progrès et rêves scientifiques **CORRIGÉ** **39**

découvertes scientifiques ; puis nous envisagerons les catastrophes qu'elles ont parfois amenées.

[Les avancées scientifiques] Les découvertes scientifiques sont souvent une source de progrès. Le recul de la mortalité est dû aux progrès de la médecine, et à la découverte du principe d'hygiène. La vaccination a aussi permis d'éradiquer nombre de maladies, comme le montre Erik Orsenna dans son ouvrage consacré à Pasteur : *La vie, la mort, la vie*. Au quotidien, nous profitons également des progrès scientifiques, et notamment de la découverte de l'électricité. Il nous semblerait difficile de nous passer de ce confort qui consiste à allumer un radiateur, une plaque électrique ou à se connecter à Internet.

[Les applications malheureuses] Cependant, les découvertes scientifiques ne sont pas nécessairement synonymes de progrès pour les hommes, car elles reçoivent souvent des applications militaires et meurtrières. Beaucoup de soldats sont tués pendant la Première Guerre mondiale par les armes chimiques qui font leur apparition et provoquent une mort lente et douloureuse. Et même dans le domaine médical, les suites des nouvelles découvertes ne sont pas toujours positives. Certains vaccins sont ainsi soupçonnés de provoquer des effets secondaires très graves et irréversibles.

[Conclusion] Les découvertes successives ont considérablement changé le quotidien des hommes. Si certaines améliorent notre vie, d'autres se révèlent meurtrières. Il est donc impossible d'affirmer que ces découvertes sont une source de progrès pour l'humanité, tant certaines applications qui en sont faites sont funestes.

Sujet B

Florine Vérin

Chemin des Plateaux

78440 Praville

> **Conseil**
> Présente ton devoir sous la forme d'une lettre, en mentionnant l'expéditeur, la date, le lieu, les formules de politesses.

Praville, le 7 juillet 2016

Monsieur le Président de l'Académie des sciences,

J'ai l'honneur de vous informer d'une découverte que j'ai faite récemment, et qui pourrait révolutionner notre quotidien.

[Rappel du contexte] La pollution toujours plus importante, et les bouleversements climatiques nous font craindre une pénurie possible de notre ressource naturelle la plus importante : l'eau. Sans eau, on le sait bien, nulle forme de vie n'est possible. Et sans purification, les bactéries et les virus pullulent, faisant du liquide un véritable poison.

Français • Progrès et rêves scientifiques **CORRIGÉ** **39**

[Présentation de la découverte] C'est en partant des méthodes mécaniques existantes pour filtrer l'eau que j'ai découvert un moyen beaucoup plus radical de fournir, en quantité, de l'eau potable à toute l'humanité. Par un procédé simple mais connu de moi seule, je suis désormais en mesure d'obtenir de l'eau potable à partir de n'importe quel liquide : eau de mer, jus de fruit, eau de pluie et même transpiration… Le procédé chimique utilisé est sans danger pour la santé.

[Demande de soutien] Mais pour être réellement exploitable, ma découverte nécessite quelques aménagements. Je pense notamment à la fabrication d'une machine effectuant automatiquement la transformation. C'est pour cette raison, Monsieur le Président, que j'ai l'honneur de solliciter une aide financière, qui me permettrait de mener à bien mes derniers travaux de recherche.

Dans l'attente de votre réponse, veuillez agréer, cher Monsieur, l'expression de mes salutations distinguées.

Florine Vérin

SUJET 40

Sujet inédit

MAÎTRISER LES DIFFÉRENTS LANGAGES • 20 points

La Première Guerre mondiale : une guerre totale

▶ **1.** Sous la forme d'un développement construit d'une vingtaine de lignes, vous expliquerez pourquoi on dit que la Première Guerre mondiale est une « guerre totale ».

▶ **2.** Complétez la carte et la légende du document ci-dessous.

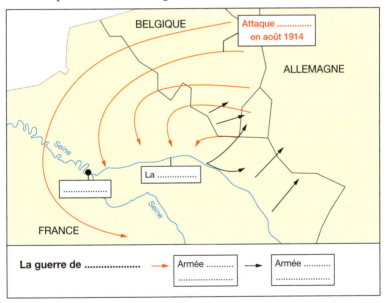

Histoire • Guerres totales (1914-1945) **CORRIGÉ 40**

LES CLÉS DU SUJET

▶ **1.** Rappelle les dates de la guerre et pose la question imposée par la consigne.

Avant de te lancer dans la rédaction, recense et classe tous les domaines qui justifient la qualification de guerre totale. Distingue les domaines militaires de ceux qui concernent les civils. Fais un paragraphe par domaine.

Termine en citant la définition de « guerre totale » que tu as apprise en cours.

CORRIGÉ 40

▶ **1.** De 1914 à 1918, une guerre mondiale ravage une partie étendue de l'Europe. Les belligérants mobilisent toutes leurs forces pour emporter la victoire. La Première Guerre mondiale est totale dans la mesure où toute la nation (l'État, le territoire et le peuple) est mobilisée dans le cadre de l'Union sacrée.

> **Info +**
> On appelle « belligérants » les pays qui participent directement à la guerre, ceux de la Triple Entente (les Alliés) et ceux de la Triplice (les empires centraux).

Les armées enrôlent tous les jeunes hommes disponibles, les militaires de carrière comme les simples citoyens. Mais les plus âgés et les femmes sont également mis à contribution pour produire armes et munitions ou secourir les blessés et soutenir le moral des troupes. Une propagande de guerre qui s'adresse à tous est mise en place.

> **Info +**
> L'« Union sacrée » désigne le rassemblement de tous les partis et syndicats derrière leur gouvernement.

Toutes les activités sont sollicitées : l'industrie pour fournir aux troupes le matériel de combat, l'agriculture pour nourrir les soldats, et aussi les ressources financières (souscriptions), culturelles (information) et politiques. Les objectifs militaires ne se limitent pas aux cibles armées (troupes ennemies, forteresses, navires).

> **Info +**
> Une souscription est un appel à des dons d'argent pour financer une opération.

Dans le cadre de bombardements ou d'exactions aux dépens des populations des territoires occupés, les civils sont eux aussi visés. La distinction entre le front et l'arrière s'efface. L'État centralise la gestion du conflit, il soumet ses ressortissants à une intense propagande (« bourrage de crâne ») et, dans les pays où elles existent, les libertés démocratiques sont suspendues.

▶ 2.

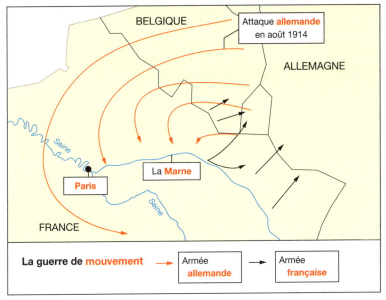

SUJET

41

Sujet inédit

MAÎTRISER LES DIFFÉRENTS LANGAGES • 20 points

Le régime stalinien

▶ **1.** Sous la forme d'un développement construit d'une vingtaine de lignes, précisez en quelle année Staline accéda au pouvoir, puis montrez à l'aide d'exemples que son régime était totalitaire.

▶ **2. a)** Dans le tableau ci-dessous, représentez les symboles du régime soviétique que vous connaissez.

Couleur de l'étoile 	Couleur du drapeau 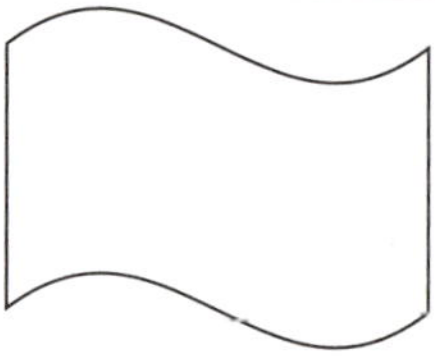	Outils figurant sur le drapeau
		……………………………
		……………………………..
…………………………..	………………………….	

b) Qu'incarnent les outils figurés sur le drapeau de l'URSS ?

LES CLÉS DU SUJET

▶ **1.** Conforme-toi à l'énoncé du sujet : pour introduire ton développement, donnes la date d'accès au pouvoir de Staline.

Avant de rédiger ton développement, recense au brouillon les caractères d'un régime totalitaire. Classe-les et, pour chacun, associe un ou deux exemples : une organisation, un événement, une règle, un nom propre… Tu peux le faire à l'aide d'un tableau à deux colonnes (caractères ; exemples). Rédige ensuite ton introduction et ton développement, en consacrant un petit paragraphe pour chaque caractère.

Enfin, formule une conclusion en une phrase. Ici, il s'agit de confirmer ce que tu dois montrer.

Histoire • Guerres totales (1914-1945) **CORRIGÉ 41**

CORRIGÉ 41

▶ **1.** À partir de 1924, Staline écarta du pouvoir ses principaux concurrents et s'imposa à la tête de l'URSS. Il mit en place un culte de la personnalité en sa faveur et se fit appeler « le petit père des peuples ». Il put dès lors mettre en œuvre le programme des communistes.

Dans le cadre de la dictature du prolétariat assurée par le parti unique (le PCUS), il nationalisa les industries et collectivisa les terres. Ainsi placée sous la responsabilité de l'État, l'économie fut planifiée de façon impérative.

> **Astuce**
> Un « développement » propose des réponses illustrées par des exemples ; il est « construit », parce qu'il expose les connaissances dans des paragraphes ordonnés de façon chronologique (les faits les plus anciens avant les plus récents) ou thématique (politique, économie, société…).

Par la propagande et le contrôle des médias, il endoctrina la population et embrigada les plus jeunes en les enrôlant dans des mouvements de jeunesse : les pionniers.

Contre ses opposants, il fit régner la terreur par le biais d'une police politique (le NKVD) et l'instauration de camps de travail (le Goulag).

L'URSS sous Staline est ainsi devenue un État totalitaire.

▶ **2.** Les symboles du régime soviétique sont l'étoile rouge (symbole du communisme) et le drapeau rouge de l'URSS. Ces lettres signifient Union des Républiques socialistes soviétiques. Sur le drapeau figurent un marteau – symbole de la classe ouvrière (ou des ouvriers) – et une faucille – symbole de la paysannerie.

> **Info +**
> Le rouge représente le sang des ouvriers lors de leurs soulèvements. Tous les partis et pays socialistes l'utilisent.

2ᵈᵉ ÉPREUVE

SUJET

42

D'après Polynésie française • Septembre 2013
ANALYSER UN DOCUMENT • 20 points

Le statut des Juifs
dans la France de Vichy

DOCUMENT | **Extrait du statut des Juifs, 1940**

Article 1
Est regardé comme Juif toute personne issue de trois grands-parents
de race juive [...].

Article 2
L'accès et l'exercice des fonctions publiques et mandats énumérés
ci-après sont interdits aux Juifs : chef de l'État, membre du gouvernement ; fonctionnaires de tout grade attachés aux services de
police ; membres des corps enseignants ; officiers et sous-officiers des
armées. [...]

Article 4
L'accès et l'exercice des professions libérales, des professions libres, des
fonctions dévolues aux officiers ministériels et à tous auxiliaires de
la justice sont permis aux Juifs, à moins que des règlements d'administration publique n'aient fixé pour eux une proportion déterminée.
Dans ce cas, les mêmes règlements détermineront les conditions dans
lesquelles aura lieu l'élimination des Juifs en surnombre.

Article 5
Les Juifs ne pourront exercer l'une quelconque des professions suivantes : directeurs et rédacteurs de journaux, metteurs en scène, entre-
preneurs de spectacles [...] ; gérants de toutes entreprises se rapportant
à la radiodiffusion. [...]

Article 8
Par décret individuel pris en Conseil d'État et dûment motivé, les Juifs
qui, dans les domaines littéraire, scientifique, artistique, ont rendu des
services exceptionnels à l'État français pourront être relevés des interdictions prévues par la présente loi. [...]

Fait à Vichy, le 3 octobre 1940.

Histoire • Guerres totales (1914-1945) SUJET 42

▶ **1.** Identifiez la date du document. Quel régime politique et quel chef d'État dirigent la France à cette date ?

▶ **2.** En vous appuyant sur vos connaissances, expliquez après quel événement le régime change en France et quel type de politique le nouveau chef d'État se propose de mener avec l'Allemagne.

▶ **3.** En vous appuyant sur des exemples extraits du document, expliquez pourquoi ce statut rend plus difficile la vie des Juifs.

▶ **4.** Quand et dans quel autre pays des mesures semblables avaient-elles été prises ? Comment s'appellent les lois qui ont imposé ces mesures dans ce pays ?

▶ **5.** Que fait cette loi des Juifs par rapport à la communauté des Français ? En citant les valeurs de la République, expliquez en quoi ce statut ne les respecte pas.

2de ÉPREUVE

LES CLÉS DU SUJET

■ Comprendre le document

Le document est un « statut », autrement dit une loi. Elle définit le droit. C'est un document officiel. Il concerne les Français de confession juive. Il établit des « interdits », des limites ou des conditions d'exercice de certaines professions. La liberté des Juifs s'en trouve limitée.

■ Répondre aux questions

▶ **1.** Où a été signé le statut des Juifs ?

▶ **3.** Quels types d'activités sont interdits aux Juifs ? De quoi les privent ces interdictions ?

▶ **4.** Quel pays exerce une politique antisémite à l'époque ? Les lois contre les Juifs portent le nom d'une ville de ce pays. Laquelle ?

▶ **5.** Qu'est-ce qu'une discrimination ? Que proclame la Déclaration des droits de l'Homme et du citoyen ? Que dit la devise de la République ? Fais le lien entre ces principes ou valeurs et la situation faite aux Juifs par le statut.

Histoire • Guerres totales (1914-1945) CORRIGÉ 42

CORRIGÉ 42

▶ **1.** Le document date du 3 octobre 1940. Sous l'autorité du maréchal Pétain, le régime de Vichy dirige la France à cette date.

▶ **2.** Le régime change en France après sa défaite militaire et la capitulation de juin 1940. Pétain se propose alors de mener une politique de collaboration avec l'Allemagne.

> **Gagne des points**
> Tu peux préciser que la République est abolie et que le nouveau régime est une dictature militaire.

▶ **3.** Le statut des Juifs leur interdit l'exercice des métiers de la fonction publique et de nombreuses professions libérales (articles 2, 4 et 5). Ne pouvant plus travailler, les Juifs se voient ainsi privés de revenus et réduits à la misère.

▶ **4.** Des mesures semblables avaient été prises dans l'Allemagne nazie d'Hitler en 1935. Les lois qui les ont imposées sont les lois de Nuremberg.

> **Astuce**
> Pour bien répondre à une question, reprend dès le début de ta réponse les termes de la question.

▶ **5.** Cette loi exclut les Juifs de la communauté des Français ; elle les prive de leurs droits. Ce statut ne respecte pas la liberté de croyance, puisque les Juifs sont exclus en raison de leur religion ; il ne respecte pas non plus l'égalité de droit, puisque les Juifs ne peuvent plus choisir leur métier comme les autres Français ; il est aussi une atteinte à la liberté.

SUJET 43

Sujet inédit
MAÎTRISER LES DIFFÉRENTS LANGAGES • 20 points

Les crises de Berlin (1948-1989)

▶ **1.** Sous la forme d'un développement construit d'une vingtaine de lignes, définissez la guerre froide, puis décrivez-la à travers les crises qui se déroulent à Berlin entre 1948 et 1989.

▶ **2.** Complétez la frise ci-dessous. Précisez les événements déjà placés sur la frise en complétant les textes. Ajouter les événements suivants, en les plaçant correctement sur la frise : crise de Cuba ; chute du mur de Berlin.

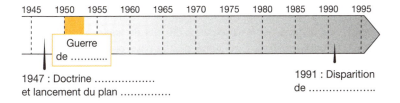

LES CLÉS DU SUJET

▶ **1.** En introduction, donne la définition de la guerre froide, comme demandé dans l'énoncé. Tu peux ainsi amener ton développement, en annonçant que tu vas illustrer celui-ci par la présentation des crises de Berlin.
Rédige un paragraphe par crise. Raconte les événements dans l'ordre chronologique. Précise les dates. Montre qu'elles correspondent aux temps forts de la guerre froide. Efforce-toi aussi de montrer que chaque situation racontée illustre la définition que tu as donnée en introduction.
Pour conclure, explique pourquoi il t'a été demandé de décrire ces crises après avoir défini la guerre froide.

CORRIGÉ 43

1. La guerre froide désigne le conflit qui opposa deux blocs de pays : l'Ouest capitaliste libéral et l'Est communiste. Le conflit est dit « froid », parce que les deux principaux adversaires (les États-Unis et l'URSS) ne s'affrontèrent pas directement dans le cadre de conflits armés. Leur affrontement se déroula souvent sur le territoire d'autres pays, comme à Berlin.

> **Conseil**
> En histoire, quand tu dois « décrire » ou « raconter » une situation étalée dans le temps, appuie-toi sur la chronologie.

En 1948, Staline veut chasser les occidentaux de Berlin. Il organise un blocus de la ville. Plutôt que de forcer le passage pour approvisionner les Berlinois, les Américains organisent un pont aérien : ils apportent tout le nécessaire à la population par avions. En 1949, Staline abandonne le blocus sans être parvenu à ses fins.

> **Info +**
> La guerre entre les deux Corée et celle entre les deux Vietnam sont d'autres cas d'affrontement entre les deux Grands.

En 1961, afin d'empêcher les Allemands de l'Est de quitter la RDA pour se rendre à l'Ouest – migration qui dépeuplait le pays et en donnait une très mauvaise image –, les dirigeants est-allemands soutenus par les Soviétiques décident de construire un mur qui isole Berlin Ouest. Ce mur est dénoncé par les Occidentaux.

En 1963, le président américain Kennedy se rend à Berlin pour exprimer sa solidarité avec les Berlinois. « Ich bin ein Berliner », leur dit-il. Mais ce soutien ne change rien au sort des Allemands de l'Est. Il faut attendre novembre 1989 et l'affaiblissement du bloc de l'Est pour voir tomber ce mur et se réunifier la ville, puis le pays tout entier (1990).

Les crises qui ont touché Berlin de 1948 à 1989 sont typiques des conflits de la guerre froide.

2.

SUJET

44

Sujet inédit
ANALYSER UN DOCUMENT • 20 points

Le traité de Rome

DOCUMENT | **Extrait du traité de Rome**

Préambule – Sa Majesté le roi des Belges, le président de la République fédérale d'Allemagne, le président de la République française, le président de la République italienne, Son Altesse royale la grande-duchesse de Luxembourg, Sa Majesté la reine des Pays-Bas, DÉTERMINÉS à établir les fondements d'une union sans cesse plus étroite entre les peuples européens, DÉCIDÉS à assurer par une action commune le progrès économique et social de leurs pays en éliminant les barrières qui divisent l'Europe, ASSIGNANT pour but essentiel à leurs efforts l'amélioration constante des conditions de vie et d'emploi de leurs peuples, RECONNAISSANT que l'élimination des obstacles existants appelle une action concertée en vue de garantir la stabilité dans l'expansion, l'équilibre dans les échanges et la loyauté dans la concurrence, SOUCIEUX de renforcer l'unité de leurs économies et d'en assurer le développement harmonieux en réduisant l'écart entre les différentes régions et le retard des moins favorisés, DÉSIREUX de contribuer, grâce à une politique commerciale commune, à la suppression progressive des restrictions aux échanges internationaux, ENTENDANT confirmer la solidarité qui lie l'Europe et les pays d'outre-mer, et désirant assurer le développement de leur prospérité, conformément aux principes de la Charte des Nations unies, RÉSOLUS à affirmer, par la constitution de cet ensemble de ressources, les sauvegardes de la paix et de la liberté, et appelant les autres peuples de l'Europe qui partagent leur idéal à s'associer à leur effort, ONT DÉCIDÉ de créer une Communauté économique européenne. […]

Article 2 – La Communauté a pour mission, par l'établissement d'un marché commun et par le rapprochement progressif des politiques économiques des États membres, de promouvoir un développement harmonieux des activités économiques dans l'ensemble de la Communauté, une expansion continue et équilibrée, une stabilité accrue, un relèvement accéléré du niveau de vie et des relations plus étroites entre les États qu'elle réunit.

2ᵈᵉ ÉPREUVE

Histoire • Le monde depuis 1945 **SUJET** 44

▶ **1.** Quels pays sont signataires de ce traité ? De quand date-t-il ? Où a-t-il été signé ?

▶ **2.** En vous appuyant sur le texte pour justifier vos réponses, dites sur quelles valeurs et principes est établi le traité.

▶ **3.** Dans quel domaine la communauté veut prioritairement favoriser le rapprochement de ses membres ? Quel nom adopte la communauté ?

▶ **4.** À l'aide de vos connaissances, citez deux accords ou traités qui ont permis de mettre en application les objectifs de la communauté entre 1957 et 1992. Illustrez vos réponses en citant des extraits du traité de Rome.

▶ **5.** Comment se transforme la CEE à partir de 1995 ? Citez au moins deux exemples d'objectifs qu'elle se fixe et les réalisations qui se mettent en place dans ce cadre.

LES CLÉS DU SUJET

■ Comprendre le document

Ce document est un traité. Officiel, il change les relations économiques et politiques entre les États signataires. Il est signé douze ans après la fin de la guerre, dix après le début de la guerre froide.

■ Répondre aux questions

▶ **2.** Quelle valeur cherche-t-on à atteindre en « réduisant les écarts » ? Que veulent « confirmer » les signataires ? Quelle valeur républicaine apparaît dans les dernières lignes du préambule ?

▶ **3.** La réponse est contenue dans le sigle CEE.

▶ **4.** Cherche dans le texte les buts des signataires et retrouve ainsi les traités étudiés en classe.

▶ **5.** Tu peux chercher des réponses dans ton cours d'éducation morale et civique.

Histoire • Le monde depuis 1945 **CORRIGÉ** **44**

CORRIGÉ 44

▶ **1.** Les pays signataires du traité sont la Belgique, la République fédérale d'Allemagne (RFA), la France, l'Italie, le Luxembourg et les Pays-Bas. Il date de 1957 et a été signé à Rome.

▶ **2.** Le traité est établi sur les principes de l'égalité (les signataires veulent « réduire les écarts » entre eux et établir « l'équilibre de leurs échanges »), la solidarité (qu'ils veulent « confirmer »), la paix et la liberté (fin du préambule). Ils cherchent l'unité (voir l'emploi répété des formules « union », « action commune », « unité », « harmonie »).

> **Conseil**
> Quand on te demande de « t'appuyer sur le document », cite entre parenthèses le passage qui justifie ta réponse.

▶ **3.** Les membres veulent favoriser leur rapprochement dans les domaines de l'économie. Le mot apparaît cinq fois dans le texte qui parle aussi d'échanges, de concurrence, de marché, de prospérité, de développement. La communauté prend le nom de Communauté économique européenne ou CEE.

▶ **4.** Les accords qui mettent en application les objectifs de la communauté sont :

– la politique agricole commune (PAC) en 1962, qui vise à « améliorer les conditions de vie » des agriculteurs, « stabiliser les marchés » et « favoriser le développement » de l'agriculture ;

– le marché commun en 1968, qui supprime les droits de douanes puis/ou l'Acte unique en 1986 qui permet la libre circulation des marchandises ; ces deux accords répondent au vœu de « suppression progressive des restrictions aux échanges internationaux » et établit « la loyauté dans la concurrence » ;

– la création du Fonds européen de développement régional (FEDER) en 1975, dont le but est de réduire « l'écart entre les différentes régions et le retard des moins favorisés » ;

– les accords de Schengen en 1985 sur la libre circulation des personnes, qui suppriment une restriction et permet aux populations d'améliorer leurs conditions de vie ;

– la création de l'ECU en 1979, une monnaie qui vise à favoriser les échanges entre les pays membres.

2ᵈᵉ ÉPREUVE

Histoire • Le monde depuis 1945 **CORRIGÉ** **44**

▶ **5.** À partir de 1995, la CEE devient l'Union européenne (UE). Elle se donne pour objectifs de renforcer les liens constitutionnels, politiques, monétaires, sociaux, fiscaux… entre les pays membres. Dans ce cadre, l'Union crée une citoyenneté européenne, une monnaie commune (l'euro), une force militaire (Eurocorps), un poste de président de l'Union et un poste de haut représentant aux affaires étrangères.

> **Gagne des points**
> Tu peux préciser que la communauté s'agrandit, passant à 15 membres en 1995 ; et que l'UE compte aujourd'hui 28 pays.

SUJET 45

D'après Pondichéry • Avril 2013
ANALYSER UN DOCUMENT • 20 points

Le monde après la chute du mur de Berlin

DOCUMENT | Le monde actuel vu par le dessinateur Chalvin, mars 2008

M. Foucher, « Les nouveaux (dés)équilibres mondiaux », *La Documentation photographique*, n° 8072, novembre-décembre 2009.

▶ **1.** Identifiez la nature et l'auteur de ce document.

▶ **2.** Décrivez le puzzle de gauche. Expliquez en quoi il représente l'organisation du monde entre 1945 et 1989.

▶ **3.** Décrivez le puzzle de droite. Expliquez en quoi il représente le monde depuis le début des années 1990.

▶ **4.** En vous appuyant sur le document, dites quels événements ont provoqué les changements entre les deux puzzles.

Histoire • Le monde depuis 1945 **CORRIGÉ** 45

▶ **5.** À l'aide de vos connaissances, citez les grands changements qui affectent la communauté économique européenne et le commerce mondial. Présentez au moins un conflit qui trouble le monde.

LES CLÉS DU SUJET

■ Comprendre le document

Le document est un dessin repris par un éditeur qui diffuse des documents pédagogiques. Il a pour objectif de montrer en un clin d'œil les changements du monde avant et après la fin de la guerre froide. Il donne une vision de la seconde moitié du XXe siècle telle qu'on peut la comprendre en 2009.

■ Répondre aux questions

▶ **1.** Attention : ne confonds pas l'auteur du dessin avec celui qui le publie.
▶ **2.** Combien de pièces compte le puzzle ? Quels systèmes politique et économique différencient l'Est de l'Ouest ?
▶ **3.** Quelle est la principale différence entre ce puzzle et le précédent ? Comment désigne-t-on les pays du Sud qui deviennent des puissances ? Quel pays développé manque pour former la Triade ?
▶ **4.** Recherche les réponses dans les propos tenus par les deux personnages du dessin.

CORRIGÉ 45

▶ **1.** Le document est un dessin humoristique du dessinateur Chalvin.

▶ **2.** Le puzzle de gauche comporte trois pièces : deux dans la partie supérieure (le Nord) distinguant l'Est et l'Ouest ; une dans la partie inférieure (le Sud). L'Ouest figure le bloc occidental composé de pays capitalistes à démocraties libérales, mené par les États-Unis. L'Est représente le bloc des pays communistes, dirigé par l'URSS. Dans la partie sud se

Astuce
Sur le dessin sont indiqués l'Ouest et l'Est ; mais il y a deux autres points cardinaux que tu peux aussi utiliser dans ta réponse.

trouvent les pays décolonisés et nommés « tiers-monde » depuis la conférence de Bandung (1955). Ce sont des pays pauvres qui ne veulent s'aligner sur aucun des deux blocs.

Histoire • Le monde depuis 1945 CORRIGÉ 45

▶ **3.** Le puzzle de droite est éclaté en très nombreuses pièces parmi lesquelles émergent quelques puissances. Il représente un monde plus diversifié et interconnecté. Au nord, les États-Unis, l'Europe (et le Japon) forment la triade des grandes puissances économiquement dominantes. Au sud, les BRIC (Brésil, Russie, Inde, Chine) sont des pays encore pauvres mais de plus en plus importants sur le plan économique. Tous ces pays et ceux qui les entourent forment un système mondialisé.

▶ **4.** Les événements qui ont provoqué les changements entre les deux puzzles sont la chute du mur de Berlin en 1989, évoquée par le personnage de gauche, et la disparition de l'URSS en 1991, suggérée par la femme qui parle du communisme, idéologie dont se réclamait le bloc de l'Est.

▶ **5.** Le grand changement qui affecte la CEE est sa transformation en Union européenne (1992-1995). En 1995 est créée l'Organisation mondiale du commerce (OMC). Mais de nombreux conflits déstabilisent le monde. On peut citer les guerres du Golfe contre l'Irak (1991 et 2003), la crise dans les Balkans (1991-1995), l'attentat de New York en septembre 2001 et la guerre en Afghanistan qui lui fait suite.

> **Gagne des points**
> Pense à l'actualité récente et montre à ton correcteur que tu sais y puiser des informations. Ne limite pas tes connaissances au cours !

2de ÉPREUVE

SUJET 46

Sujet inédit
ANALYSER UN DOCUMENT • 20 points

La création de la Sécurité sociale

DOCUMENT 1 — Affiches en faveur de la Sécurité sociale, 1945

DOCUMENT 2 — Ordonnance du 4 octobre 1945

Art. 1er – Il est institué une organisation de la Sécurité sociale destinée à garantir les travailleurs et leurs familles contre les risques de toute nature susceptibles de réduire ou de supprimer leur capacité de gain, à couvrir les charges de maternité et les charges de famille qu'ils supportent.

L'organisation de la Sécurité sociale assure dès à présent le service des prestations prévues par les législations concernant les assurances sociales, l'allocation aux vieux travailleurs salariés, les accidents du

Histoire • Une République repensée **SUJET** 46

travail et maladies professionnelles et les allocations familiales et de salaire unique aux catégories de travailleurs protégés par chacune de ces législations dans le cadre des prescriptions fixées par celles-ci et sous réserve des dispositions de la présente ordonnance.

Des ordonnances ultérieures procéderont à l'harmonisation desdites législations et pourront étendre le champ d'application de l'organisation de la Sécurité sociale à des catégories nouvelles de bénéficiaires et à des risques ou prestations non prévus par les textes en vigueur.

Le Gouvernement provisoire de la République française.

▶ **1.** Quel gouvernement dirige la France en octobre 1945 ? Pourquoi son nom ? Qui le préside ?

▶ **2.** Décrivez l'état économique et politique de la France en 1945. Expliquez cette situation.

▶ **3.** Que met en place l'ordonnance du 4 octobre 1945 ? Quel en est le but ? Justifiez votre réponse par des informations tirées des documents.

▶ **4.** Au nom de quelles valeurs républicaines les mesures sont-elles prises ? Appuyez-vous sur les affiches pour justifier vos réponses.

▶ **5.** Citez deux autres mesures votées entre 1944 et 1946 par le GPRF.

LES CLÉS DU SUJET

■ **Comprendre les documents**

• Prise par un gouvernement, une ordonnance est une décision qui fait acte de loi. C'est un document officiel. Cette loi entre en vigueur six mois après la fin de la guerre.

• Les affiches illustrent la mesure : elles en font la promotion auprès des Français.

■ **Répondre aux questions**

▶ **2.** La France sort d'une guerre qui l'a désorganisée. La République a été abolie par le régime de Vichy. Il faut tout reconstruire.

▶ **3.** Contre quoi le gouvernement veut protéger les Français ? Donne des exemples concrets.

▶ **4.** Essaie de retrouver dans les documents les valeurs de la devise de la République. Le nom de l'organisation créée apporte aussi une réponse.

2de ÉPREUVE

Histoire • Une République repensée **CORRIGÉ 46**

CORRIGÉ 46

▶ **1.** Le gouvernement qui dirige la France en octobre 1945 est le Gouvernement provisoire de la République française (GPRF). Il est provisoire en attendant qu'un nouveau régime soit établi par le vote d'une constitution. Le général de Gaulle préside ce gouvernement.

▶ **2.** La France a subi des destructions (villes, infrastructures de transports…). Son économie tourne au ralenti. Elle n'a plus de Constitution. Cette situation s'explique par la guerre qui s'est déroulée sur son territoire et par la chute du régime de Vichy.

▶ **3.** L'ordonnance du 4 octobre met en place la Sécurité sociale. Elle a pour but d'aider les Français touchés par la maladie (1re affiche), menacés par la misère et l'absence de logement (2e affiche) ou les femmes enceintes touchées par les charges de la maternité (doc. 2. § 1). Elle veut aider les retraités (les « vieux travailleurs salariés », doc. 2. § 2) et les victimes d'accidents du travail.

> **Conseil**
> « Justifier » sa réponse, c'est dire où se trouve l'information dans un document.

▶ **4.** Les mesures sont prises au nom de la sécurité ainsi que l'annonce le nom « Sécurité sociale ». Elles le sont aussi au nom de la solidarité (la fraternité) : « tous solidaires » proclame la 1re affiche. Au nom encore de l'égalité : « tous bénéficiaires » dit cette même affiche.

▶ **5.** Entre 1944 et 1946, le GPRF a également octroyé le droit de vote aux femmes. Il a nationalisé des entreprises de transport, d'énergie (EDF, GDF, CDF), de banques et d'assurances, créé l'École nationale d'administration (l'ENA) et établi la Constitution de la IVe République.

SUJET 47

Sujet inédit

MAÎTRISER LES DIFFÉRENTS LANGAGES • 20 points

La France, terre d'immigration

▶ **1.** Sous la forme d'un développement construit d'une vingtaine de lignes, décrivez la politique d'immigration de la France depuis 1945, puis expliquez pourquoi elle a changé à la fin des Trente Glorieuses. Quelles conséquences l'immigration a-t-elle sur la société française ?

▶ **2.** Sur le fond de carte ci-dessous, localisez et nommez quatre pays d'origine des immigrants vers la France.

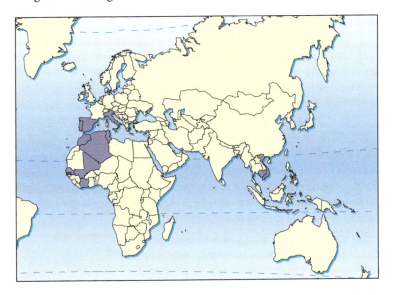

LES CLÉS DU SUJET

▶ **1.** Pour commencer, rappelle la situation de la France en 1945 et le besoin qu'elle a de se reconstruire. Ce rappel te permet de poser la question de l'immigration.

D'après la consigne, la politique de la France a changé. Il y a un avant et un après Trente Glorieuses. Rédige un paragraphe pour chacune des deux

Histoire • Une République repensée **CORRIGÉ 47**

périodes en définissant les politiques d'immigration de la France. Pour chacune de celles-ci, explique pourquoi les gouvernements les adoptent. Dans un troisième paragraphe, évalue les conséquences. Fais appel à tes connaissances de l'actualité.

Pour conclure, confronte les avantages et les inconvénients de l'immigration. Selon toi, qu'est-ce qui l'emporte ?

CORRIGÉ 47

▶ **1.** En 1945, la France est à reconstruire. Elle a besoin de main-d'œuvre. Quelle politique d'immigration adopte-t-elle et comment évolue celle-ci après les Trente Glorieuses ?

De 1945 à 1970, la France invite les travailleurs étrangers à venir sur son territoire. Les migrants viennent principalement des pays du sud de l'Europe (Portugal, Espagne, Grèce), des territoires de l'Empire ou de ses anciennes colonies (Afrique du Nord). Les migrants trouvent du travail dans le bâtiment et les industries. Ils occupent des emplois d'ouvriers spécialisés sur les chaînes de montage. Ce sont souvent des hommes seuls. Ils vivent dans des foyers d'accueil et beaucoup pensent retourner un jour dans leur pays d'origine.

Avec la fin de la prospérité, à partir du milieu des années 1970, la France n'a plus besoin de ces immigrés. La crise économique fait apparaître le chômage. La politique d'immigration s'inverse. Non seulement l'appel aux immigrants s'arrête et les portes se ferment, mais la France favorise le retour dans leur pays des étrangers qu'elle avait fait venir. Seuls les proches de ceux qui souhaitent rester sont autorisés à les rejoindre au titre du « regroupement familial ».

Quelle que soit la période, la présence des étrangers est bonne pour l'économie. Ils aident à la production nationale et ils consomment. Mais ils ne sont pas toujours bien acceptés, parce qu'ils ont des cultures différentes. L'intégration est difficile et les réactions d'hostilité (xénophobie, racisme) créent parfois des tensions.

> **Info +**
> La xénophobie est la peur de l'étranger. Le racisme, lui, établit une hiérarchie entre les personnes jugées supérieures et les autres.

Dans la seconde moitié du XXe siècle, la France a profité de l'immigration pour se reconstruire. Aujourd'hui, elle n'a plus d'activités à offrir à ceux qui se présentent à ses frontières, mais elle doit sa reconnaissance à ceux qui ont aidé à son redressement.

▶ 2.

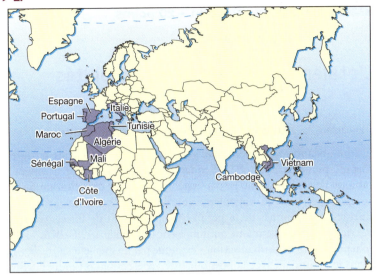

SUJET

48

D'après France métropolitaine • Juin 2015

ANALYSER UN DOCUMENT • 20 points

L'étalement urbain et les mobilités

DOCUMENT   **Étalement urbain et mobilités à Angoulême**

Le phénomène de périurbanisation est fort à Angoulême et dure depuis plusieurs décennies. Pendant 50 ans, l'expansion démographique s'est faite davantage par étalement que par densification de la ville-centre. Alors qu'Angoulême voit sa population diminuer légèrement, les communes de la périphérie enregistrent de fortes hausses. Cette tendance s'est même amplifiée sur la période 1999-2010. Si ce phénomène de périurbanisation s'explique par un meilleur cadre de vie dans le périurbain avec la possibilité de vivre en maison individuelle, il peut également être motivé par une fiscalité[1] locale plus attractive.

En s'installant loin des villes, les familles allongent pourtant leurs déplacements, non seulement pour se rendre au travail mais aussi pour accéder aux équipements (achats, démarches, loisirs).

Un des objectifs de la loi Grenelle[2] sur les transports durables est d'ouvrir la voie à de nouvelles façons de se déplacer : développement des transports collectifs avec l'aide de l'État, mise en place d'un plan véhicule électrique, développement du covoiturage.

D'après le site de l'Insee, Décimal n° 325, avril 2013.

1. Fiscalité : impôts.
2. Loi Grenelle : ensemble des mesures en faveur du développement durable (2009-2010).

▶ **1.** D'après le texte, citez pour cette aire urbaine :
• un espace qui gagne des habitants ;
• un espace qui perd des habitants.

▶ **2.** Dans le texte, relevez deux raisons qui expliquent la périurbanisation.

Géographie • Dynamiques territoriales **SUJET 48**

▶ **3.** Dans le texte, soulignez la phrase qui montre qu'à Angoulême, comme dans les autres agglomérations françaises, l'espace urbain tend à devenir moins dense.

▶ **4.** À l'aide du texte et de vos connaissances, décrivez une conséquence de la périurbanisation.

LES CLÉS DU SUJET

■ **Comprendre le document**

Le document est un texte tiré d'une publication régionale de l'Insee (ici, la région Poitou-Charentes, ce qui explique qu'on y analyse l'étalement urbain et les mobilités à Angoulême). N'hésite pas à surligner les mots-clés du texte, ce qui te permettra de les réutiliser facilement. Ici : étalement urbain, mobilités, périurbanisation, ville-centre, périphérie, cadre de vie, fiscalité et transports durables.

■ **Répondre aux questions**

▶ **1.** et **2.** Comme souvent la première question renvoie au premier paragraphe, la deuxième question au deuxième paragraphe du texte. Cherche en utilisant les mots-clés habitants/population ou gagne/perd, augmenter/diminuer, hausse/baisse. Pour la question 2., repère le mot-clé « expliquer ».

▶ **4.** Une question sur les conséquences de la périurbanisation. Les données essentielles sont dans la deuxième partie du texte, mais tu peux développer un peu en utilisant des connaissances de ton cours. Insiste notamment sur les problématiques de développement durable, qui sont au cœur de la question.

Géographie • Dynamiques territoriales **CORRIGÉ** 48

CORRIGÉ 48

▶ **1.** Dans l'aire urbaine d'Angoulême, la ville-centre enregistre une légère baisse du nombre d'habitants, alors que dans les communes périurbaines (« de la périphérie ») le nombre d'habitants est en forte hausse.

▶ **2.** D'après le texte, la périurbanisation s'explique, d'une part, par l'attractivité du cadre de vie, notamment avec la possibilité d'avoir une maison individuelle en raison de prix immobiliers inférieurs, et d'autre part, par « une fiscalité locale plus attractive ».

▶ **3.** La phrase à souligner dans le texte est : « L'expansion démographique s'est faite davantage par étalement que par densification de la ville-centre. »

▶ **4.** Une conséquence du mode de vie périurbain est l'augmentation des mobilités : les populations, qui vivent en périphérie des aires urbaines, doivent se rendre pour travailler dans les centres-villes ou les zones d'activités qui bordent l'agglomération. Cette dissociation habitat/travail entraîne des migrations pendulaires massives, qui congestionnent les axes de transport pourtant performants des grandes aires urbaines aux heures de pointe : le matin pour aller au travail, le soir pour en revenir. La périurbanisation s'accompagne donc de congestions importantes, sources de pertes de temps, de dépenses d'énergie et de pollutions. La périurbanisation est ainsi un enjeu majeur de développement durable.

SUJET 49

Sujet inédit

MAÎTRISER LES DIFFÉRENTS LANGAGES • 20 points

Les espaces productifs industriels français et la mondialisation

▶ **1.** Sous la forme d'un développement construit d'une vingtaine de lignes et en vous appuyant sur les exemples étudiés en classe, expliquez comment les espaces productifs industriels français s'adaptent aux défis de la mondialisation.

▶ **2.** Complétez la carte suivante en entourant cinq grands espaces industriels, dont vous préciserez le nom. Puis nommez sur la carte trois grands ports maritimes français.

Les espaces industriels de la France

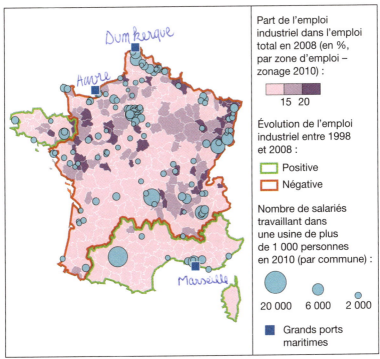

Géographie • **Dynamiques territoriales** **CORRIGÉ** **49**

LES CLÉS DU SUJET

▶ **1.** Commence par poser la question centrale du déclin industriel français.

Analyse ensuite les mutations des espaces industriels français sous l'effet de la compétition internationale.

Décris enfin les formes métropolitaines de l'industrie actuelle.

CORRIGÉ 49

▶ **1.** Face à la mondialisation, la France est-elle en voie de désindustrialisation ? En effet, l'industrie ne crée plus que 12,5 % de la valeur ajoutée nationale et 2 millions d'emplois industriels ont été détruits depuis 2007 ! L'industrie française manque de compétitivité.

Conseil
Il faut apprendre quelques chiffres pour démontrer une idée.

Néanmoins, les espaces industriels ont évolué pour s'adapter à la concurrence internationale. La mondialisation a entraîné le déclin des activités industrielles traditionnelles dans les régions du nord et de l'est. Mais de nouvelles activités, liées aux investissements directs étrangers, s'y sont développées. Les espaces littoraux ont bénéficié de la maritimisation de l'économie (ports de Marseille, Le Havre et Dunkerque) : les activités industrielles ont fleuri dans les zones industrialo-portuaires, malgré une forte concurrence européenne et mondiale.

En outre, la France conserve des atouts grâce à ses métropoles, en développant les activités en clusters et pôles de compétitivité. La région parisienne est la première région industrielle française, devant Lyon.

▶ 2.

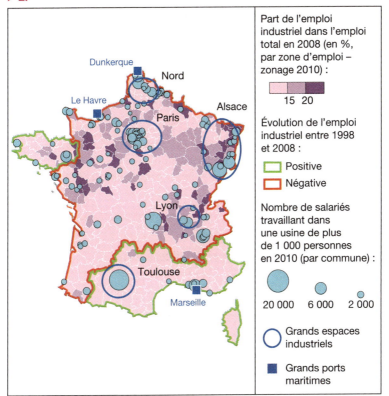

SUJET 50

Sujet inédit
MAÎTRISER LES DIFFÉRENTS LANGAGES • 20 points

Les bases du développement des espaces de faible densité

▶ **1.** Sous la forme d'un développement construit d'une vingtaine de lignes et en vous référant aux exemples étudiés en classe, expliquez sur quelles bases économiques peut s'appuyer le développement des espaces de faible densité.

▶ **2.** Observez la carte et trouvez le bon numéro pour chaque espace de faible densité mentionné sous la carte.

Les espaces de faible densité

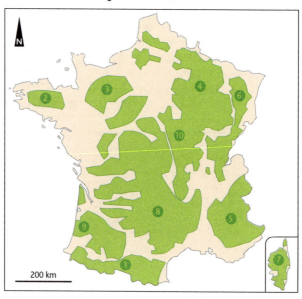

Intérieur breton =
Landes =
Intérieur normand =
Vosges =
Montagne corse =

Diagonale du vide (nord) =
Diagonale du vide (sud) =
Morvan =
Pyrénées =
Alpes du Sud =

Géographie • Dynamiques territoriales CORRIGÉ **50**

LES CLÉS DU SUJET

▶ **1.** Réfléchis aux caractéristiques des espaces de faible densité : ce sont des espaces presque exclusivement ruraux, donc agricoles.

Quelles sont les nouvelles activités liées au développement durable ?

Développe les aspects liés aux aménités : as-tu déjà fait du « tourisme vert » ?

CORRIGÉ **50**

▶ **1.** Le développement des espaces de faible densité, espaces ruraux par excellence, s'appuie tout d'abord sur l'agriculture. Dans l'est du Bassin parisien, des systèmes intégrés se sont développés, tournés vers l'exportation, avec des exploitations fortement modernisées grâce à la PAC. Plus récemment sont apparues de nouvelles pratiques, tournées vers des productions de qualité, qui vendent leurs produits sur des marchés de proximité.

Les espaces de faible densité profitent aussi de l'émergence des problématiques de développement durable. L'étendue de l'espace permet l'exploitation de la forêt ou le développement des énergies renouvelables (éolien et solaire photovoltaïque), gourmandes en surface au sol. L'espace rural est désormais perçu de façon beaucoup plus positive.

Conseil
Efforce-toi de citer quelques exemples localisés, afin de donner de la précision à ton propos.

Enfin, les espaces de faible densité apparaissent aussi comme des lieux récréatifs, fondés sur la valorisation de leurs ressources patrimoniales culturelles et naturelles, le tourisme vert. L'économie résidentielle profite du regain démographique qui touche certains espaces de la faible densité.

Conseil
N'oublie pas de montrer en quoi ces activités de production d'énergie tirent profit de la faible densité, donc de l'abondance de l'espace.

▶ **2.**

Intérieur breton = 2

Landes = 9

Intérieur normand = 3

Vosges = 6

Montagne corse = 7

Diagonale du vide (nord) = 4

Diagonale du vide (sud) = 8

Morvan = 10

Pyrénées = 1

Alpes du Sud = 5

2de ÉPREUVE

SUJET 51

Sujet inédit

MAÎTRISER LES DIFFÉRENTS LANGAGES • 20 points

Les inégalités entre territoires français

▶ **1.** Sous la forme d'un développement construit d'une vingtaine de lignes et en vous appuyant sur les exemples étudiés en classe, vous décrirez les types d'inégalités qui affectent le territoire français.

▶ **2.** Replacez chaque terme de la liste ci-dessous à la place qui lui convient dans la légende de la carte.

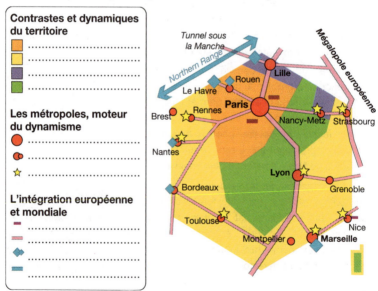

Dynamiques du territoire français

- Espace de faible densité
- Région industrielle en reconversion
- Périphérie dynamique
- Hub aéroportuaire mondial et régional
- Technopôle, centre d'innovation
- Le cœur du territoire
- Axe majeur à grande vitesse
- Principaux ports
- Métropole régionale
- Métropole mondiale
- Voie maritime mondiale

Géographie • Aménager le territoire **CORRIGÉ** 51

LES CLÉS DU SUJET

▶ **1.** Pour traiter comme il faut cette partie du programme, il faut décrire correctement les « inégalités croissantes entre territoires français ». Le plus simple est de consacrer une partie à chaque catégorie d'inégalités, sans oublier les inégalités spatiales (car c'est une épreuve de géographie !).

Dans chaque partie, tu dois absolument penser aux différentes échelles d'analyse : à l'échelle nationale, tu peux comparer les régions entre elles ; à l'échelle départementale, ce sont les départements ; à des échelles plus fines, comme l'échelle communale ou infra-communale, tu peux, par exemple, examiner les inégalités entre les différentes parties d'une aire urbaine.

CORRIGÉ 51

▶ **1.** Si on mesure les inégalités sociales entre les territoires par le taux de pauvreté, de premières disparités apparaissent à l'échelle régionale : les régions méridionales et septentrionales sont les plus défavorisées. À l'échelle départementale, une même région – telle l'Île-de-France – peut regrouper les départements ayant le taux de pauvreté le plus faible (Yvelines, 9 %) et le plus fort (Seine-Saint-Denis, 27 %) du

> **Conseil**
> Chaque partie doit, de préférence, commencer par une phrase indiquant l'idée principale que tu vas développer : inégalités sociales, économiques, spatiales.

pays. Mais c'est à l'échelle communale et infra-communale que les inégalités sociales sont les plus grandes. Les communes qui comptent le plus de personnes pauvres sont les villes-centres des grandes aires urbaines. La seule aire urbaine de Paris concentre 20 % des Français vivant en dessous du seuil de pauvreté.

Les inégalités entre territoires sont aussi des inégalités économiques, mesurables par l'emploi, notamment celui des cadres qui représente les deux tiers de la croissance de l'emploi. Les régions qui connaissent la plus forte croissance de ces cadres sont les régions dynamiques : atlantiques, méridionales, alpines, et l'Île-de-France. À l'inverse, les régions les moins dynamiques sont la Lorraine et les régions de la « diagonale du vide ». À une autre échelle, la croissance du nombre de cadres profite aux capitales régionales beaucoup plus qu'aux villes petites et moyennes.

Les inégalités entre territoires sont enfin des inégalités spatiales. Elles se mesurent dans l'accès des populations aux services, notamment ceux de la vie courante (supermarché, école, établissement de soins). Là encore, les inégalités sont croissantes et mesurables à toutes les échelles. Dans les régions très urbanisées (Île-de-France, PACA), la quasi-totalité des habitants accède aux services en moins de sept minutes. Mais c'est le cas pour moins de la moitié de la population en Corse. Les différences sont plus importantes encore entre les grands espaces urbanisés, notamment les métropoles, et le reste du territoire, un phénomène qu'aggravent les contraintes de relief (Pyrénées, Alpes du Sud).

▶ 2.

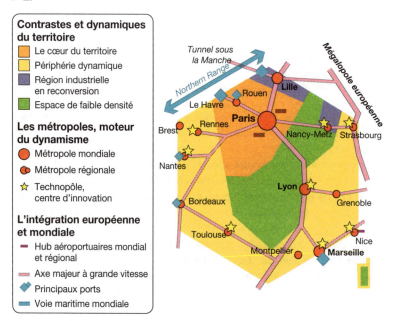

SUJET 52

Sujet inédit
ANALYSER UN DOCUMENT • 20 points

L'île de la Réunion

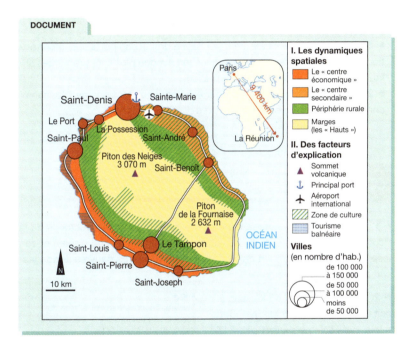

▶ **1.** Observez le cartouche de localisation en haut à droite de la carte. Quels problèmes essentiels de l'île de La Réunion met-il en évidence ?

▶ **2.** Quelle est la superficie de l'île ? En quoi cela entrave-t-il le développement économique ?

▶ **3.** Décrivez la répartition des principales villes, voies de communication et équipements. Comment l'expliquer ?

▶ **4.** Quelles sont les activités économiques présentes sur la carte ? En quoi permettent-elles le développement de l'île ?

Géographie • Aménager le territoire **CORRIGÉ 52**

LES CLÉS DU SUJET

■ Comprendre le document

Le document est une carte de synthèse qui présente les principales caractéristiques spatiales de l'île de la Réunion et permet d'analyser son organisation géographique. Un cartouche de localisation, en haut à droite, permet de situer l'île dans son environnement régional et dans sa relation à la métropole.

■ Répondre aux questions

▶ **1.** Le cartouche de localisation (en haut à droite) comporte une information évidente, mais l'énoncé de la question évoque plusieurs problèmes. Il faut donc chercher une autre information.

▶ **2.** Utilise la légende (échelle) pour évaluer les dimensions de l'île, sans chercher la précision au kilomètre près !

CORRIGÉ 52

▶ **1.** Le cartouche de localisation rappelle deux problèmes structurels de la Réunion : son éloignement de la métropole (9 400 km à vol d'oiseau) et son insertion régionale dans un environnement de pays très pauvres (Madagascar, par exemple).

▶ **2.** L'île fait environ 45 km sur 55, soit à peu près 2 500 km². Cette faible superficie ne permet pas à l'île de disposer de ressources propres, par exemple pétrolières ou minières.

> **Info +**
> Mesure l'île grossièrement à l'aide de l'échelle, en tenant compte de sa forme géométrique. Multiplie les deux dimensions et arrondis pour un résultat significatif. La superficie officielle est de 2 512 km².

▶ **3.** Les villes, les voies de communication et les équipements sont concentrés sur le littoral. Ils forment une sorte d'anneau, matérialisé par des voies de communication presque exclusivement circulaires, à l'exception d'une unique route transversale. L'intérieur de l'île est en effet constitué de reliefs très accentués (pitons des Neiges et de la Fournaise), d'origine volcanique. Le Piton de la Fournaise est toujours actif, et ses déversements de lave expliquent l'absence d'occupation humaine sur le littoral sud-est.

Géographie • Aménager le territoire CORRIGÉ 52

▶ **4.** L'agriculture est présente dans la périphérie rurale. Les zones de culture, rejetées des plaines littorales par l'urbanisation, se concentrent dans l'arrière-pays, sans toutefois s'épanouir sur les Hauts. La Réunion cultive la vanille Bourbon et la canne à sucre. L'autre activité économique visible est le tourisme balnéaire, situé essentiellement sur le versant sous le vent, plus sec. La zone portuaire de Saint-Denis et l'aéroport international évoquent les activités de transport et de manutention, car presque tout est importé. Les activités agricoles et touristiques souffrent de la concurrence des pays proches, comme Maurice. Le développement économique visible sur cette carte est donc fragile et incomplet.

> **Info +**
> La vanille Bourbon est un label qui désigne la vanille cultivée à la Réunion, autrefois baptisée île Bourbon, du nom de la dynastie royale française.

2de ÉPREUVE

SUJET

53

Sujet inédit

MAÎTRISER LES DIFFÉRENTS LANGAGES • 20 points

L'intégration européenne, un potentiel de développement pour la France

▶ **1.** Sous la forme d'un développement construit d'une vingtaine de lignes et en vous appuyant sur les exemples étudiés en classe, vous expliquerez dans quelle mesure l'intégration européenne représente un potentiel de développement pour la France.

▶ **2.** Observez la carte suivante et complétez sa légende :
– il manque une date d'élargissement.
– quel est cet ensemble de pays entouré de jaune ?
Replacez sur la carte les capitales de l'Union européenne qui figurent dans la légende, en indiquant leurs numéros à la place qui convient.

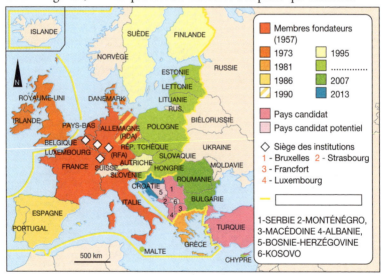

Géographie • La France et l'Union européenne **CORRIGÉ 53**

LES CLÉS DU SUJET

▶ **1.** Tu dois d'abord montrer comment l'économie française s'intègre, par les flux, à l'Europe. Tu peux ensuite montrer comment ont émergé de nouveaux acteurs en Europe, les régions. Enfin, un des effets les plus évidents de l'intégration européenne est le développement des régions frontalières françaises.

CORRIGÉ 53

2de ÉPREUVE

▶ **1.** L'intégration de la France à l'Union européenne a tout d'abord été favorable à une intensification des flux : les deux tiers du commerce extérieur français se font avec des partenaires européens. 75 % du stock d'IDE investi en France le sont par des pays de l'UE. L'européanisation du réseau de transport français a accompagné cette intégration et optimisé la situation de carrefour français entre nord et sud de l'Union.

L'intégration européenne a ensuite permis de donner plus de pouvoir aux régions, qui peuvent coopérer ou se concurrencer. La nouvelle organisation territoriale a ainsi promu 13 grandes régions métropolitaines, plus compétitives.

La construction européenne a enfin donné aux régions frontalières françaises une place centrale : espaces de coopérations, elles bénéficient des économies dynamiques des pays frontaliers, comme en témoignent les flux de travailleurs frontaliers. En outre, l'UE a permis la création d'eurorégions, qui associent des régions frontalières appartenant à des pays différents, par exemple l'eurorégion « Saar-Lor-Lux ».

> **Gagne des points**
> Si tu as le temps, développe l'exemple de région frontalière que tu as étudié dans l'année avec ton professeur.

▶ 2.

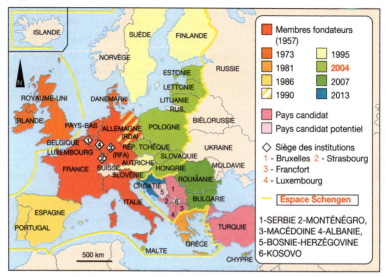

SUJET 54

Sujet inédit
MAÎTRISER LES DIFFÉRENTS LANGAGES • 20 points

La place et l'influence de la France dans le monde

▶ **1.** Sous la forme d'un développement construit d'une vingtaine de lignes et en vous appuyant sur les exemples étudiés en classe, vous expliquerez quelles sont la place et l'influence de la France dans le monde.

▶ **2.**

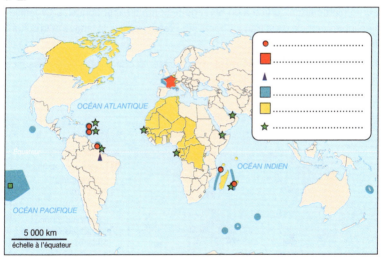

Complétez la légende de la carte en utilisant les items ci-dessous :
DROM • France métropolitaine • Bases militaires françaises • Centre spatial de Kourou • Pays francophones • ZEE

LES CLÉS DU SUJET

▶ **1.** Pose d'abord la question du recul de la place de la France dans le monde. Détaille ensuite tes arguments selon la distinction classique entre *hard power* (pouvoir de contrainte) et *soft power* (pouvoir d'influence).

CORRIGÉ 54

▶ **1.** La France compte 0,9 % de la population mondiale. C'est encore, avec le 6ᵉ PIB mondial et 3ᵉ de l'Union européenne, une économie riche et diversifiée. Mais la croissance est atone, témoignant d'un certain décrochage. La France est-elle une puissance en recul ?

• Les attributs français de la puissance – son *hard power* – conservent quelque splendeur. Les outre-mer assurent à la France une présence stratégique planétaire et la 2ᵉ ZEE mondiale. Membre du G7 et membre permanent du Conseil de sécurité de l'ONU, la France possède encore une puissance militaire redoutable.

• Le rayonnement mondial de la France – son *soft power* – est incontestable sur le plan culturel, grâce à un héritage historique exceptionnel. L'Organisation internationale de la francophonie (55 États) promeut la langue et la culture françaises.

La France est donc bien en recul, mais conserve des attributs de puissance qui défendent son rang dans le monde.

▶ **2.**

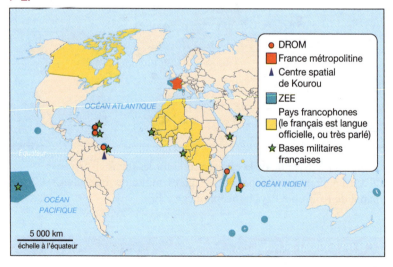

SUJET 55

D'après Asie • Juin 2013
ANALYSER UN DOCUMENT • 20 points

Les échanges commerciaux de l'Union européenne

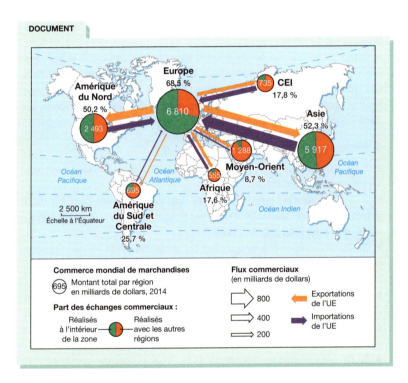

▶ **1.** Présentez le document (nature, date et thème).

▶ **2.** Entourez sur la carte le nom des deux autres pôles mondiaux avec lesquels l'Union européenne réalise l'essentiel de ses échanges.

▶ **3.** Citez trois régions du monde réalisant peu d'échanges commerciaux avec l'Union européenne.

▶ **4.** Que peut-on observer à propos de la répartition des échanges commerciaux de l'Union européenne ?

Géographie • La France et l'Union européenne **SUJET 55**

▶ **5.** Comment peut-on expliquer la forte proportion d'échanges réalisés par l'Union européenne à l'intérieur de sa propre zone ?

LES CLÉS DU SUJET

■ Comprendre le document

Le document est une carte relativement complexe, qui représente le commerce mondial de marchandises. Le monde est divisé en grandes zones (Union européenne, Amérique du Nord, Asie, etc.). Les cercles proportionnels représentent le commerce total effectué par chaque zone (en milliards de dollars pour 2014).

À l'intérieur de chaque cercle figurent des portions mesurant la part des échanges réalisés à l'intérieur de la zone (on voit que l'UE réalise plus des deux tiers de son commerce intra-UE). Enfin, les flèches représentent les flux commerciaux, mais uniquement entre l'UE et les autres zones. La carte permet donc d'étudier le commerce de l'UE.

■ Répondre aux questions

▶ **1.** La première question est destinée à te faire préciser le document (voir les informations ci-dessus).

▶ **2.** Il s'agit là d'un petit travail cartographique. Quelles sont les deux autres zones avec lesquelles l'UE a les flux commerciaux les plus importants (les flèches les plus épaisses) ?

▶ **3.** Question inverse à la question 2., on te demande ici une réponse rédigée. Choisisse simplement les trois zones pour lesquelles les flèches sont les moins larges.

▶ **4.** Il s'agit d'une question de synthèse. Fais une phrase simple pour chacun des éléments de légende ; ils apportent chacun un élément d'information. Ne développe pas trop : l'énoncé suggère que l'on attend peu de choses.

▶ **5.** Tu peux observer que presque les trois quarts du commerce de l'Union européenne sont en fait réalisés entre pays de l'UE, ce qui est exceptionnel dans le monde. N'y aurait-il pas là un indice de l'intégration européenne ?

Géographie • La France et l'Union européenne   CORRIGÉ 55

CORRIGÉ 55

▶ **1.** Le document est une carte qui permet d'étudier, pour l'année 2009, les différentes composantes du commerce mondial de marchandises de l'Union européenne. Les cercles proportionnels représentent le commerce total effectué par chaque zone. Les portions de chaque cercle permettent de mesurer la part des échanges réalisés à l'intérieur de la zone. Enfin, les flèches représentent les flux (importations et exportations) entre l'UE et les autres zones.

▶ **2.** Sur la carte, encadrer l'Amérique du Nord et l'Asie.

▶ **3.** L'Union européenne commerce avec toutes les parties du monde, mais certaines réalisent peu d'échanges commerciaux avec elle. Il s'agit de l'Amérique du Sud et centrale, l'Afrique et le Moyen-Orient.

▶ **4.** Les échanges de l'Union européenne présentent plusieurs caractéristiques spécifiques :

• C'est le premier pôle commercial mondial : avec 6 810 milliards de dollars, l'UE est assez nettement devant le deuxième (Asie : 5 917).

• C'est un ensemble très intégré : plus des deux tiers des échanges des pays de l'UE se font avec d'autres pays de l'UE.

• L'UE commerce essentiellement avec l'Asie et l'Amérique du Nord, c'est-à-dire pour une bonne part les autres pôles de la Triade et la Chine. Cependant, avec l'Asie, les échanges sont fortement déficitaires.

▶ **5.** Le commerce intrazone de l'Union européenne représente plus des deux tiers du commerce total de l'UE. C'est une proportion sans équivalent dans le monde : cela renvoie à l'intégration européenne, dont les économies sont très complémentaires et échangent beaucoup les unes avec les autres. Par exemple, l'Allemagne est à la fois le premier client et le premier fournisseur de la France.

2ᵈᵉ ÉPREUVE

SUJET 56 — D'après France métropolitaine • Septembre 2013
ENSEIGNEMENT MORAL ET CIVIQUE • 10 points

« La démocratie européenne, je la veux... je la vote »

DOCUMENT — Une affiche de l'association « Les Jeunes Européens France »

EMC • La sensibilité **SUJET 56**

▶ **1.** Citez un symbole de l'Europe, un droit et une valeur (ou principe) présents dans le document.

▶ **2.** D'après ce document, comment sont désignés les députés européens en France ? L'ensemble du territoire national est-il concerné par cette désignation ? Justifiez votre réponse.

▶ **3.** À l'occasion de la Journée de l'Europe (9 mai), présentez à vos camarades de classe les enjeux des élections organisées pour désigner les députés européens. Puis, après leur avoir rappelé les principes de la démocratie, expliquez-leur pourquoi il est important de « vouloir la démocratie européenne ».

LES CLÉS DU SUJET

■ Comprendre le document

Le document est une affiche électorale qui s'adresse aux jeunes. Elle les invite à accomplir leur devoir de citoyen et leur explique le rôle du Parlement. Par la formule « la démocratie européenne, je la veux… je la vote », elle associe l'Europe à la démocratie.

■ Répondre aux questions

▶ **1.** Comment doivent être les pouvoirs en démocratie ? Quelle valeur désigne le fait d'avoir le choix ?

▶ **2.** Quel mode de désignation est utilisé pour cet événement ? Quel est le mode de scrutin ? Qu'est-ce qu'une circonscription ? Les DROM-TOM sont-ils concernés ?

▶ **3.** Suis bien le plan formulé dans la question. Recense les principes qu'il faut respecter pour que l'on puisse parler de démocratie. Pour chacun, explique ce qu'il te donne comme pouvoirs ou comme droits. N'oublie pas : les devoirs d'autrui sont des droits pour toi.

2de ÉPREUVE

EMC • La sensibilité   **CORRIGÉ 56**

CORRIGÉ 56

▶ **1.** Le drapeau bleu avec douze étoiles est un symbole de l'Europe. L'affiche évoque le droit de voter. Voter, c'est choisir ; voter permet au citoyen d'exercer sa liberté. En démocratie, les pouvoirs doivent être séparés et se contrôler mutuellement ; c'est ce que suggère l'affiche quand elle parle du pouvoir législatif du Parlement qui contrôle les institutions, autrement dit l'exécutif.

▶ **2.** Les députés européens français sont élus. Chaque citoyen choisit parmi les listes de candidats qui lui sont proposées. Les élections se font par régions (ou « circonscriptions ») couvrant toute la métropole (il y a sept régions : quatre aux quatre points cardinaux, deux régions au centre et une pour l'Outre-mer). Tout le territoire national est donc concerné.

> **Info +**
> L'Outre-mer désigne les départements et territoires situés loin de l'Europe, au-delà des océans : aux Antilles (Martinique et Guadeloupe), en Polynésie (Nouméa, Tahiti), ou dans l'océan Indien (Mayotte, la Réunion), etc.

▶ **3.** Lors des élections européennes, les citoyens votent pour désigner ceux qui les représenteront au Parlement de Strasbourg. Ces élections sont importantes : elles permettent à chacun d'entre vous de soutenir le projet politique de son choix. Ceux que vous élirez agiront en votre nom, pour défendre vos intérêts. Ils auront le pouvoir de contrôler la com-

> **Gagne des points**
> Tu peux donner des exemples de ces libertés : de réunion, d'expression, de croyance, de culte.

mission de Bruxelles, de voter le budget et d'exprimer votre opinion devant l'Assemblée. En démocratie, le peuple est souverain, les pouvoirs (exécutif, législatif et judiciaire) doivent être séparés, les libertés fondamentales respectées et l'égalité des droits garantie. « Vouloir la démocratie européenne », c'est vouloir le respect de ces règles à l'échelle de l'Europe. C'est permettre le dialogue entre les peuples, trouver des compromis et des accords pour que se maintienne la paix. C'est se donner les moyens d'éviter que nous soient imposées des lois qui ne nous conviendraient pas. La démocratie impose aussi des devoirs ; mais ceux-ci favorisent la solidarité entre les pays et les citoyens.

SUJET 57

Sujet inédit
ENSEIGNEMENT MORAL ET CIVIQUE • 10 points

L'élaboration des lois en France

DOCUMENT L'élaboration d'une loi

EMC • Le droit et la règle   **SUJET** 57

▶ **1.** Expliquez la phrase du député de l'Assemblée nationale : « De tout façon on aura le dernier mot. »

▶ **2.** Quel rôle joue le Conseil constitutionnel dans l'élaboration de la loi ?

▶ **3.** Votre frère aîné, majeur depuis quelques années, se plaint souvent de certaines lois qu'il n'apprécie pas et qu'il juge « antidémocratiques ». À l'aide du document et de vos connaissances, expliquez-lui qu'il se trompe en une dizaine de lignes.

LES CLÉS DU SUJET

■ Comprendre le document

Il s'agit d'une caricature du célèbre dessinateur Plantu. Ce dessin est très pédagogique, il montre avec simplicité et humour le cheminement d'une loi en France. Les différentes institutions qui concourent à l'élaboration de la loi sont représentées tour à tour.

■ Répondre aux questions

Les questions 1 et 2 demandent une connaissance minimale des institutions et du rôle que joue chacune d'entre elles.

▶ **1.** La question fait référence aux navettes parlementaires d'un projet de loi : en cas de désaccord entre les deux assemblées, il faut trancher, et c'est le privilège de l'Assemblée nationale.

▶ **2.** Tu dois faire appel à tes connaissances de base sur le rôle du Conseil constitutionnel.

▶ **3.** Tu dois réfléchir au caractère démocratique des institutions de la Vᵉ République. Observe le dessin : relève les occasions où le peuple intervient, soit directement (on voit les Français sur le dessin), soit surtout indirectement (par qui sont élus les personnages représentés ?).

EMC • Le droit et la règle CORRIGÉ 57

CORRIGÉ 57

▶ **1.** Si les deux chambres (l'Assemblée nationale et le Sénat) ne sont pas d'accord sur les termes d'un projet de loi, le texte fait la navette entre les chambres ; si le désaccord persiste, une commission mixte paritaire (constituée à la fois de députés et de sénateurs) tente de trouver un compromis. En cas d'échec, l'Assemblée nationale peut voter le texte sans l'accord du Sénat. C'est pour cela que le député perché sur le Palais Bourbon (l'Assemblée) dit qu'il « aura le dernier mot ».

> **Conseil**
> Il est bienvenu de définir les expressions complexes que tu emploies, de façon à montrer au correcteur que tu sais de quoi tu parles.

▶ **2.** Le Conseil constitutionnel est chargé, comme son nom l'indique, de veiller au respect de la Constitution. Il effectue donc un contrôle de constitutionnalité sur les lois (et les traités internationaux), ce qui veut dire qu'il vérifie que les lois sont conformes à la Constitution de la Ve République.

▶ **3.** On ne peut pas dire que les lois de la République, même si elles ne te plaisent pas, sont « antidémocratiques ». Les projets ou propositions de loi répondent en effet souvent à une demande populaire. Le gouvernement, qui est à l'origine de l'essentiel des lois, est légitime et démocratique, car son chef, le Premier ministre a été choisi par le président de la République (lui-même élu par le peuple) dans le parti majoritaire à l'Assemblée nationale. Mais surtout, ceux qui rédigent la loi, l'amendent et la votent sont tous des élus du peuple au suffrage universel direct (Assemblée nationale) ou indirect (Sénat). On peut donc ne pas toujours être d'accord avec telle ou telle loi, mais les lois votées sous la Ve République sont démocratiques. Et en tant que telles, elles s'appliquent à tous.

2de ÉPREUVE

SUJET

58

Sujet inédit

ENSEIGNEMENT MORAL ET CIVIQUE • 10 points

La Ve République, une République indivisible et démocratique

▶ **1.** De quel texte est issue la phrase en gras dans le document 1 ? Que représente le document 2 ?

▶ **2.** Quels sont les différents types de pouvoir qui figurent sur le document 2 ? Donnez une définition rapide de chacun d'entre eux.

▶ **3.** Qu'est-ce que le référendum évoqué dans le document 1 ? À quel niveau du document 2 est-il utilisé ?

▶ **4.** Lors d'un exposé devant la classe, vous devez expliquer à vos camarades, en quelques lignes, que les institutions de la Ve République respectent les principes d'une République indivisible et démocratique. N'oubliez pas de relire les définitions de ces termes données par le document 1.

DOCUMENT 1 ▸ **Les principes constitutionnels de la Ve République**

La France est une République indivisible, laïque, démocratique et sociale.

Extrait de la Constitution de la Ve République.

Une République indivisible : aucune partie du peuple, ni aucun individu, ne peut s'attribuer l'exercice de la souveraineté nationale. Seul le peuple exerce cette souveraineté par la voie de ses représentants ou du référendum.

Le caractère démocratique de la République implique le respect des libertés fondamentales et la désignation des différents pouvoirs au suffrage universel (ouvert à tous les citoyens majeurs), égal (chaque électeur dispose d'une voix) et secret (chacun vote librement à l'abri de toute pression).

D'après le site www.vie-publique.fr.

EMC • Le jugement **SUJET 58**

DOCUMENT 2   **Les institutions de la Vᵉ République**

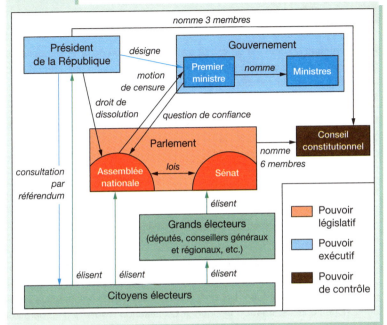

LES CLÉS DU SUJET

■ Comprendre les documents

• Le document 1 cite une phrase de la Constitution de la Vᵉ République. Deux de ses termes sont ensuite explicités par un site institutionnel parfaitement digne de foi.

• Le document 2 est un organigramme simplifié qui montre le fonctionnement des institutions de la Vᵉ République.

■ Répondre aux questions

▶ **1.** Cette question t'invite à présenter brièvement chaque document. Cela te permet de faire la différence entre la Constitution et ses institutions.

▶ **2.** Cette question attire ton attention sur les différentes catégories d'institutions. Leur diversité te donnera un argument pour traiter la question 4.

▶ **3.** C'est une simple question de connaissances, qui pourra aussi te servir dans ta réponse à la question 4.

▶ **4.** Tu dois montrer, grâce aux documents, le caractère indivisible et démocratique de la République. Tu peux organiser ta réponse en deux paragraphes.

EMC • Le jugement **CORRIGÉ 58**

CORRIGÉ 58

▶ **1.** La phrase en gras est un extrait de la Constitution de la Vᵉ République, rédigée en 1958 et amendée plusieurs fois depuis. Le document 2 représente schématiquement le fonctionnement des institutions de la Vᵉ République, fonctionnement décrit dans la Constitution.

▶ **2.** Sur le document 2 figurent trois types de pouvoir : le pouvoir législatif, qui est celui de créer les lois ; le pouvoir exécutif, qui est celui de faire exécuter les lois ; le pouvoir de contrôle, qui veille à la constitutionnalité du fonctionnement des institutions.

▶ **3.** Le référendum est une question posée au peuple, c'est-à-dire aux citoyens électeurs qui doivent répondre par « oui » ou par « non ». Il s'agit d'une consultation mise en œuvre par le président de la République directement auprès du peuple.

▶ **4.** La Vᵉ République est indivisible : le peuple exerce seul la souveraineté, par la voie de ses représentants ou du référendum. La prise du pouvoir par une personne ou un groupe de personnes hors des conditions prévues serait anticonstitutionnelle. Il faut noter que la Constitution respecte la séparation des pouvoirs et l'équilibre entre ceux-ci.

La Vᵉ République est aussi démocratique. Toutes les institutions de la Vᵉ République qui ont un pouvoir législatif ou exécutif sont en effet élues directement par le peuple, c'est-à-dire les citoyens électeurs, au suffrage universel. Chaque électeur dispose d'une voix et peut voter librement, dans le secret de l'isoloir. Même le pouvoir de contrôle (le Conseil constitutionnel) est nommé indirectement par le peuple, puisque ses membres sont nommés par des élus du peuple (le président et le Parlement).

La Vᵉ République est donc bien conforme aux principes énoncés dans sa Constitution.

SUJET

59

D'après Pondichéry • Avril 2014
ENSEIGNEMENT MORAL ET CIVIQUE • 10 points

L'action menée par l'armée française au Mali

DOCUMENT

« Mesdames, Messieurs,

La France, à la demande du président du Mali et dans le respect de la charte des Nations unies, s'est engagée hier pour appuyer l'armée malienne face à l'agression terroriste qui menace toute l'Afrique de l'ouest. D'ores et déjà, grâce au courage de nos soldats, un coup d'arrêt a été porté et de lourdes pertes infligées à nos adversaires.

Mais notre mission n'est pas achevée. Je rappelle qu'elle consiste à préparer le déploiement d'une force d'intervention africaine pour permettre au Mali de recouvrer son intégrité territoriale, conformément aux résolutions du Conseil de sécurité.

J'ai donné, encore aujourd'hui, toutes les instructions pour que les moyens utilisés par la France soient strictement limités par rapport à cet objectif. Par ailleurs, j'ai veillé à renforcer le dispositif militaire français à Bamako[1] pour protéger nos ressortissants […]

Je rappelle que la France, dans cette opération, ne poursuit aucun intérêt particulier autre que la sauvegarde d'un pays ami et n'a pas d'autre but que la lutte contre le terrorisme. C'est pourquoi son action est soutenue par l'ensemble de la communauté internationale et saluée par tous les pays africains. […]

Dans les jours qui viennent, notre pays poursuivra son intervention au Mali. J'ai dit qu'elle durerait le temps nécessaire, mais j'ai toute confiance dans l'efficacité de nos forces et dans la réussite de la mission que nous accomplissons au nom de la communauté internationale.

La lutte contre le terrorisme exige aussi de prendre toutes les précautions nécessaires ici en France. J'ai donc demandé au Premier ministre Jean-Marc Ayrault de renforcer le plan Vigipirate pour procéder à la surveillance de nos bâtiments publics et de nos infrastrures

2ᵈᵉ ÉPREUVE

EMC • L'engagement **SUJET 59**

de transports. Il fera en sorte que ces instructions puissent être exécutées dans les meilleurs délais. »

Extrait de l'allocution télévisée de François Hollande,
président de la République française, palais de l'Élysée, 11 janvier 2013.
Mise en ligne sur le site de l'AFP le 12 janvier 2013.

_____

1. Bamako : capitale du Mali.

▶ **1.** À quelle organisation internationale le président français fait-il référence à plusieurs reprises ? Rédigez une phrase de réponse, puis soulignez dans le texte deux extraits justifiant votre réponse.

▶ **2.** D'après le document et vos connaissances, quel rôle du président de la République française est ici mis en avant ?

▶ **3.** Vous êtes rédacteur en chef du journal du collège. Pour la page « International », vous avez fait un petit sondage auprès de vos camarades sur l'intervention française au Mali. L'opinion majoritaire qui en ressort est : « Mais qu'a-t-on besoin d'aller là-bas ? » Il vous faut maintenant répondre à cette question et expliquer en dix lignes, à l'aide du texte et de vos connaissances, pourquoi la France est intervenue au Mali.

LES CLÉS DU SUJET

■ Comprendre le document

Le texte est un document officiel. C'est un discours diffusé à la télévision. Il est prononcé par le président de la République en exercice : François Hollande. Le chef de l'État explique l'action menée par l'armée française au Mali, pays d'Afrique de l'ouest qui subit des attaques organisées par Aqmi, une organisation qui cherche à établir un régime islamique.

■ Répondre aux questions

▶ **1.** Quelle organisation a adopté la charte des Nations unies ? Qu'est-ce que le Conseil de sécurité ?

▶ **2.** À quel titre le président de la République peut-il donner des ordres aux responsables de l'armée française ? Comment nomme-t-on le ministre qui s'occupe des relations de la France avec les autres États ?

▶ **3.** Relève les raisons invoquées dans le texte : elles te donneront la structure de ta réponse.

EMC • L'engagement CORRIGÉ 59

CORRIGÉ 59

▶ **1.** Par deux fois, le président français fait référence à l'ONU : dès la première ligne quand il évoque la « charte des Nations unies » ; puis lorsqu'il fait référence au « Conseil de sécurité », institution de l'ONU qui a pour mission de préserver la paix dans le monde.

▶ **2.** Le rôle du président de la République mis ici en avant est son titre de chef des armées et sa responsabilité des « affaires étrangères », c'est-à-dire la politique extérieure de la France.

> **Info +**
> Dans le cadre de la Ve République, les affaires étrangères sont considérées comme le « domaine réservé » du président. Le Premier ministre n'a en charge que les affaires intérieures.

▶ **3.** La France est intervenue au Mali pour respecter ses engagements internationaux et défendre ses intérêts. Elle a envoyé ses forces militaires dans le respect des règles internationales, à la demande de l'État malien et sur résolution du Conseil de sécurité de l'ONU, seul organe international à pouvoir légitimement autoriser le recours à la force. Cette intervention se fait contre « l'agression terroriste qui menace toute l'Afrique de l'Ouest » et pour rendre au Mali son « intégrité territoriale ». La France est aussi intervenue pour protéger ses ressortissants sur place, comme c'est souvent le cas dans des pays francophones qui, après leur indépendance, ont maintenu des accords de coopération avec l'ancienne puissance coloniale.

2de ÉPREUVE

Les méthodes pour réussir...

... l'épreuve orale du brevet

1 Tenir un journal de bord .304

2 Faire une recherche documentaire 305

3 Prendre des notes. 306

4 Concevoir une interview. .307

5 Présenter un projet 308

6 Mettre en forme sa présentation
sous forme de diaporama 310

7 S'exprimer avec aisance à l'oral 312

8 Retenir l'attention de son public 314

9 Présenter un projet à plusieurs 316

10 S'entretenir avec le jury .317

1 Tenir un journal de bord

Un journal de bord t'aide à mieux organiser ton travail et à suivre concrètement l'évolution de ton projet.

A Pourquoi tenir un journal de bord ?

● Il te permet de voir clairement ce que tu as déjà fait, ce qu'il te reste à faire et ce qui te pose problème.

● Il rassemble également tes idées, tes recherches, tes questions…

● Lorsque tu prépareras l'épreuve orale, il t'aidera à **te remémorer toutes les étapes de ton projet**.

> **ATTENTION** Ton journal de bord n'est utile que si tu l'utilises tout le temps et si tu en prends soin !

B Comment s'y prendre concrètement ?

1. Bien commencer

● Dans un cahier, écris ton nom, ta classe, les noms des professeurs responsables et le thème de l'EPI. Colle à l'intérieur un calendrier pour pouvoir y noter les dates-clés de ton projet.

● Indique la date de l'oral dès que tu la connais. Prévois d'avoir fini au moins **deux semaines avant** pour avoir le temps de te préparer pour l'épreuve orale.

● Une fois que ton sujet est défini, notes-y **toutes tes connaissances** et **toutes tes idées**. Quelles démarches faut-il entreprendre ? Quels outils utiliser ?

2. Noter le travail effectué

● À chaque début de séance écris :

– la date du jour, la durée de la séance et le nom de tes camarades présents si tu travailles en groupe ;

– l'**objectif** (interview, achat de matériel…) et la répartition des tâches.

● En cours de séance :

– **prends des notes** sur tes recherches (en indiquant tes sources) ;

– **écris tes questions** si tu ne peux pas les poser directement à ton professeur.

● À la fin de la séance :

– fais le **bilan** de la séance : as-tu atteint tes objectifs ? quelles difficultés as-tu rencontrées ?

– détermine les **objectifs** de la séance suivante et le travail à faire entre-temps.

> **CONSEILS PRATIQUES** Trello est une application pour gérer un projet en ligne. Tu peux t'en servir pour travailler en équipe sur un projet.

Faire une recherche documentaire

Pour acquérir ou approfondir tes connaissances sur un sujet donné, tu dois savoir mener une recherche documentaire.

A Chercher des informations

- Tout d'abord, définis bien les **limites de ta recherche**.

   > **REMARQUE** Soit le sujet « Les poètes de la Résistance » : tu dois limiter ta recherche aux poètes qui se sont engagés pendant la Seconde Guerre mondiale contre la guerre et l'Occupation.

- Cherche ensuite **des sources de documentation variées** : dictionnaires, encyclopédies, ouvrages et sites documentaires. Croiser différentes sources te permettra de repérer les informations essentielles.

- **Prends des notes** pendant que tu lis. Fais attention à bien trier les informations que tu notes. Surtout, **ne fais pas de copier-coller** à partir d'un site.

B Présenter les résultats de sa recherche

- **Classe les informations** que tu as notées puis organise-les selon un plan clair et cohérent.

   > **CONSEIL** Voici un exemple de plan sur le sujet « Les poètes de la Résistance » :
   > I. Refuser l'oppression (exemple : Paul Éluard)
   > II. Résister, appeler à l'action (exemple : Le Chant des partisans)
   > III. Témoigner

- Rédige ton compte-rendu en **suivant ton plan**. Reformule tes notes pour faire des phrases complètes.

- **Pense à ajouter des illustrations** : photos, schémas, cartes, sans oublier de citer leurs références (titre, auteur/source, date).

Les 5 étapes clés de la recherche documentaire

ÉPREUVE ORALE

③ Prendre des notes

Prendre des notes te permet de retenir l'essentiel d'un propos ou d'un texte. C'est un savoir-faire indispensable dans tes études, voire dans ton parcours professionnel.

A Qu'est-ce que la prise de notes ?

- C'est noter les idées essentielles d'un discours que l'on entend ou d'un texte que l'on lit : on en a ainsi une **version plus courte** qui ne contient **que ce qu'il faut en retenir**.

> **CONSEIL** Lorsque tu écoutes un exposé, note le plan, les noms propres, les dates, les idées et les exemples essentiels.

- Tu dois donc être **attentif(ve) et concentré(e)**. Il faut comprendre le propos, identifier tout de suite ce qui est important et le noter au fur et à mesure sans perdre le fil.

B Comment faire ?

- Ne note pas de phrases entières : supprime les déterminants et utilise des abréviations.

- Ne garde que les **informations essentielles** et remplace certains mots par des signes de ponctuation, des symboles ou des chiffres.

> **EXEMPLE** « Arthur Rimbaud a composé son œuvre poétique en très peu de temps, entre 17 et 21 ans. Il reste cependant l'un des poètes les plus créatifs et les plus modernes de la deuxième moitié du XIXe siècle. »
> → Rimbaud : œuvre poét. entre 17 et 21 ans. Un des + créatifs et mod. 2e moitié XIXe. »

- **Fais apparaître la logique du propos** avec des titres numérotés et soulignés, passe à la ligne à chaque nouvelle idée et utilise des tirets pour les énumérations.

- Tes notes ne s'adressent qu'à toi : il faut donc que tu puisses te relire et comprendre ce que tu as écrit. Ne perds pas de temps à soigner la rédaction. L'essentiel est que les informations importantes ne t'échappent pas.

Les 3 étapes clés de la prise de notes

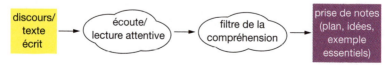

4 Concevoir une interview

L'interview est une situation de communication directe lors de laquelle un ou plusieurs interlocuteur(s) pose(nt) des questions à une personne célèbre ou non, pour la faire découvrir à un public.

A Préparer l'interview

- L'interview d'un personnage célèbre te permet d'en apprendre davantage sur sa vie, sa personnalité, sa carrière, etc.
- Tu peux également interviewer un proche ou un professionnel inconnu du grand public : ce sera l'occasion d'obtenir **des informations sur son parcours et son quotidien**.
- Avant l'interview, **renseigne-toi bien** sur la personne à interroger. Détermine les aspects sur lesquels tu souhaites avoir des précisions ou des explications. Prépare tes questions.

B Réaliser l'interview

- **Rédige des questions ouvertes** qui invitent l'interviewé à donner une réponse développée. Certaines réponses peuvent faire naître de nouvelles questions que tu n'avais pas anticipées.
- Il est préférable d'**enregistrer ton interview**, voire de la filmer, pour ne pas avoir besoin de prendre des notes pendant l'échange.
- Lorsque tu rédiges un compte-rendu, pense à **présenter la personne interviewée en tenant compte du public visé**.
- Si l'interview s'adresse à des adolescents, tu peux te permettre un ton léger et le tutoiement, par exemple : « Tu l'as découvert dans *Soda*, Kev Adams nous livre ses secrets en exclusivité ! » Le ton que tu utilises peut au contraire montrer le sérieux de la personne que tu interviewes, par exemple : « Nous nous entretenons aujourd'hui avec une scientifique de renommée internationale. »

Un schéma pour retenir

1. Se renseigner sur la personne à interviewer (sa vie, sa carrière, ses réalisations) → Qui est cette personne ?	2. Déterminer quels sont les aspects les plus intéressants. → Qu'ai-je envie de savoir sur cette personne ?	3. Formuler des questions ouvertes pour permettre à la personne de développer ses réponses. → Que pensez-vous de… ? Comment avez-vous réussi à… ?

ÉPREUVE ORALE

5 Présenter un projet

La présentation orale (ou soutenance du projet) dure 15 minutes et est notée sur 100 points. Elle se décompose en deux temps : un exposé oral de 5 minutes et un entretien avec le jury de 10 minutes.

A Comment préparer ta présentation orale ?

1. Évite le stress

● **Prépare-toi à l'avance**. Entraîne-toi à dire ton exposé à ta famille, à tes amis ou devant un miroir. Répète cet exercice plusieurs jours avant la présentation. Chronomètre-toi pour t'assurer que ton exposé n'est ni trop court ni trop long.

● Le stress vient plus facilement si tu es fatigué(e). **La veille de ton exposé, couche-toi tôt**.

● Arrive avec 15 minutes d'avance pour trouver la salle et repérer les lieux.

2. Soigne ton attitude

● **Une tenue correcte est exigée.** Ne porte pas de tenue légère (short, tee-shirt bariolé ou large…). Ne garde pas ton blouson non plus. Tu peux, tout simplement, mettre un jean avec une chemise ou un tee-shirt uni.

● **Ne reste pas statique.** Utilise l'espace, n'hésite pas à écrire au tableau ou à montrer des éléments sur ton diaporama.

> CONSEIL **Ne mets pas tes mains dans tes poches, ne te recoiffe pas, cela donne l'impression que tu prends l'exercice à la légère.**

B Quels éléments inclure dans ta présentation ?

1. Quel était le projet ?

● Présente d'abord le **thème général** de l'EPI et le parcours (citoyen, culture ou avenir) dans lequel il s'inscrit.

● Présente ensuite ton projet : quel était l'objectif ? que devais-tu faire ?

● **Expose ta démarche** : comment es-tu parvenu(e) au résultat final ? Présente les difficultés rencontrées mais surtout comment tu as pu les surmonter. Ne cherche pas à montrer à quel point ce projet a été facile ; le jury pourrait croire qu'il ne t'a rien apporté.

2. Que t'a-t-il apporté ?

● Explique ton intérêt pour cet EPI : pourquoi as-tu choisi de présenter ce projet ?

● **Qu'as-tu appris ?** Détermine ce qui t'a le plus intéressé(e) pendant la phase de recherche, et pense aussi aux compétences pratiques que tu as acquises (travail en équipe, gestion d'un planning…).

● **Sois concret.** Tu peux justifier ton choix en utilisant des arguments personnels.

C Comment t'y prendre concrètement ?

1. Construis un plan efficace

● Introduction :
– **Présente le thème et le projet** insiste sur son aspect pluridisciplinaire ;
– **Annonce le plan** de ta présentation.

● Développement :
I. Présente ta démarche sur ce projet.
II. Fais un bilan personnel (ce que tu as appris, les compétences que tu as acquises, les difficultés que tu as rencontrées, etc.).

● Conclusion :
– **Reprends l'essentiel** de ton exposé en quelques phrases.
– **Ouvre le sujet**, en parlant de l'autre EPI réalisé dans l'année par exemple.

2. Fais des fiches

● Ne rédige pas intégralement ta présentation orale. Note juste les **idées essentielles** pour chaque partie.

● Utilise des fiches bristol, plus maniables que les feuilles au format A4.

● Chaque fiche correspond à une partie : pour t'y retrouver facilement, **note le titre de chaque partie en haut de chaque fiche**.

> **ASTUCE** Écris la première phrase que tu vas dire au jury en toutes lettres sur ta première fiche bristol. De cette façon, tu es sûr(e) de bien commencer.

3. Utilise un support visuel

● Pour maintenir l'attention du jury, **tu peux t'appuyer sur un support visuel**, comme la réalisation concrète de ton projet ou un diaporama.

● Tu peux également **écrire au tableau** des noms propres ou dessiner une figure géométrique (comme celle du calcul du périmètre du cercle découverte par Archimède de Syracuse).

ÉPREUVE ORALE

6 Mettre en forme sa présentation sous forme de diaporama

Pour ta présentation orale, tu peux réaliser un diaporama. Pour cela, utilise le logiciel gratuit OpenOffice Impress. Mais attention, ce document ne correspond pas à ta réalisation finale, même si celle-ci est également un diaporama.

A Respecter une charte graphique

L'ensemble des normes visuelles adoptées pour ton diaporama doit être simple et cohérent. On appelle cet ensemble une charte graphique.

1. Adapte l'aspect visuel

- Utilise un seul arrière-plan pour tout le diaporama, privilégie les fonds unis à ceux qui sont dégradés ou composés.
- Ne multiplie pas les transitions animées. **L'ensemble doit rester sobre.**
- Choisis les thèmes, les couleurs et les transitions de façon à ce qu'ils **accompagnent ton propos**.
- En revanche, tu peux varier les mises en page de chaque diapositive.

> **ASTUCE** Évite les fonds sombres ; ils diminuent la lisibilité du texte.

2. Assure-toi de la lisibilité du texte

- Utilise toujours une taille de police supérieure à 24. **On doit pouvoir lire ton texte de loin.**
- Choisis une police simple et lisible (Arial, Cambria, Times New Roman) et garde-la pour toute la présentation. Évite les polices compliquées ou esthétiques, elles sont difficiles à lire.
- Ne mets pas plus de 6 mots par ligne et plus de 6 lignes par diapositive. **Ton auditoire doit avoir le temps de tout lire.**
- Ne mets pas de texte en bas de l'écran, ton auditoire pourrait ne pas arriver à voir ce que tu as écrit.

B Composer des diapositives

Tu dois organiser ton diaporama selon le même plan que celui de ton exposé. Prévois une diapositive pour le titre et pour chaque partie.

1. Rédige des phrases claires et concises

- Sur la première diapositive, fais apparaître le titre et le thème de l'EPI ainsi que le(s) nom(s) de ceux ou celles qui font la présentation.

- Ne rédige pas tes phrases en entier. Tu ne dois faire apparaître que les **mots-clés**, les **noms propres** et les **idées essentielles**.

- N'insère pas de texte long. Ton auditoire, occupé à lire, n'écoutera plus.

- Utilise des **puces** pour structurer ton propos.

- Privilégie les **schémas**, les flèches et les graphiques.

2. Illustre ton propos

- N'ajoute des images que lorsque c'est nécessaire. Elles ne servent pas à décorer, mais à soutenir un point précis.

- Prévois un titre pour chaque illustration.

- Lorsque tu présentes un schéma, affiche-le progressivement, pour **l'expliquer au fur et à mesure** qu'il apparaît.

- Tu peux ajouter une flèche pour montrer précisément un détail sur une carte ou un tableau.

> **CONSEIL PRATIQUE** À la fin de ton exposé, prévois une diapositive qui permet à ton auditoire de comprendre que tu as terminé.

C S'organiser avant la projection

1. Prépare-toi à l'avance

- **Prends du temps** pour préparer ton diaporama. Tu peux y passer 3 ou 4 heures la première fois. Ensuite, tu devras revenir une ou deux fois dessus et y travailler au moins une heure à chaque fois.

- Quand il te semble terminé, fais-le défiler devant tes amis. **Entraîne-toi à présenter ton projet en même temps.**

- Surtout, ne lis pas ce qu'il y a écrit sur les diapositives, commente-le.

2. Ne te laisse pas surprendre par un problème technique

- **Prévois une clé-USB** avec une copie de ton diaporama au format PDF. Si ton diaporama ne s'ouvre pas en format Impress, essaie en format PDF.

- Envoie-toi également ces deux documents (en format Impress et en format PDF) sur ton e-mail. Tu pourras ainsi les retrouver par internet, si tu ne retrouves pas ta clé.

- Enfin, en cas de panne électrique, imprime les feuilles les plus importantes de ton diaporama. Tu pourras ainsi les distribuer au jury.

ÉPREUVE ORALE

7 S'exprimer avec aisance à l'oral

La maîtrise de la langue est essentielle lors de l'épreuve orale. La moitié des points est accordée à la qualité de ton expression.

A Bien se préparer

1. Maîtrise ton sujet

● Il est nécessaire de **connaître le sens des mots que tu utilises**, les personnes que tu cites, les dates des événements historiques dont tu parles…

● Si tu ne comprends pas ce que tu dis ou s'il y a des confusions, le jury t'interrogera d'abord sur ces points lors de l'entretien.

2. Prépare des outils pour t'aider

● Pour illustrer ton exposé, **présente des documents** (photographies, documents sonores, vidéos, objets…).

● **Ne présente pas seulement ta réalisation finale.** Si par exemple tu as travaillé à la réalisation d'un automatisme piloté par ordinateur, montre des photographies des étapes de la construction, des outils utilisés ou les plans de ta réalisation.

3. Appuie-toi sur des fiches efficaces

● Utilise des feuilles dans un petit format (type fiches bristol).

● Écris chaque idée sur **une seule ligne**.

● Ne rédige pas de phrase complexe ou de paragraphe.

> **EXEMPLE 3 août 1914 : L'Allemagne déclare la guerre à la France.**

● Espace tes idées, pour reprendre le fil en cas d'interruption.

● Choisis un **code couleur** identique pour toutes tes fiches (titres en rouge, exemples en vert…).

B Bien parler

1. Utilise un langage correct

● Exprime-toi dans un **langage courant ou soutenu**, sans faute de français. Prononce les négations (« Je ne sais pas ») et toutes les lettres des mots (« un cheval » et non « un ch'fal »).

● Évite **les mots abrégés**. Dis « photographie » et « télévision » en entier au lieu de « télé » et « photo ».

- **Bannis les onomatopées** (« euh », « bah ») et remplace-les par des mots de liaison (« alors », « donc »). N'utilise pas de mots familiers ou enfantins (« la femme, l'homme, embrasser » au lieu de « la dame, le monsieur, faire un bisou »…).
- **Utilise un vocabulaire adapté** à ton sujet. Si tu présentes une lecture, dis que tu as lu « un roman » ou « une nouvelle » et pas « un livre ».

2. Rythme correctement ton exposé

- Ne parle pas trop vite, ton auditoire risque de ne pas comprendre. Ne sois pas non plus trop lent(e) ; tu pourrais faire perdre tout son intérêt à ton exposé.
- **Articule et adopte un ton vivant.** Parle plus fort pour mettre en valeur les idées importantes.
- Ne lis pas ton exposé, ne l'apprends pas par cœur, tu perdrais toute spontanéité.

> **ASTUCE** Entraîne toi en te filmant ! Visionne d'abord la vidéo seul(e) puis fais-le avec un ami ou un parent. Notez tous les petits défauts et soyez critiques. Recommence jusqu'à ce que le résultat te convienne.

3. Impose-toi

- Le langage du corps compte autant que la parole.
- Tiens-toi droit(e) et regarde ton public.
- Ne mets pas tes mains dans tes poches et ne croise pas les bras.
- Évite d'être trop statique ; déplace-toi pour présenter tes documents. Approche-toi de ton diaporama, montre précisément les parties du document projeté. Occupe l'espace !
- Écris au tableau les noms propres. Tu peux aussi dessiner des schémas simples pour illustrer ton propos (ex. un cercle pour le théorème d'Archimède).

8 Retenir l'attention de son public

Pour l'épreuve orale, tu dois retenir l'attention du jury durant toute la durée de l'exposé. Tu dois convaincre de ton intérêt pour ton projet. Pour y arriver, distingue-toi de tes camarades !

A Préparer son texte

1. Organise attentivement ton exposé

- Ta présentation doit être organisée selon un plan rigoureux et clair. **Annonce ton plan** au début et fais-y référence à chaque transition.

- Tout doit être préparé et **organisé à l'avance**. Mets tous tes documents sur une clé USB qui ne contient rien d'autre pour ne pas projeter tes dossiers personnels ou perdre du temps à retrouver tes documents.

- Classe et numérote tes documents. Tu donneras l'impression de maîtriser ton sujet et seras plus convaincant(e).

- Les supports doivent **illustrer ton propos** et non le remplacer. Tu peux montrer des photos prises pendant la réalisation de ton projet mais ne te contente pas de les donner au jury ; commente-les, explique ce que tu faisais, pourquoi tu as pris cette photo…

> **CONSEIL** Fais une sauvegarde (voire deux) de tout ton travail.

2. Introduis des marques d'originalité

- Classe tes idées **des plus évidentes aux plus originales**. De cette façon, tu maintiendras l'attention du jury.

- N'hésite pas à faire des rappels (« Comme nous l'avons vu… »).

- Montre ta **motivation** et tes sentiments : tu présentes un projet dans lequel tu t'es impliqué(e) personnellement !

> **ASTUCE** Ta présentation sera d'autant plus convaincante si elle est concrète. Sois sûr(e) de toi et parle d'éléments précis de ton projet.

B Bien se faire comprendre

1. Parle correctement

● Articule (sans exagérer) et parle suffisamment fort. Ton public doit comprendre ce que tu dis sans te demander de répéter.

● **Varie le ton** pour mettre en valeur les idées importantes et les liens entre les différentes parties de ta présentation.

● Ne lis pas, ne récite pas un texte que tu as rédigé au préalable. Au contraire, parle naturellement à partir d'une trame et de notes personnelles.

● Sois **convaincu(e) et sûr(e) de toi** : si tu as l'air hésitant(e), le jury doutera de ta motivation pour le projet.

2. Fais attention à ta posture

● Elle doit être **naturelle** et **dégagée** (épaules ouvertes, bras mobiles, deux pieds au sol), mais pas relâchée.

● Évite les **mouvements parasites** qui font oublier le contenu de ton exposé (balancements d'un pied sur l'autre…).

● Ne sois pas trop statique : ne t'appuie pas contre un mur ou un bureau, ne mets pas tes mains dans tes poches, ne croise pas les bras.

> **ASTUCE** **Regarde chaque membre du jury individuellement. Ainsi, ton public se sentira personnellement impliqué et restera attentif.**

3. Choisis attentivement ton vocabulaire

● Évite les termes généraux (« on, les personnes, un endroit »). **Sois précis(e)** (« je, les comédiens, la scène du théâtre »).

● N'utilise pas de mots dont tu ne connais pas le sens.

● **Implique ton public** : tu peux t'adresser au jury en posant une question, à laquelle tu répondras ensuite par exemple.

ÉPREUVE ORALE

9 Présenter un projet à plusieurs

Vous pouvez présenter un projet à plusieurs (2 ou 3 candidats). L'exposé dure 10 minutes et l'entretien avec le jury 15 minutes.

A Présenter un projet à plusieurs

1. Un projet commun

● Pour réussir l'épreuve en groupe, vous devez avoir travaillé **ensemble sur toute la durée du projet**.

● Ne présentez pas des projets différents ou vaguement liés. Soutenez ensemble lorsque vous avez monté un projet dans lequel **chacun des membres de l'équipe a occupé une fonction distincte**.

> REMARQUE **Ne soutenez pas ensemble si vous avez chacun écrit une nouvelle littéraire différente par exemple.**

2. Un travail d'équipe

● **Répétez ensemble** plusieurs fois. Changez l'organisation jusqu'à ce que chacun trouve sa place, sans tout changer à la dernière minute.

● Nommez un(e) **responsable du temps**. Élaborez un code discret qui vous permettra de savoir si vous devez accélérer ou si vous êtes en avance.

● Montrez que vous êtes une équipe. Ne restez pas inactif(ve) pendant que les autres membres du groupe parlent : occupez-vous du diaporama, par exemple !

B Organiser l'épreuve

1. Gérer le temps

● **Donnez à chacun le même temps de parole** pendant l'exposé et durant l'entretien. Définissez à l'avance le temps et la répartition de la parole.

● **Évitez d'intervenir** et de couper la parole à celui ou celle qui parle.

2. Personnaliser les exposés

● Ne changez pas de locuteur à chaque phrase, mais prenez une part dans chaque axe de la présentation. Évitez de vous répéter les uns les autres !

● Tout en montrant que c'est un projet commun, **soulignez la part personnelle de chacun dans le projet**. Chaque candidat tirera un bilan différent et aura des impressions propres.

> REMARQUE **Même si la soutenance est collective, la note est individuelle.**

⑩ S'entretenir avec le jury

Durant l'entretien, le jury cherche à vérifier que ton travail est personnel et que tu as compris ce que tu as fait. Pour cela, il va te poser des questions sur ton exposé mais aussi sur des sujets plus larges.

A Parler de son exposé

1. Anticiper les questions

- Tu peux arriver à anticiper les questions du jury.

- Dans ton exposé, **fais exprès de ne pas aborder certains points que tu connais**. Le jury te questionnera sur ces aspects que tu as volontairement éludés.

- Par exemple, dans un exposé sur Archimède, mentionne l'école d'Alexandrie et les découvertes d'Ératosthène. Le jury te questionnera à la fin de ton exposé sur tes connaissances sur le sujet.

> **CONSEIL PRATIQUE** Essaie d'imaginer une dizaine de questions que le jury pourrait te poser sur ton exposé et prépare tes réponses.

2. Répondre clairement

- Le jury peut te poser **des questions précises sur tes connaissances** à propos de ton projet.

- Si tu connais la réponse, reprends bien la structure de la question posée. Tu montreras tu sais t'exprimer correctement à l'oral.

- Si tu ne connais pas la réponse, dis-le honnêtement. Une absence de réponse ne présume absolument pas de ta note finale.

- Surtout, **ne te décourage pas** et rebondis sur un autre élément assez proche qui te vient à l'esprit.

> **CONSEIL** Ne va pas trop vite, prends le temps de réfléchir avant de répondre.

B Parler de son expérience

Durant la deuxième partie de l'entretien, le jury va davantage te questionner sur ton expérience personnelle acquise pendant le projet mais aussi en dehors.

1. Élargir le propos

● Tu as réalisé plusieurs EPI dans l'année. Le jury te posera quelques questions sur le sujet.

● On peut aussi te demander de **parler de tes 4 années de collège** en général. Réfléchis à l'avance aux activités que tu as préférées, à celles qui t'ont le plus intéressé.

● Tu peux souligner ce que ces différentes activités t'ont apportées ou si tu as préféré un projet par rapport à un autre. **Explique toujours pourquoi.**

● Tu peux aussi parler d'une activité périscolaire, mais uniquement si elle est en lien avec ton projet.

> **ASTUCE** Essaie d'orienter le jury avec tes réponses sur le sujet que tu souhaiterais aborder.

2. Se mettre en avant

● **Ne te dévalue pas.** Parle de ce que tu sais le mieux faire.

● Si une question du jury te désarçonne, **réfléchis quelques secondes**. Utilise tes connaissances, même si elles ne proviennent pas de ce que tu as appris au collège. Inspire-toi de tes lectures, des films que tu connais. Le jury cherche aussi à cerner ta culture personnelle, tes centres d'intérêt.

> **EXEMPLE** Si tu as travaillé sur un scientifique à l'époque gréco-romaine et que l'on te demande une comparaison avec un scientifique d'aujourd'hui, tu peux t'appuyer sur des représentations de scientifiques dans des films historiques que tu as vus, comme Alan Turing dans *Enigma*.

● Si tu as rencontré des problèmes, tu peux en parler mais mets surtout en avant les solutions que tu as trouvées pour les résoudre. Le jury cherche avant tout à évaluer **ton travail personnel**.

● Si tu n'as pas trouvé de solution pour résoudre les problèmes, ne cherche pas à blâmer quelqu'un. **Essaie plutôt d'envisager les solutions** que tu pourrais mettre en place pour anticiper ce genre de problème à l'avenir.

● Attention, ne cherche pas à montrer au jury que tu en sais plus que lui. C'est peu probable et ce sera mal vu.

● **Reste naturel(le), souriant(e)** et montre que le sujet que tu as étudié t'intéresse et que tu as travaillé honnêtement.

Le mémo du brevet

L'essentiel du programme en fiches

- **Maths** 320
- **Physique-chimie** 332
- **SVT** 338
- **Technologie** 346
- **Français** 352
- **Histoire** 362
- **Géographie** 373
- **Enseignement moral et civique** 380

1 Différents nombres et leurs représentations

Notion	Définition
Nombre entier naturel	Nombre entier (c'est-à-dire qui s'écrit sans chiffre après la virgule) positif ou nul.
Nombre entier relatif	Nombre entier (c'est-à-dire qui s'écrit sans chiffre après la virgule) positif, négatif ou nul.
Nombre décimal	Nombre qui s'écrit avec un nombre fini de chiffres après la virgule. *Exemple* : 0,64.
Nombre rationnel (ou fraction)	Nombre qui peut s'écrire sous la forme d'une fraction, c'est-à-dire sous la forme $\frac{a}{b}$, où a et b sont des nombres entiers relatifs et $b \neq 0$. *Exemple* : $\frac{16}{25}$.
Fraction décimale	Fraction dont le dénominateur est une puissance de 10. *Exemple* : $\frac{64}{10^2} = \frac{64}{100}$.
Notation scientifique d'un nombre	Notation de la forme $x = a \times 10^n$ où $1 \leqslant a < 10$ et n est un entier relatif. On peut utiliser cette notation pour tout nombre positif x. *Exemple* : $6,4 \times 10^{-1}$.
Nombre irrationnel	Nombre qui ne peut pas s'écrire sous la forme d'une fraction. *Exemples* : $\sqrt{2}$, π...

REMARQUES

1. Un même nombre peut s'écrire de différentes façons.
Ainsi 0,64, $\frac{16}{25}$, $\frac{64}{100}$ et $6,4 \times 10^{-1}$ représentent le même nombre.

2. Un nombre rationnel a une infinité d'écritures sous forme de fraction. Une **fraction irréductible** est une fraction qui ne peut pas être simplifiée.

3. Attention ! Ne pas confondre l'opposé et l'inverse d'un nombre.
● Deux nombres sont **opposés** si leur somme est nulle.
Exemples : -5 est l'opposé de 5, $-\frac{1}{3}$ est l'opposé de $\frac{1}{3}$.
● Deux nombres sont **inverses** si leur produit est 1.
Exemples : $\frac{1}{5}$ est l'inverse de 5, $-\frac{1}{3}$ est l'inverse de -3.

2 Puissance et racine carrée

A Définitions

Notion	Définition
Puissance d'un nombre	Produit de n facteurs égaux à a (a étant un nombre non nul et n un nombre entier naturel positif). On le note a^n : $a^n = \underbrace{a \times a \times ... \times a}_{n \text{ facteurs}}$. a^{-n} est l'inverse de a^n. Donc $a^{-n} = \dfrac{1}{a^n}$. *Exemples* : $5^3 = 5 \times 5 \times 5 = 125$; $10^{-2} = \dfrac{1}{10^2} = \dfrac{1}{100} = 0{,}01$.
Racine carrée d'un nombre	Nombre positif dont le carré est égal à a (où a est un nombre positif donné). On le note $\sqrt{a}$. *Exemples* : $\sqrt{25} = 5$; $\sqrt{56{,}25} = 7{,}5$.

B Préfixes scientifiques

Préfixe	Symbole	Puissance de 10	Valeur	Exemples
giga	G	10^9	1 000 000 000	1 gigawatt = 1 000 000 000 watts
méga	M	10^6	1 000 000	1 mégahertz = 1 000 000 hertz
kilo	k	10^3	1 000	1 kilocalorie = 1 000 calories
hecto	h	10^2	100	1 hectopascal = 100 pascals
déca	da	10^1	10	1 décalitre = 10 litres
déci	d	10^{-1}	0,1	1 décimètre = 0,1 mètre
centi	c	10^{-2}	0,01	1 centigramme = 0,01 gramme
milli	m	10^{-3}	0,001	1 milliseconde = 0,001 seconde
micro	μ	10^{-6}	0,000 001	1 microampère = 0,000 001 ampère
nano	n	10^{-9}	0,000 000 001	1 nanomètre = 0,000 000 001 m

3 Calcul numérique

A Multiples, diviseurs – Nombres premiers

Notion	Définition
Multiple	On appelle multiple d'un entier naturel le produit de ce nombre entier naturel par un autre nombre entier naturel. *Exemples* : 45, 135 et 225 sont des multiples de 15, car $45 = 3 \times 15$ et $135 = 9 \times 15$ et $225 = 15 \times 15$.
Diviseur	Soient deux entiers naturels a et b. a est un diviseur de b lorsque la division de b par a se fait exactement, c'est-à-dire ne donne pas de reste. *Exemple* : 13 est un diviseur de 91 car $91 = 13 \times 7 + 0$.
Critères de divisibilité	Un nombre est divisible : • par 2 si son chiffre des unités est 0, 2, 4, 6 ou 8 ; • par 3 si la somme de ses chiffres est divisible par 3 ; • par 5 si son chiffre des unités est 0 ou 5 ; • par 9 si la somme de ses chiffres est divisible par 9 ; • par 10 si son chiffre des unités est 0.
Nombre premier	Nombre entier naturel divisible seulement par lui-même et par 1. *Exemple* : 17 est un nombre premier. 55 n'est pas un nombre premier car il est divisible par 5.
Décomposition d'un nombre entier en un produit de facteurs premiers	Opération qui consiste à transformer un nombre entier en un produit de nombres premiers. *Exemple* : $600 = 2^3 \times 3 \times 5^2$.

B Les fractions : comparer et calculer

Objectif	Règle
Comparer	Si deux fractions ont le même dénominateur, la fraction la plus grande est celle qui a le plus grand numérateur. Si deux fractions ont le même numérateur, la fraction la plus grande est celle qui a le plus petit dénominateur.
Additionner ou soustraire	Pour additionner (ou soustraire) deux fractions, on les réduit au même dénominateur puis on additionne (ou on soustrait) les numérateurs et on conserve le dénominateur commun.
Multiplier	Pour multiplier deux fractions, on multiplie les numérateurs entre eux et les dénominateurs entre eux.
Diviser	Pour diviser deux fractions, on multiplie la fraction numérateur par l'inverse de la fraction dénominateur.

Calcul littéral

A Développer

● À l'aide de la **propriété de distributivité** : on utilise les règles de la distributivité de la multiplication par rapport à l'addition.

Quels que soient les nombres a, b, c, d :
$a \times (b + c) = a \times b + a \times c$
Exemple : $2x \times (x + 3) = 2x^2 + 6x$
$(a + b) \times (c + d) = a \times c + a \times d + b \times c + b \times d$
Exemple : $(6 - x) \times (2 - 3x) = 12 - 18x - 2x + 3x^2 = 3x^2 - 20x + 12$

● À l'aide des **identités remarquables**. On distingue trois identités remarquables, a et b étant deux réels quelconques :

$(a + b)^2 = a^2 + 2ab + b^2$ Exemple : $(2x + 5)^2 = 4x^2 + 20x + 25$
$(a - b)^2 = a^2 - 2ab + b^2$ Exemple : $(2x - 4)^2 = 4x^2 - 16x + 16$
$(a + b) \times (a - b) = a^2 - b^2$ Exemple : $(3x + 1) \times (3x - 1) = 9x^2 - 1$

B Factoriser

● À l'aide de la **propriété de distributivité**.

Quels que soient les nombres a, b, c, d :
$a \times b + a \times c = a \times (b + c)$ Exemple : $2x \times (3x + 1) + 2x \times (2x + 5) = 2x \times (5x + 6)$

● À l'aide des **identités remarquables** :
$a^2 + 2ab + b^2 = (a + b)^2$ Exemple : $x^2 + 6x + 9 = (x + 3)^2 = (x + 3) \times (x + 3)$
$a^2 - 2ab + b^2 = (a - b)^2$ Exemple : $x^2 - 4x + 4 = (x - 2)^2 = (x - 2) \times (x - 2)$
$a^2 - b^2 = (a + b) \times (a - b)$ Exemple : $x^2 - 4 = x^2 - 2^2 = (x + 2) \times (x - 2)$

C Équation produit

On utilise la propriété : lorsqu'un produit de facteurs est nul, alors l'un au moins des facteurs est nul.
Exemple : résoudre l'équation $(2x - 1) \times (-x + 3) = 0$.
La propriété ci-dessus permet d'affirmer que :
$2x - 1 = 0$, soit $x = \dfrac{1}{2}$ ou $-x + 3 = 0$, soit $x = 3$.
Conclusion : $\dfrac{1}{2}$ et 3 sont les solutions de l'équation.

5 Statistiques - Probabilités

A Statistiques

1. Caractéristiques de position

Notion	Définition
Fréquence d'une valeur	On appelle fréquence d'une valeur, le quotient de l'effectif de cette valeur par l'effectif total. On l'exprime souvent en pourcentage.
Moyenne d'une série statistique	C'est le nombre m réel égal au quotient de la somme de toutes les valeurs de la série statistique par l'effectif total.
Médiane d'une série statistique	C'est la valeur qui partage la série statistique, **rangée par ordre croissant** (ou décroissant), en deux parties de même effectif. Si l'effectif total de la série est un nombre impair, la médiane est une valeur de la série. Sinon, c'est un nombre compris entre deux valeurs de la série. On prend souvent pour médiane la moyenne de ces deux valeurs.

2. Caractéristiques de dispersion

Notion	Définition
Étendue d'une série statistique	C'est la différence entre la plus grande et la plus petite valeur de la série statistique.
Écart moyen d'une série statistique	C'est la moyenne de la série obtenue en prenant les valeurs positives des différences entre chaque valeur de la série statistique et la valeur moyenne de la série.

B Probabilités

Soit E un événement.
- La probabilité de réalisation de E est un nombre $p(E)$ compris entre 0 et 1.
- Si $p(E) = 0$ alors l'événement E est impossible.
- Si $p(E) = 1$ alors l'événement E est certain.
- Quand les résultats d'une expérience ont tous la même probabilité, alors $p(E) = \dfrac{\text{nombre de résultats favorables}}{\text{nombre de résultats possibles}} = \dfrac{n}{N}$.
- Notons $\bar{E}$ l'événement contraire de E (c'est-à-dire l'événement « non E »), alors $p(E) + p(\bar{E}) = 1$.

6 Fonctions - Pourcentages

A La notion de fonction

● Une fonction est une « machine » qui permet d'associer à un nombre, appelé **antécédent**, un autre nombre unique appelé **image**.

● On note souvent f cette « machine », x l'antécédent et $f(x)$ l'image du nombre x par la fonction f. On écrit alors $f : x \mapsto f(x)$.

Exemple : Si l'on a $f : x \mapsto f(x) = 3x + 1$, alors f est la machine à multiplier par 3 puis à ajouter 1. Si on choisit le nombre -4, alors la fonction f lui associe le nombre -11 car $f(-4) = 3 \times (-4) + 1 = -11$. Le nombre -4 est l'antécédent de -11 et -11 est l'image du nombre -4 par la fonction f.

B Fonction linéaire, fonction affine

● La fonction f qui associe au nombre x le nombre ax, où a est un nombre réel donné, est appelée **fonction linéaire**. On a $f : x \mapsto ax$ ou encore $f(x) = ax$.
Sa représentation graphique est une droite passant par l'origine du repère.
Le nombre a est le **coefficient directeur** de cette droite.

● La fonction f qui associe au nombre x le nombre $ax + b$, où a et b sont des réels donnés, est appelée **fonction affine**. On a $f : x \mapsto ax + b$ ou encore $f(x) = ax + b$.
Sa représentation graphique est une droite. a est le coefficient directeur de la droite et b est l'**ordonnée à l'origine** de la droite.

C Proportionnalité

Soient quatre nombres non nuls a, b, c, d. Les nombres a et b sont respectivement proportionnels aux nombres c et d, si $\dfrac{a}{c} = \dfrac{b}{d}$.

D Pourcentages

● Appliquer une **augmentation** de $n\%$ à une quantité Q :
on obtient alors la quantité Q' telle que $Q' = Q\left(1 + \dfrac{n}{100}\right)$.

● Appliquer une **diminution** de $n\%$ à une quantité Q :
on obtient alors la quantité Q'' telle que $Q'' = Q\left(1 - \dfrac{n}{100}\right)$.

● Calculer le **pourcentage n d'augmentation** d'une quantité Q devenue Q_1 :
on a $n = \dfrac{Q_1 - Q}{Q} \times 100$.

Grandeurs et mesures

A Grandeurs composées

● Une **grandeur composée produit** est une grandeur obtenue en multipliant d'autres grandeurs. Voici quelques grandeurs composées produit :

Grandeur composée	Grandeurs simples	Formule	Unités
Aire $\mathcal{A}$ d'un rectangle	Longueur L, largeur ℓ	$\mathcal{A} = L \times \ell$	Si L et ℓ en m, alors $\mathcal{A}$ en m^2
Volume $\mathcal{V}$ d'un cube	Arête c	$\mathcal{V} = c \times c \times c$	Si c en cm, alors $\mathcal{V}$ en cm^3
Puissance électrique consommée P	Tension U, intensité du courant I	$P = U \times I$	Si U en volts (V) et I en ampères (A), alors P en watts (W)
Énergie électrique E	Puissance P, temps t	$E = P \times t$	Si P en watts (W) et t en h, alors E en wattheures (Wh)

● Une **grandeur composée quotient** est une grandeur obtenue en divisant deux autres grandeurs. Voici quelques grandeurs composées quotient :

Grandeur composée	Grandeurs simples	Formule	Unités
Vitesse moyenne v	Distance d, temps t	$v = \dfrac{d}{t}$	Si d en m et t en s, alors v en m/s ou m $\times$ s^{-1}
Débit D	Volume $\mathcal{V}$, durée t	$D = \dfrac{\mathcal{V}}{t}$	Si $\mathcal{V}$ en m^3 et t en h, alors D en m^3/h ou m$^3 \times$ h^{-1}
Masse volumique ρ	Masse M, volume $\mathcal{V}$	$\rho = \dfrac{M}{\mathcal{V}}$	Si M en kg et $\mathcal{V}$ en m^3, alors ρ en kg/m^3 ou kg $\times$ m^{-3}
Consommation de carburant C	Volume de carburant consommé $\mathcal{V}$, distance parcourue d	$C = \dfrac{\mathcal{V}}{d}$	Si $\mathcal{V}$ en litres (L) et d en km, alors C en L/km ou L $\times$ km^{-1}

B Formules donnant des volumes

● Volume d'une pyramide ou d'un cône dont l'aire de la base est $\mathcal{B}$ et la hauteur h : $\mathcal{V} = \dfrac{1}{3} \times \mathcal{B} \times h$.

● Volume d'un cylindre dont le rayon de la base est r et la hauteur h : $\mathcal{V} = \pi \times r^2 \times h$.

● Volume d'une boule de rayon r : $\mathcal{V} = \dfrac{4}{3} \times \pi \times r^3$.

Transformations sur une figure

A Effet d'une translation sur un triangle

● Le triangle A'B'C' est l'image du triangle ABC par la translation qui transforme le point I en le point J. Ces deux triangles sont superposables.

● La translation est un **déplacement**. Elle conserve les distances, les alignements, les angles et les aires.

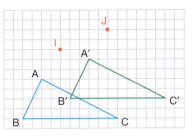

B Effet d'une rotation sur un triangle

● Le triangle A'B'C' est l'image du triangle ABC par la rotation de centre O et d'angle 100°. On a : OA = OA', OB = OB', OC = OC' et $\widehat{AOA'} = \widehat{BOB'} = \widehat{COC'} = 100°$.

● La rotation est un **déplacement**. Elle conserve les distances, les alignements, les angles et les aires.

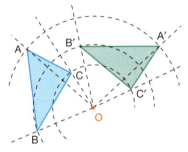

C Effet d'une homothétie sur un triangle

● Le triangle A'B'C' est l'image du triangle ABC par l'homothétie de centre O et de rapport 2 : on a un **agrandissement**.

Le triangle ABC est l'image du triangle A'B'C' par l'homothétie de centre O et de rapport $\frac{1}{2}$: on a une **réduction**.

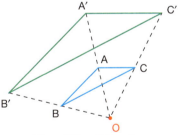

Nous avons donc : $\dfrac{OA'}{OA} = \dfrac{OB'}{OB} = \dfrac{OC'}{OC} = 2$ et $\dfrac{OA}{OA'} = \dfrac{OB}{OB'} = \dfrac{OC}{OC'} = \dfrac{1}{2}$.

● Lorsque toutes les dimensions d'une figure $\mathcal{F}$ sont multipliées par un même nombre k, on obtient une figure $\mathcal{F}'$. Si $k > 1$, $\mathcal{F}'$ est un agrandissement de $\mathcal{F}$. Si $0 < k < 1$, $\mathcal{F}'$ est une réduction de $\mathcal{F}$.
Les mesures des **côtés** de $\mathcal{F}'$ se déduisent des mesures des côtés de $\mathcal{F}$ en multipliant ces derniers par k.
L'**aire** de $\mathcal{F}'$ se déduit de l'aire de $\mathcal{F}$ en multipliant cette dernière par k^2.
Le **volume** de $\mathcal{F}'$ se déduit du volume de $\mathcal{F}$ en multipliant ce dernier par k^3.

9 Repérage

A Se repérer dans un plan

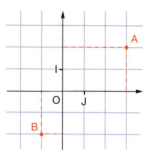

- Un **repère orthogonal** est constitué de deux axes perpendiculaires, les unités étant différentes sur chacun des axes (OI ≠ OJ). Si les unités sont les mêmes sur chaque axe (OI = OJ = 1 unité), alors le repère est **orthonormal**.

- Un point A du plan est repéré par deux nombres relatifs x_A et y_A.

x_A est l'abscisse du point A. L'**abscisse** se lit sur l'axe horizontal.
y_A est l'ordonnée du point A. L'**ordonnée** se lit sur l'axe vertical.
Les **coordonnées** du point A s'écrivent $A(x_A\,;\,y_A)$.
Exemple sur le schéma ci-dessus : A(3 ; 2) et B(–1 ; –2).

B Se repérer dans l'espace

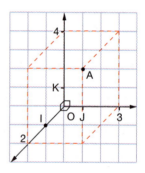

- Un repère orthonormal de l'espace est constitué de trois axes perpendiculaires 2 à 2.

- Un point A de l'espace est repéré par trois nombres relatifs : son **abscisse** x_A, son **ordonnée** y_A et son **altitude** z_A.

Les coordonnées de A s'écrivent $A(x_A\,;\,y_A\,;\,z_A)$.
Exemple sur le schéma ci-contre : A(2 ; 3 ; 4).

C Se repérer sur une sphère

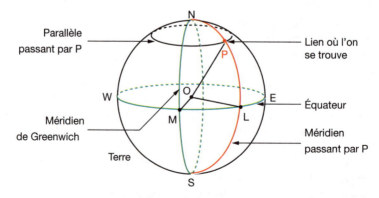

L'angle $\widehat{LOP}$ représente la **latitude** de P et $\widehat{MOL}$ représente la **longitude** de P.

Triangle et parallélogramme

A Le triangle

● La somme des mesures des trois angles d'un triangle est égale à 180°.

● La mesure d'un côté d'un triangle est toujours inférieure ou égale à la somme des mesures des deux autres côtés.

● Cas d'égalité des triangles

Si 2 triangles ont un angle égal compris entre deux côtés respectivement égaux, alors ils sont égaux.		AB = DE AC = DF $\widehat{BAC} = \widehat{EDF}$
Si 2 triangles ont un côté égal compris entre deux angles respectivement égaux, alors ils sont égaux.		BC = EF $\widehat{ABC} = \widehat{DEF}$ $\widehat{ACB} = \widehat{DFE}$
Si 2 triangles ont leurs trois côtés respectivement égaux, alors ils sont égaux.		AB = DE AC = DF BC = EF

● Si deux triangles ont leurs angles respectivement égaux, alors ils sont **semblables**.

Le triangle ADE est une réduction du triangle ABC dans le rapport $\dfrac{AD}{AB}$.

Le triangle ABC est un agrandissement du triangle ADE dans le rapport $\dfrac{AB}{AD}$.

● Trigonométrie dans le triangle rectangle

$\sin \widehat{ABC} = \dfrac{AC}{BC} = \dfrac{\text{côté opposé}}{\text{hypoténuse}}$

$\cos \widehat{ABC} = \dfrac{AB}{BC} = \dfrac{\text{côté adjacent}}{\text{hypoténuse}}$

$\tan \widehat{ABC} = \dfrac{AC}{AB} = \dfrac{\text{côté opposé}}{\text{côté adjacent}}$

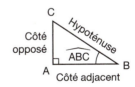

B Le parallélogramme

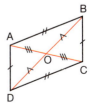

Dans un parallélogramme :
– les côtés opposés sont parallèles deux à deux ;
– les côtés opposés sont égaux deux à deux ;
– les diagonales se coupent en leur milieu.

11 Pythagore et Thalès

A Théorème de Pythagore

● Théorème direct : si un triangle ABC est rectangle en A, alors $BC^2 = AB^2 + AC^2$.

● Réciproque : si un triangle ABC est tel que $BC^2 = AB^2 + AC^2$, alors ce triangle est rectangle en A.

B Théorème de Thalès

Théorème direct

● Soient deux droites $(\mathcal{D})$ et $(\mathcal{D}')$ sécantes en A.
● Soient B et M deux points de $(\mathcal{D})$, distincts de A.
● Soient C et N deux points de $(\mathcal{D}')$ distincts de A.
● Les points A, B et M sont dans le même ordre que les points A, C et N.

Si les droites (BC) et (MN) sont parallèles, alors : $\dfrac{AM}{AB} = \dfrac{AN}{AC} = \dfrac{MN}{BC}$

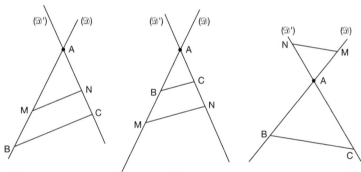

Réciproque

● Soient deux droites $(\mathcal{D})$ et $(\mathcal{D}')$ sécantes en A.
● Soient B et M deux points de $(\mathcal{D})$, distincts de A.
● Soient C et N deux points de $(\mathcal{D}')$ distincts de A.

Si les points A, B, et M d'une part et les points A, C, et N d'autre part sont dans le même ordre et si $\dfrac{AM}{AB} = \dfrac{AN}{AC}$, alors les droites (BC) et (MN) sont parallèles.

(12) Algorithmique et programmation

MATHS

A Algorithme

● Le mot algorithme vient du nom du mathématicien Al-Khawarizmi (VIIIe-IXe siècle après J.-C.).

● Un algorithme est une suite ordonnée d'instructions à exécuter pour résoudre un problème donné.

Exemples : appliquer une recette de cuisine ; suivre un itinéraire donné par un GPS ; construire une figure géométrique.

B Programme

● Un programme est une suite ordonnée d'instructions, un algorithme, qu'un ordinateur comprend et peut donc réaliser.

● Comme un algorithme, un programme peut être décomposé en trois parties : l'entrée des données, le traitement des données, la sortie des résultats.

Variables

● Les variables portent un nom et peuvent stocker des nombres, des mots, des phrases…

● La variable spéciale (réponse) contient ce qui est saisi par l'utilisateur.

Tests

● Les tests permettent de n'effectuer une instruction, ou un groupe d'instruction que si une condition est remplie.

● Les conditions sont par exemple des comparaisons de variables du type :

(<) (=) (>) que l'on peut regrouper avec « et » et « ou ».

● On peut ajouter une instruction à effectuer si la condition n'est pas vérifiée.

Boucles

● Une boucle permet de faire répéter un groupe d'instructions. Il en existe plusieurs types :
– boucle avec compteur : pour *i* allant de 1 à *n* faire *instructions*.

répéter ④ fois
avancer de (200)
tourner ↻ de (90) degrés

– boucle « tant que » : tant que *condition* est vraie faire *instructions*.
– boucle « jusqu'à » : faire *instructions* jusqu'à ce que *condition* soit vraie.

1 Organisation, constitution et états de la matière

L'univers est l'ensemble de tout ce qui existe, de l'infiniment petit (l'atome) à l'infiniment grand (les galaxies). Toute la matière de l'univers est constituée de molécules neutres, elles-mêmes constituées d'atomes.

A La constitution de la matière

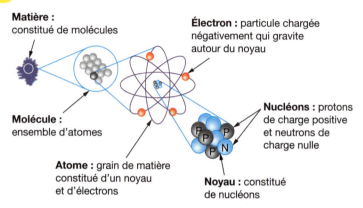

Matière : constitué de molécules

Molécule : ensemble d'atomes

Atome : grain de matière constitué d'un noyau et d'électrons

Électron : particule chargée négativement qui gravite autour du noyau

Nucléons : protons de charge positive et neutrons de charge nulle

Noyau : constitué de nucléons

- L'**atome** est **neutre** : il contient autant de particules chargées positivement (protons) que de particules chargées négativement (électrons).

- La **formule chimique** donne le nombre et la nature des atomes qui constituent une molécule. Exemple : H_2 ; CO_2 ; N_2 ; O_2 ; H_2O.

- **Corps pur (espèce chimique)** : constitué d'une seule sorte de molécules.

B Les états de la matière, les changements d'état

- La matière peut prendre plusieurs états : solide, liquide ou gazeux.

- Un **changement d'état** est une transformation physique : les constituants de la matière restent intacts.

- **Masse volumique** : c'est la masse d'une unité de volume d'un corps.

$$\rho = \frac{m}{V}.$$

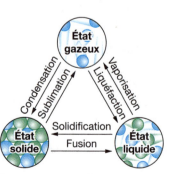

Elle caractérise un corps pur. Unités : g/cm^3 ou kg/L ou kg/m^3.
Pour l'eau : $\rho_{eau} = 1{,}00\ g/cm^3 = 1{,}00\ kg/L = 1\ 000\ kg/m^3$.

2 Réactions chimiques

A Transformations chimiques

● **Transformation chimique** : transformation au cours de laquelle les espèces chimiques qui constituent la matière sont modifiées.

● **Équation d'une transformation** : décrit une réaction chimique par des formules.

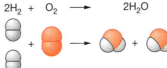

● **Ion** : atome ou groupement d'atomes qui porte une charge électrique.

	Cation (ion positif) : atome qui a perdu des électrons	Anion (ion négatif) : atome qui a gagné des électrons
Ion monoatomique	Na^+, Ba^{2+}	Cl^-, O^{2-}
Ion polyatomique	NH_4^+	SO_4^{2-}, NO_3^-

● **Test** : réaction chimique qui permet de reconnaître une espèce chimique.

Test	Verser de la soude	Verser de la soude	Verser de la soude	Approcher une allumette
Espèce testée	Ion Cu^{2+}	Ion Fe^{2+}	Ion Zn^{2+}	Gaz H_2
Résultat	Précipité bleu	Précipité vert	Précipité blanc	Détonation

B Propriétés acido-basiques

● **Solution acide** : solution aqueuse où les ions H^+ sont majoritaires.
Exemple : l'acide chlorhydrique ($H^+ + Cl^-$).

● **Solution basique** : solution aqueuse où les ions H^+ sont minoritaires.
Exemple : la soude ($Na^+ + HO^-$).

● **pH** : grandeur sans unité, comprise entre 0 et 14, qui indique l'acidité (si pH < 7) ou la basicité (si pH > 7) d'une solution aqueuse.

● **Réaction acido-basique** : réaction chimique entre un acide et une base.
Exemple : acide chlorhydrique + soude → eau + ion sodium + ion chlorure

● **Réaction acide-métal** (zinc, fer, aluminium) : action de l'ion hydrogène H^+ d'un acide sur un métal. *Exemple* :
acide chlorhydrique + métal (Zn, Fe, Al) → ion métallique (Zn^{2+} ; Fe^{2+} ; Al^{3+}) + dihydrogène (H_2)

3 Mouvement et interactions

Un mouvement est caractérisé par son sens, sa direction et sa vitesse v.

A Caractériser un mouvement

- La **vitesse v**, exprimée en m/s, est telle que : $v = \dfrac{d}{t} = \dfrac{\text{distance (m)}}{\text{temps (s)}}$.

- **Mouvement rectiligne et uniforme** : mouvement en ligne droite et à vitesse constante (le sens, la direction et la valeur de la vitesse ne varient pas).

- **Mouvement circulaire uniforme** : mouvement dont la trajectoire est un cercle. La valeur et le sens de la vitesse ne varient pas mais sa direction varie.

B Modéliser une interaction par une force

- **Interaction** : deux objets sont en interaction s'ils ont une action l'un sur l'autre. On distingue :
– l'interaction de contact ◄——► (*exemple* : force de traction) ;
– l'interaction à distance ◄---► (*exemple* : un aimant attirant l'acier).
Les **diagrammes d'interactions** schématisent un système et ses interactions avec d'autres systèmes.
Exemple :

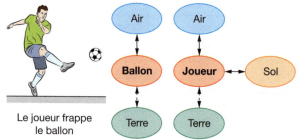

Le joueur frappe le ballon

- **Force** : une action est modélisée par une force *F*, qui a un point d'application, un sens, une direction et une intensité en newtons (N).

C Distinguer poids et masse

- Tous les objets sur une planète subissent une force de pesanteur attractive de la part de cette planète, le **poids** *P*. C'est une force verticale, orientée vers le centre de la planète. $P = m \times g$.
m est la masse en kg, et *g* la **constante de gravité** en N/kg (sur Terre *g* = 9,81 N/kg), le poids *P* est en newtons.

- La **masse** (en kg) est la quantité de matière qui constitue un corps.

- La masse d'un objet reste la même sur une autre planète que la Terre mais son poids change car *g* change suivant les planètes.

4. L'énergie et ses conversions

L'énergie est la capacité d'un système à produire un mouvement, de la lumière, de l'électricité, de la chaleur, etc.

A Les formes d'énergie

● La relation liant l'énergie E (J), la puissance P en watts (W) et la durée t (s) est : $E = P \times t$.

● L'énergie E se mesure en **joules** (J), mais aussi en **wattheures** (Wh) si P est en watts et t en heures (h). 1 Wh = 3600 J.

Énergie	Définition
Cinétique	Énergie des objets en mouvement. Elle dépend de la vitesse v (m/s) d'un objet et de sa masse m (kg). $E_c = \frac{1}{2} \times m \times v^2$.
Potentielle	Lorsqu'elle dépend de la position de l'objet, de sa masse et de la gravité du lieu, elle s'appelle l'énergie potentielle de pesanteur E_{pp}.
Thermique	Due à l'agitation des molécules et des atomes d'un objet. C'est la manifestation de l'énergie sous forme de chaleur.
Électrique	Énergie liée aux phénomènes électriques.
Chimique	Énergie qui lie les atomes dans les molécules. Elle est libérée lors des réactions chimiques (comme la combustion).
Lumineuse	Énergie transportée par la lumière.

B Sources, transferts et conversions d'énergie

● **Sources d'énergie** : pétrole, gaz naturel et charbon sont les trois sources d'énergie fossile dont les réserves sont limitées, comme les combustibles nucléaires. Le vent, le soleil, l'eau des marées et des cours d'eau constituent les sources d'énergie renouvelables car inépuisables.

● **Diagramme d'énergie** : représente la source, le convertisseur et les différentes formes d'énergies converties par un objet ou système. *Exemple* :

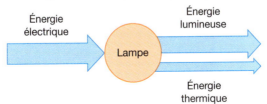

● **Conservation de l'énergie** : l'énergie ne peut ni être créée ni disparaître.

5 L'électricité

A Les circuits électriques

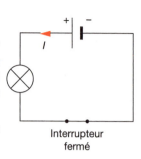

- **Circuit fermé** : un générateur et un récepteur reliés par des fils conducteurs constituant une boucle fermée. (*I* : sens conventionnel du courant)
- **Dipôles en série** : dipôles placés à la suite les uns des autres et ne constituant qu'une seule boucle.
- **Dipôles en dérivation** : deux dipôles placés dans deux boucles différentes d'un circuit.

Interrupteur fermé

B Les lois de l'électricité

Circuit	Dipôles en dérivation	Dipôles en série
Loi des intensités	L'intensité du courant de la branche principale se partage entre les branches dérivées. $I = I_{lampe} + I_{moteur}$	L'intensité du courant est la même en tout point d'un circuit qui ne comporte que des dipôles en série. $I = I_{lampe} = I_{moteur}$
Loi des tensions	La tension de chaque récepteur est la même que celle du générateur, si tous les dipôles sont en dérivation. $U_{générateur} = U_{lampe} = U_{moteur}$	La tension du générateur est égale à la somme des tensions des dipôles récepteurs en série. $U_{générateur} = U_{lampe} + U_{moteur}$

- **Puissance électrique** : correspond à l'énergie électrique reçue ou donnée pendant une seconde. C'est aussi le produit de la tension *U* (V) aux bornes d'un dipôle par l'intensité *I* (A) du courant qui le traverse. Son unité est le watt (W).

$$P = \frac{E}{t} = U \times I.$$

- **Loi d'Ohm** : la tension *U* (V) aux bornes d'une résistance *R* (Ω) est proportionnelle à l'intensité du courant électrique *I* (A) qui la traverse.

$$U = R \times I.$$

Les signaux pour observer et communiquer

Une onde est la propagation d'une perturbation. Elle transporte de l'énergie sans transport de matière. Le signal est l'information que transporte l'onde.

A Reconnaître un signal lumineux

● **Lumière** : onde lumineuse qui se déplace dans le vide à la vitesse $c = 300\,000$ km/s. Elle peut être visible ou invisible (rayons X). Elle se propage en ligne droite dans l'air, le vide et les milieux transparents.

● **Année-lumière** : distance parcourue par la lumière en 1 an.
Calcul d'une année-lumière (al) en kilomètres :
1 al = $c \times T$ = 300 000 km/s × 1 an
    = 300 000 km/s × (365 j × 24 heures × 60 min × 60 s) = $9,5 \times 10^{12}$ km.

B Reconnaître un signal sonore

● **Onde sonore** : propagation dans un milieu matériel d'une surpression produite de manière périodique. Le son est un signal sonore.
La vitesse de propagation du son dans l'air est environ $v = 340$ m/s.
Une onde sonore est causée par la vibration d'une membrane.

● **Fréquence f** : pour un phénomène périodique, c'est le nombre de fois que le phénomène se répète en une seconde. Elle se mesure en hertz (Hz).
$f = \dfrac{1}{T}$ où T désigne la **période** exprimée en secondes (s).

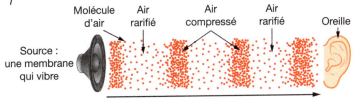

● Une onde sonore est **audible** par l'oreille humaine si 20 Hz $< f <$ 20 kHz.

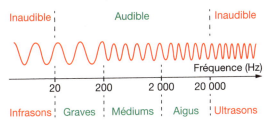

1 La Terre

A La Terre, planète active

La surface de la Terre est constituée de **plaques lithosphériques** en mouvement grâce à l'énergie interne du globe. Il en découle une activité sismique et volcanique très importante au niveau des frontières des plaques.

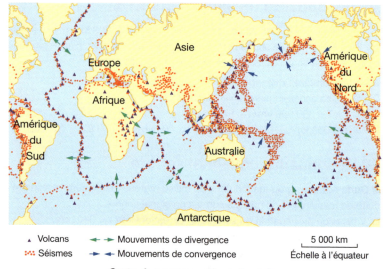

Carte des zones actives du globe

B L'atmosphère et le climat

● Les climats et les phénomènes météorologiques sont dus aux mouvements des masses d'air et d'eau à la surface du globe.

● L'atmosphère contient des **gaz à effet de serre** : dioxyde de carbone (CO_2), vapeur d'eau et méthane. Ceux-ci retiennent les infrarouges et donc la chaleur. Une augmentation de leur concentration entraîne un réchauffement climatique.

Effet de serre et température terrestre

2 Préserver l'environnement

A L'impact de l'activité humaine sur les écosystèmes et sur la santé

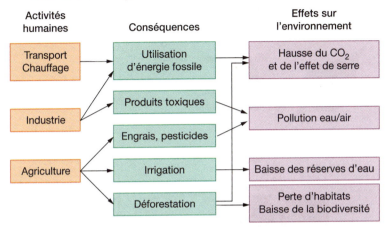

B Adopter des comportements responsables et apporter des solutions pour préserver l'environnement

Problèmes environnementaux	Solutions envisageables
Réchauffement climatique	Utiliser des énergies renouvelables Limiter la déforestation et reboiser pour réduire la présence de CO_2
Pollution de l'eau	Nettoyer les eaux usées dans les stations d'épuration Réduire l'usage des pesticides et des engrais
Pollution de l'air	Développer les transports non polluants Poser des filtres sur les cheminées d'usine et les pots d'échappement
Baisse de la biodiversité	Protéger les habitats naturels Réglementer la chasse et la pêche
Appauvrissement des ressources	Économiser l'eau Limiter l'expansion urbaine sur les terres agricoles Trier et recycler les déchets
Présence de déchets radioactifs toxiques	Gérer les déchets radioactifs dangereux

SCIENCES ET TECHNO

3 Les êtres vivants

A Les besoins des êtres vivants

Les végétaux et les animaux puisent des éléments essentiels dans leur milieu de vie afin d'apporter de la matière et de l'énergie à toutes leurs cellules.

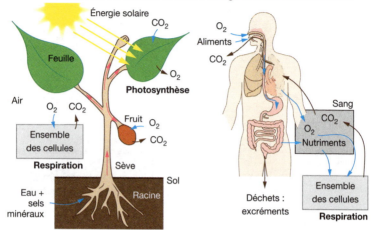

Schémas parallèles d'un végétal chlorophyllien et de l'Homme

B Matériel génétique et caractères de l'espèce

Le matériel génétique est présent sous forme de **chromosomes** dans le noyau de nos cellules. Il détermine les caractères de l'individu et son fonctionnement.

● **Caryotype** : photographie des chromosomes d'une cellule, rangés par taille et par paire.

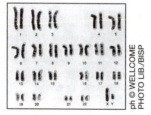

Caryotypes de cellule humaine
= 23 paires de chromosomes

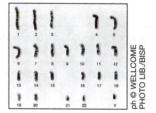

Caryotype de gamète humain
= 23 chromosomes

● **Gène** : fragment d'**ADN** et donc de chromosome déterminant un caractère. Avant la division d'une cellule, les gènes sont copiés. En cas d'erreur (**mutation** au hasard), une nouvelle version d'un gène, ou **allèle**, est créée.

● **Espèce** : ensemble d'êtres vivants ayant des caractères communs et capables de se reproduire entre eux. Ils ont les mêmes gènes.

4 Reproduction et transmission des caractères

A Les types de reproduction

● **Reproduction asexuée** : transmission de la totalité du matériel génétique au descendant, identique au parent.

● **Reproduction sexuée** : transmission de la moitié du matériel génétique de chacun des deux parents par le biais des cellules reproductrices ou **gamètes**. Le matériel génétique du descendant provient pour moitié de son père (spermatozoïde) et pour moitié de sa mère (ovule).

23 chromosomes du père + 23 chromosomes de la mère = 46 chromosomes dans la cellule-œuf

● La reproduction sexuée permet un **brassage génétique** en créant de nouvelles combinaisons d'allèles chez les descendants, ce qui entraîne la diversité dans l'espèce.

B Le brassage génétique chez l'Homme

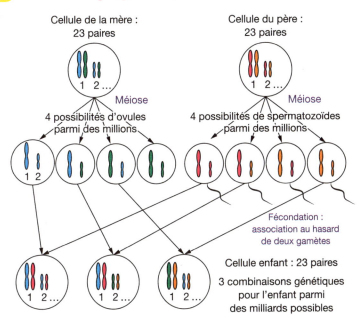

5 Biodiversité

A Biodiversité et évolution

- La **biodiversité**, ou diversité des êtres vivants, existe entre les espèces mais aussi entre les individus d'une espèce grâce à un matériel génétique différent.

- Le partage de caractères permet la **classification** en groupes des êtres vivants. Au cours du temps, il y a apparition de nouveaux groupes d'êtres vivants grâce à l'acquisition de nouveau matériel génétique.

- Seuls ceux qui sont les mieux adaptés à leur milieu de vie survivent et transmettent leur matériel génétique à leurs descendants. C'est la **sélection naturelle**.

- La diversité génétique et donc la biodiversité changent au cours du temps, c'est le phénomène de l'**évolution**.

- Apparus il y a plus de 3 milliards d'années, les premiers organismes constitués d'une seule cellule sont les ancêtres de toutes les espèces actuelles.

B Biotechnologie et manipulation génétique

La **transgénèse** est une technique qui consiste à transférer un gène d'une espèce à une autre. Elle a pour objectif de donner à l'organisme receveur de ce gène (**OGM** = organisme génétiquement modifié) un nouveau caractère jugé intéressant par l'Homme.
Exemple : la production d'insuline.

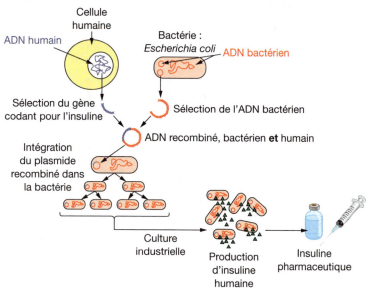

6 Le corps humain

A La digestion et l'alimentation

● La digestion dans le tube digestif permet le découpage des molécules des aliments en molécules plus petites appelées **nutriments**.

● Les nutriments passent dans le sang au niveau de l'**intestin** et peuvent être distribués à toutes les cellules qui en ont besoin.

B Le système nerveux

● Les cellules nerveuses ou **neurones** communiquent entre elles par l'intermédiaire de molécules appelées **neurotransmetteurs**.

● Ces cellules sont placées dans les centres nerveux (**encéphale** et **moelle épinière**) où des messages nerveux peuvent être créés.

● Des **récepteurs sensoriels** permettent de détecter de multiples informations de notre environnement, un message nerveux est créé, transmis et permet de réagir de manière appropriée.

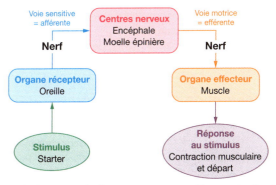

Schéma de la transmission nerveuse avec l'exemple du starter

C L'effort musculaire

● Au cours de l'effort, les muscles ont besoin de plus d'énergie pour se contracter :
– la respiration s'accélère pour apporter plus de dioxygène ;
– le **rythme cardiaque augmente** afin que le sang circule plus vite.

● L'**entraînement** permet d'améliorer les capacités cardiaque, respiratoire et musculaire, ce qui augmente les performances.

● Le **dopage** a les mêmes objectifs, mais il est dangereux pour la santé car il perturbe les systèmes nerveux et cardiovasculaire.

Reproduction et sexualité

A Les appareils génitaux humains

● Les organes sexuels commencent à produire des **gamètes** et des **hormones** à partir de la puberté. La reproduction devient alors possible.

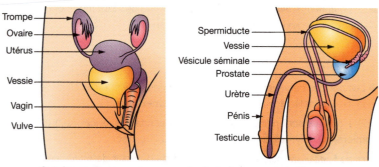

Schémas des organes sexuels de la femme et de l'homme

Remarque : la vessie fait partie de l'appareil urinaire.

● La **fécondation** d'un ovule par un spermatozoïde dans les voies génitales féminines permet la création d'une cellule-œuf qui va devenir un embryon. Celui-ci va s'implanter dans la cavité utérine (nidation) et se développer pendant 9 mois.

B Les moyens de contraception

La **contraception** consiste à empêcher la grossesse par différents moyens.

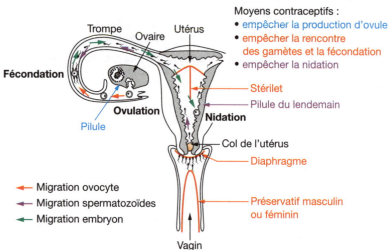

8 Les maladies

A Microbes et défense de l'organisme

● Les **micro-organismes pathogènes** provoquent des maladies. Ils peuvent être transmis par l'eau, l'air, les insectes, le sang ou les rapports sexuels.

● Les **cellules immunitaires**, présentes dans différents organes lymphatiques et circulant dans le sang et la lymphe, reconnaissent les éléments étrangers ou antigènes. Les **phagocytes** les détruisent afin de stopper l'infection. Les **lymphocytes B** les neutralisent par l'intermédiaire des anticorps. Les **lymphocytes T** détruisent les cellules infectées par des virus.

● Les **lymphocytes** sont capables de mémoriser l'identité de l'élément étranger, ce qui permet une réaction plus rapide en cas de contact ultérieur.

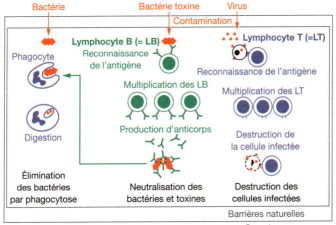

B Lutter contre les maladies

Méthode	Mode opératoire	Cible	Objectif
Règles d'hygiène	Lavage des mains, asepsie, préservatif contre les IST	Microbes (virus et bactéries)	Empêcher l'entrée de micro-organismes dans le corps
Sérum	Injection d'anticorps	Toxines, venins	Apporter une défense immunitaire
Antibiotique	Molécule	Bactéries	Détruire les bactéries
Vaccin	Micro-organisme pathogène atténué ou fragment injecté	Microbes (virus et bactéries)	Déclencher une réaction immunitaire plus rapide

1. Design, innovation et créativité

La vie d'un objet technique passe toujours par les mêmes étapes. L'ensemble de ces étapes est appelé cycle de vie du produit.

A Le cycle de vie du produit

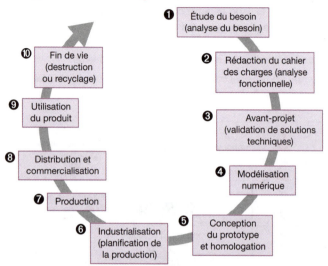

B Étude du besoin

- Il est nécessaire de s'assurer qu'un besoin existe. Le **schéma du besoin** permet de se faire rapidement une idée de celui-ci et de justifier le projet.

- Les réponses aux questions : « À qui rend-t-il service ? » et « Sur quoi agit-il ? » doivent être les plus précises possible.

- La question : « Dans quel but ? » ne doit pas avoir pour réponse une solution, un produit.

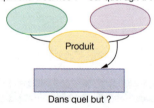

Schéma du besoin

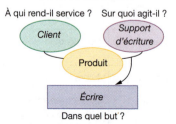

Exemple pour un objet : le stylo

② Contraintes et fin de vie

A Établissement du cahier des charges

Le **diagramme des interacteurs** est utilisé pour déterminer les fonctions de service et les contraintes que devra respecter le produit à chaque étape de son cycle de vie.

Exemple pour l'étape « utilisation », pour un objet en particulier : le stylo.

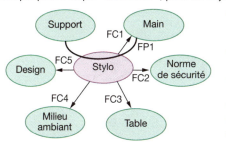

FP1 : permettre à la main de laisser une trace écrite sur un support
FC1 : avoir une bonne prise en main
FC2 : respecter les normes en vigueur
FC3 : tenir en place
FC4 : respecter la trousse
FC5 : plaire à l'utilisateur

FP : fonction principale. FC : fonction contrainte.

B Fin de vie

La destruction ou le recyclage du produit dépend entre autres des matériaux utilisés. Il y a **trois familles de matériaux**, plus des matériaux composites.

Famille	Matériaux	Recyclage ou réutilisation
Métaux	Fer, cuivre, zinc…	Tous recyclables
Matériaux organiques	Papier/carton	Recyclable
	Plastique	Recyclable ou incinérable selon le cas
	Bois	Réutilisable (cheminée…)
Matériaux minéraux	Verre	Recyclable
	Béton/brique	Réutilisable (remblais)

3 La modélisation et la simulation des objets et systèmes techniques

A Dessin de définition

- Pour communiquer efficacement, il faut réaliser des dessins de définition du produit. Les logiciels de **DAO** (dessin assisté par ordinateur) ou de **CAO** (conception assistée par ordinateur) permettent de réaliser ces dessins.

Exemple pour un portail automatique :

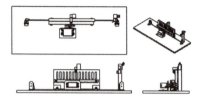

- Les **représentations en 3D** permettent de bien repérer les différents éléments d'un système, comme par exemple pour le portail ci-dessous.

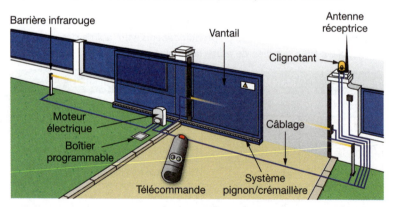

B Bloc fonctionnel

Ce portail peut également se représenter sous forme d'un bloc fonctionnel. On indique alors les **événements**, **informations** et **énergies** entrant dans le portail et ce qui en ressort (mouvement, lumière, énergie, informations…).

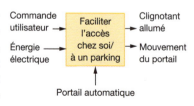

4 Chaîne d'énergie et chaîne d'information

On peut détailler le bloc fonctionnel pour faire apparaître la chaîne d'énergie et la chaîne d'information.

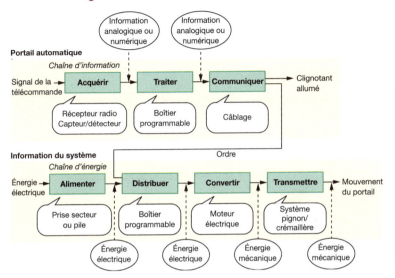

- La fonction « **acquérir** » est assurée par un **détecteur**, un **capteur** ou un **codeur** en fonction du type d'information transmise. Elle consiste à créer une information à partir d'un événement (présence d'une personne, par exemple) ou d'une grandeur physique (température, par exemple).

- La fonction « **traiter** » est assurée par un **composant électronique programmable**. L'information est une variable traitée par un programme afin qu'elle devienne communicable.

- La fonction « **communiquer** » est réalisée soit avec un **support matériel** (fibre optique ou câbles/fils électriques), soit **sans fil** (Bluetooth, Wi-Fi, onde radio ou infrarouge).

- La fonction « **alimenter** » amène une **énergie exploitable** à l'objet technique.

- La fonction « **distribuer** » contrôle et gère la quantité d'énergie amenée à l'actionneur.

- La fonction « **convertir** » est toujours assurée par un **actionneur** (exemple : moteur, lampe, haut-parleur, résistance chauffante…). L'énergie entrée dans le système sera alors convertie en une autre énergie.

- La fonction « **transmettre** » fait en sorte que la fonction d'usage de l'objet technique soit réalisée.

5. Moyens d'acquisition et types de signaux

Une information circule, entre l'acquisition et le traitement, sous la forme d'un signal qui peut être de 3 types en fonction du système d'acquisition : analogique, logique ou numérique. Ce signal est généralement un courant électrique qui prendra différentes formes selon le type de système d'acquisition.

A Signal logique

Le courant électrique peut prendre 2 états : 0 ou 1 (on parle parfois de « tout ou rien »).

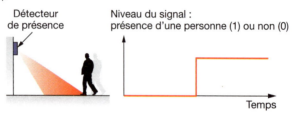

B Signal analogique

Le courant électrique peut prendre une infinité de valeurs, c'est-à-dire un nombre de valeurs que l'on ne peut pas déterminer.

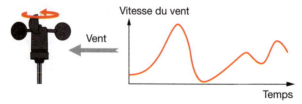

C Signal numérique

Le courant électrique peut prendre un nombre déterminé de valeurs. Les valeurs sont codées par un « mot informatique » composé de 0 et de 1.

6. Architecture d'un réseau informatique

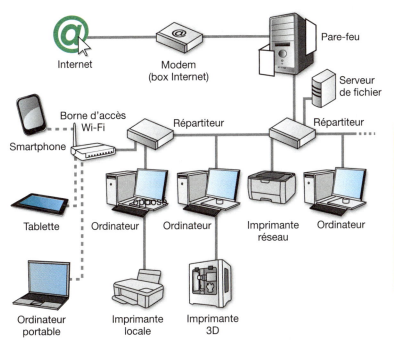

● **Répartiteur** : il relie les ordinateurs entre eux et permet de partager la connexion Internet.

● **Borne d'accès Wi-Fi** : elle permet de créer un accès au réseau sans nécessiter de câble réseau.

● **Serveur de fichier** : il stocke les fichiers et certains logiciels qui sont installés sur le réseau (comme l'antivirus).

● **Modem** : il permet l'accès à Internet.

● **Pare-feu** : il filtre les données provenant d'Internet et contrôle celles que l'on envoie à Internet.

SCIENCES ET TECHNO

1 Reconnaître un récit

Un récit est un texte narratif, c'est-à-dire un texte où un narrateur raconte une histoire. Il peut revêtir de multiples formes : récit d'aventures, d'apprentissage, de guerre…

A Identifier les composantes du récit

● Les récits sont souvent aux temps du passé. Ceux-ci ont différentes valeurs :
– l'**imparfait** est utilisé pour décrire le décor, les circonstances ;
– le **passé simple** est utilisé pour une action ponctuelle ou limitée dans le temps ;
– le **passé antérieur** et le **plus-que-parfait** sont utilisés pour les actions antérieures à celles exprimées par les verbes au passé simple et à l'imparfait.

● Un récit s'enrichit de passages qui ne sont pas purement narratifs :
– la **description** sert à peindre des lieux ou à faire le portrait des personnages ;
– le **dialogue** permet d'animer le récit et de créer un effet de réel puisque les personnages semblent s'exprimer directement ;
– les **commentaires** du narrateur, en général au présent, interrompent parfois le récit.

B Analyser la structure d'un récit

Dans les récits courts, l'intrigue du récit suit souvent un **schéma narratif** qui compte cinq étapes successives.

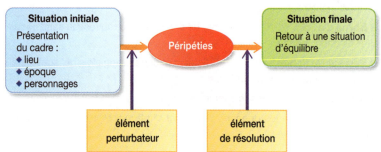

C Comprendre la fonction des personnages

● Chaque personnage remplit un **rôle** dans l'intrigue. Le héros ou personnage principal fait évoluer l'action en fonction de sa **quête**.

● Au cours de celle-ci, il rencontre soit des personnages qui l'aident à obtenir ce qu'il souhaite, soit des personnages qui lui font obstacle.

Reconnaître les formes de l'écriture de soi

L'écriture de soi peut prendre des formes variées selon qu'elle est personnelle ou destinée à la publication. On parle de genre autobiographique lorsque l'auteur fait le récit de sa propre vie.

A Repérer les caractéristiques de l'écriture de soi

1. La situation d'énonciation

- Le texte est rédigé à la **1re personne** du singulier. L'auteur, l'énonciateur et le protagoniste sont une seule et même personne. L'énonciation est subjective : le *je* ne donne que son propre point de vue.

2. Le destinataire

- Certains écrits ne sont destinés qu'à soi : **lettre** adressée à un proche, **journal** destiné à faire le point sur soi-même au jour le jour…

- D'autres écrits sont destinés à la publication et deviennent une pratique littéraire. On parle généralement d'écrits ou de romans autobiographiques. Les **Mémoires** (avec une majuscule), par exemple, mettent l'accent sur l'Histoire et les grands événements plutôt que sur la vie individuelle.

B Identifier les spécificités de l'autobiographie

- L'autobiographie est un genre littéraire où l'auteur fait le récit de sa propre vie privilégiant l'histoire de la construction de sa personnalité.

- L'autobiographie est un **récit rétrospectif** : le narrateur adulte recompose son passé.

> REMARQUE Le récit d'enfance est généralement développé au début de l'autobiographie, qui suit la chronologie des événements.

- C'est un récit ancré dans la **réalité**, qui relate des faits réels, des événements qui ont vraiment eu lieu. L'auteur s'engage à être sincère.

- L'autobiographie mêle donc **deux systèmes de temps** : le passé et le présent. Il y a un va-et-vient constant entre le *je* adulte, narrateur du récit, et le *je* enfant, personnage.

- Écrire sur soi repose sur l'**introspection**. L'auteur prend la plume pour se présenter, mais aussi exposer ses pensées ou peindre ses sentiments.

FRANÇAIS

③ Reconnaître un texte théâtral

Lorsque tu penses au théâtre, tu imagines des acteurs, un décor, des costumes, la scène... Mais peux-tu définir exactement ce qu'est le genre théâtral ?

A Connaître les particularités du genre théâtral

● Une pièce de théâtre se différencie du genre romanesque en ce qu'elle n'est constituée que de dialogues et de didascalies. Elle est généralement divisée en actes, eux-mêmes divisés en plusieurs scènes.

DÉFINITION Les didascalies sont les indications de lieu, de costumes, de jeu et de mise en scène. Elles sont généralement mises en italique ou entre parenthèses pour les différencier des dialogues.

● Le **dialogue** doit apporter les informations, faire progresser l'action, préciser les relations qui unissent les personnages et les sentiments qu'ils éprouvent.

● Le dialogue est constitué d'un échange de **répliques**. Chaque réplique est précédée du nom du personnage qui parle. Les paroles ne sont ni introduites par un verbe de parole ni placées entre guillemets.

B Connaître les conventions théâtrales

● La représentation théâtrale doit créer l'**illusion du réel** à partir d'éléments factices (décor, costumes).

● Le théâtre repose sur la règle de la **double énonciation** : les paroles prononcées par un personnage ont pour destinataires les autres personnages présents sur scène mais aussi les spectateurs. Prenons deux exemples :
– l'**aparté** est une réplique qu'un personnage s'adresse à lui-même et que les autres personnages présents sur scène ne sont pas censés entendre. Le public est ainsi mis dans la confidence.
– le **monologue** est une scène où un personnage, seul, s'adresse à lui-même mais aussi aux spectateurs auxquels il fait partager ses pensées.

4 Étudier un poème

La poésie peut prendre des formes très différentes, mais tous les poèmes ont en commun un usage particulier du langage.

A Reconnaître un poème

● Dans la poésie classique, un poème se reconnaît par sa disposition sur la page : les phrases sont découpées en **vers**, eux-mêmes regroupés en **strophes**.

● Les vers comptent un **nombre précis** de syllabes. Ils se caractérisent par la **rime** qui est la répétition du même son à la fin de deux ou plusieurs vers.

● S'affranchissant de ces règles, la poésie moderne se rapproche de la prose. Cependant, la **musicalité** du langage et les **images** suscitent une émotion particulière, propre à chaque poème.

B Repérer les images

Les images poétiques se doivent d'être **originales et expressives**. Pour les faire naître, le poète utilise des figures de style.

> REMARQUE **Une figure de style est un procédé qui crée des effets susceptibles d'agir sur la sensibilité ou l'imagination du lecteur.**

● La **comparaison** établit une ressemblance entre le comparé et le comparant à l'aide d'un outil de comparaison *(comme, tel, pareil à…)*.

● La **métaphore** est une comparaison sans outil pour l'introduire.

● La **personnification** consiste à attribuer des propriétés humaines à un animal, à une idée, à une chose.

● L'**allégorie** est une représentation concrète d'une idée. Par exemple, la justice est souvent représentée par une balance.

C Percevoir la musique des vers

La poésie naît d'un travail sur les sonorités et le rythme.

● Les rimes peuvent se combiner entre elles de différentes façons : rimes **suivies** (AA, BB), rimes **croisées** (ABAB) et rimes **embrassées** (ABBA).

● L'**allitération** est la répétition d'un même son consonne dans un ou plusieurs vers, qui vise à créer un effet d'imitation sonore. L'**assonance** est la répétition d'un même son voyelle.

● Le rythme est marqué par des **coupes** qui sont des pauses dans le vers situées après chaque syllabe accentuée. Elles marquent la cadence des vers.

FRANÇAIS

5 Identifier la satire

Le texte et le dessin satirique visent à faire rire, mais surtout à dénoncer les défauts des hommes ou de la société.

A Qu'est-ce qu'un texte satirique ?

- C'est un texte qui attaque les vices et les ridicules d'une personne ou d'une société dans un but argumentatif. On le retrouve dans **tous les genres littéraires** : dans la fable (XVIIe siècle), la comédie (XVIIe siècle), le conte philosophique (XVIIIe siècle), le roman (XIXe siècle).

- Au XXe siècle, le registre satirique se retrouve dans les **chroniques télévisuelles** ou **radiophoniques**.

B Qu'est-ce qu'un dessin satirique ?

- Le dessin satirique se donne à voir immédiatement, souvent à la une des journaux ou sur les murs.

- Il peut prendre la forme de la **caricature** (représentation grotesque d'un personnage obtenue par la déformation de ses traits et de ses proportions). Comme un texte, il cherche à se moquer et à ridiculiser, à accuser une personne ou à critiquer une situation, à affirmer ou à dénoncer une opinion politique.

- Le dessin satirique s'appuie sur un certain nombre de procédés : **exagération** de particularités physiques, animalisation, végétalisation, **comparaison** dévalorisante ou encore diabolisation.

C Comment faire ?

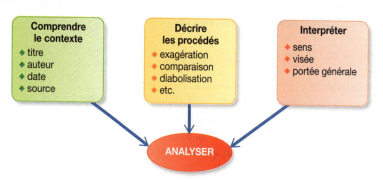

6 Reconnaître et construire une argumentation

Dans un texte argumentatif, l'émetteur cherche à convaincre le lecteur de quelque chose. L'argumentation peut se rencontrer dans des textes variés : articles de journaux, récits, pièces de théâtre…

A Reconnaître un texte argumentatif

● Pour convaincre, l'émetteur s'implique dans son discours : les marques de la 1re personne sont nombreuses. Il s'adresse à un **destinataire** en recourant aux marques de 2e personne.

● Le **présent** de l'indicatif est le temps de référence.

● Dans un texte argumentatif, l'émetteur exprime une **opinion**. Ainsi, les marques de subjectivité sont variées (verbes d'opinion, modalisateurs, vocabulaire mélioratif ou péjoratif).

● L'émetteur peut chercher à faire partager une opinion ou pousser le destinataire à agir.

B Organiser une argumentation

Un texte argumentatif est construit autour d'une thèse argumentée et illustrée par des exemples.

● La **thèse** est l'opinion défendue par le locuteur à propos d'un sujet donné.

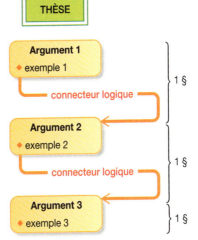

> **REMARQUE** La thèse s'oppose à une thèse adverse, qui peut être mentionnée par un autre personnage dans un dialogue, ou par l'émetteur principal, pour mieux la contredire.

● Les **arguments** sont les raisonnements permettant de justifier la thèse défendue. Ils ont souvent une portée générale.

● Les **exemples** illustrent les arguments et permettent de mieux les comprendre. Ce sont des faits concrets, vérifiables.

● Les **connecteurs logiques** structurent le discours et explicitent les liens entre les différentes idées : *pourtant, mais, de plus…*

7 Écrire un dialogue argumentatif

Il s'agit d'imaginer un dialogue dans lequel deux locuteurs défendent des thèses opposées sur un sujet donné. Chacun défend son point de vue, en argumentant et en donnant des exemples dans le but de convaincre ou de persuader l'autre.

A Repérer la situation de communication

● Commence par définir le **thème** : de quoi est-il question ?

● Repère à quelle **époque** se déroule le dialogue : le vocabulaire et les idées ne seront pas les mêmes selon les époques.

● Tu dois définir qui sont les interlocuteurs et quelles thèses ils défendent.

B Prévoir la progression de l'échange

Pour éviter qu'un dialogue ne tourne en rond, il faut penser à la progression de l'échange.

● La **thèse** de chaque interlocuteur doit être soutenue par des **arguments** illustrés par des **exemples**.

● Les arguments doivent être présentés du moins convaincant (qui recevra donc des objections) au plus convaincant.

C Rédiger le dialogue

● Le dialogue ne doit pas se résumer à une énumération d'idées. Il faut le rendre vivant par des **adresses directes** à l'interlocuteur, par la mention de sentiments ressentis, ou par des **types de phrases variés** donnant de l'épaisseur aux interlocuteurs.

● Pense à varier les connecteurs pour lier arguments, objections et exemples.

Objectif	Connecteur
énumérer, ajouter des idées	d'abord, ensuite, enfin, et, de plus, par ailleurs, d'une part, d'autre part, non seulement… mais aussi…
exprimer l'opposition	mais, or, cependant, néanmoins, pourtant, malgré, alors que, au contraire…
exprimer la cause	car, parce que, puisque, comme, en raison de…
exprimer la conséquence	donc, par conséquent, c'est pourquoi, si bien que, pour…

● À la fin du dialogue, le lecteur doit savoir si l'argumentation a été efficace, et doit comprendre clairement quelle est la thèse victorieuse.

Raconter une expérience personnelle en exprimant ses sentiments

Relater une expérience personnelle en suivant certaines consignes est un exercice fréquent au brevet. L'expression des sentiments devra occuper une place importante dans ton récit.

A Relater une expérience

● L'expérience à raconter n'a pas à être vraie, mais seulement **vraisemblable**, c'est-à-dire crédible. Tu peux t'inspirer d'événements qui te sont réellement arrivés, ou bien en imaginer sans nécessairement qu'ils soient extraordinaires.

● On te demande d'écrire un récit à la **1re personne** inscrit la plupart du temps dans le passé. On doit pouvoir supposer que c'est réellement de toi qu'il s'agit. Tu dois donc prêter tes grandes caractéristiques au *je* fictif de ton récit : le narrateur est un collégien, qui vit à notre époque.

B Exprimer des sentiments

Pour exprimer des sentiments, il est nécessaire d'employer le **champ lexical** qui convient.

Sentiment	Noms	Adjectifs
peur	malaise, horreur, terreur, panique, épouvante	horrifié, terrifié, livide, pâle
joie	bonheur, contentement, plaisir, allégresse, enthousiasme	émerveillé, heureux, satisfait, enchanté, ravi, transporté
tristesse	chagrin, désespoir, détresse, amertume, souffrance, douleur	désespéré, amer, déçu, accablé, morne, maussade
surprise	stupéfaction, incrédulité, ébahissement, ahurissement	inattendu, stupéfait, ébahi

● Tandis que les phrases courtes marquent la vivacité du sentiment, les phrases plus longues décrivent des sentiments mêlés ou opposés.

● La phrase se terminant par un **point d'exclamation** traduit des sentiments ou des émotions fortes (la colère, l'impatience, la joie…).

● Les **points de suspension** rendent un énoncé plus expressif (marque du doute, du regret…).

9 Écrire une suite de récit

Écrire la suite d'un récit, c'est poursuivre à ta manière le travail d'un écrivain : il faut donc que tu utilises ton imagination, tout en respectant les éléments présents dans le texte de référence.

A Respecter les données du texte initial

Rédiger une suite de texte demande une analyse minutieuse du texte de référence.

● Identifie d'abord le **genre** du récit : récit d'enfance, policier, réaliste… Puis, note tous les éléments narratifs qui te permettent de définir :
– le **cadre** (en répondant aux questions : où ? quand ?) ;
– le **narrateur** et les **thèmes** (qui ? quoi ?) ;
– le caractère et le comportement des **personnages**.

> **ATTENTION !** Ne mentionne pas des inventions du XXᵉ siècle pour écrire la suite d'un texte du XIXᵉ siècle, comme la voiture motorisée, le téléphone, etc.

● Analyse ensuite les **procédés** d'écriture : à quelle personne le récit est-il mené ? À quel temps ? Quel est le registre employé ? Quel est le ton d'ensemble ?

● Le système de temps (soit du passé soit du présent) de la narration doit être respecté.

B Imaginer une suite

● Détermine d'abord la **fin** de ton texte : quelles réponses vas-tu apporter aux questions soulevées par l'extrait ? Comment vas-tu satisfaire les attentes du lecteur ?

● Imagine ensuite un enchaînement de **péripéties** conduisant à ce dénouement.

● Vérifie que tes péripéties sont **cohérentes** avec le texte initial. Fais attention notamment au cadre spatio-temporel et au caractère des personnages.

10 Écrire un dialogue théâtral

Au théâtre, l'action ne progresse que par les paroles qu'échangent les personnages : il te faut donc écrire un dialogue vivant et efficace.

A Respecter les caractéristiques du dialogue théâtral

● Commence par indiquer le nom du personnage qui prend la parole devant sa réplique.

> **ATTENTION !** Tu ne dois pas employer de guillemets ni de verbes de parole.

● Tu peux introduire des **didascalies**, c'est-à-dire des indications scéniques, en italique ou entre parenthèses pour indiquer :
– le ton employé par l'émetteur ;
– à qui la réplique est adressée s'il y a confusion possible ;
– la posture ou les mouvements des personnages susceptibles de souligner ce qui est dit dans le dialogue.

B Construire le dialogue

Pour écrire un dialogue vivant et efficace, tu peux avoir recours à différents procédés. Pour commencer, évite les répliques qui ne servent pas à faire progresser l'action ou à créer un effet.

● Choisis le **niveau de langue** qui correspond au personnage qui parle et au genre théâtral : le niveau de langue est soutenu dans les tragédies classiques et les personnages s'expriment en alexandrins, alors que dans les comédies, les personnages peuvent s'exprimer dans un registre populaire.

● Pense à alterner les **types de phrases** : tu peux faire se succéder les phrases déclaratives, interrogatives, exclamatives et injonctives.

● Tu peux varier le **rythme du dialogue** en faisant se succéder longues tirades et répliques courtes pour rendre ton dialogue vif et rapide.

● Fais avancer le dialogue au moyen de **reprises de mots**, ce qui, d'une réplique à l'autre, crée un effet d'écho.

FRANÇAIS

1 Civils et militaires dans la Première Guerre mondiale

A Le schéma

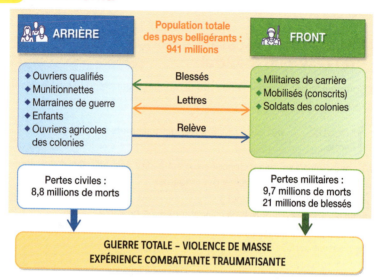

B Le résumé

La Grande Guerre est une guerre totale marquée par la violence de masse.

● Elle mobilise toutes les populations : les **hommes** comme soldats ou comme ouvriers spécialisés ; les **femmes** comme ouvrières, marraines de guerre, infirmières ; les **enfants** utilisés dans les images de propagande, les **ressortissants des colonies** comme soldats ou travailleurs agricoles.

● Les **militaires** sont sous le feu d'armes nouvelles et meurtrières (obus, gaz, chars…), mais les **civils** sont également pris pour cibles (prises d'otages, bombardements, répression, etc.).

C La frise

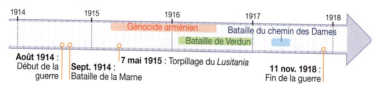

2. Démocraties fragilisées et expériences totalitaires

A. Le schéma

DÉMOCRATIES FRAGILISÉES

Principes
- Séparation des pouvoirs
- Libertés fondamentales
- Multipartisme
- Droits de l'Homme et du citoyen
- État de droit et justice indépendante

Crises
- **Crise économique**
  🇫🇷 Manifestations, grèves
- **Crise politique**
  🇫🇷 Tentative de coup d'État, dissolution d'organisations politiques (ligues, PCF)

EXPÉRIENCES TOTALITAIRES

Principes
- Culte de la personnalité
- Embrigadement de la jeunesse
- Parti unique
- Police politique
- Terreur et camps

Crises
- **Crise économique**
  Repli autarcique, interdiction des grèves
- **Crise politique**
  🚩 Dékoulakisation
  卍 État d'exception
  Procès et assassinats politiques (🚩 Kirov/ 卍 Röhm)

B. Le résumé

Après 1918, les traités bouleversent la carte de l'Europe. La démocratie progresse ; mais dans les années 1930, crises et révolutions fragilisent les États.

● Les plus anciennes démocraties font face à des manifestations, mais elles parviennent à surmonter les difficultés. Contre la menace des ligues en France, le **Front populaire** unit la gauche et remporte les élections de 1936.

● Dans les pays plus fragiles, des **régimes totalitaires** s'installent (Allemagne, Italie, URSS). La **violence d'État** élimine les opposants et soumet les peuples à un ordre qui rejette toutes libertés.

C. La frise

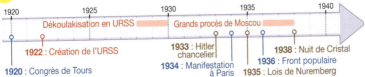

3. La Deuxième Guerre mondiale, une guerre d'anéantissement

A. Le schéma

B. Le résumé

- Les **combats** sont meurtriers (Stalingrad), les **bombardements** de villes (Coventry, Dresde) n'épargnent pas les civils.

- Les nazis font régner la terreur dans les régions conquises. Ils commettent des **génocides** (extermination d'une population en raison de sa religion, de son ethnie) et assassinent en masse handicapés, Juifs ou Tziganes. Des vengeances (Oradour) ou des calculs politiques (Katyn) justifient des **massacres de prisonniers** ou de personnes sans défense.

- L'usage de la **bombe atomique** anéantit deux villes japonaises.

C. La frise

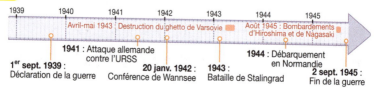

4. La France défaite et occupée. Collaboration et Résistance

A. Le schéma

RÉGIME DE VICHY	FRANCE « LIBRE »
Pétain, chef de l'État Laval, chef du gouvernement	De Gaulle (Londres) J. Moulin (CNR)

Objectifs

◆ Révolution nationale ◆ France forte dans l'« Europe nouvelle »	◆ Libérer le territoire ◆ Rétablir la démocratie

Politique

Collaboration	Résistance
◆ Économique : aide industrielle, STO ◆ Militaire et policière : bases navales, LVF, milice ◆ Idéologique : déportation de Juifs	◆ Extérieure : France libre ◆ Intérieure : FFI, FTP ◆ Renseignement, sabotages, aide militaire

B. Le résumé

● Engagée dans la guerre, la France subit une humiliante défaite. Le **maréchal Pétain** établit une **dictature** et **collabore** avec l'Allemagne.

● Des Français et décident de **résister** depuis Londres (de Gaulle et la France libre) ou dans le pays, en organisant des maquis et des réseaux. Jean Moulin unifie ces mouvements dans un **Conseil national de la Résistance (CNR)**.

● En 1944, la Résistance participe à la **Libération** et un gouvernement provisoire (GPRF) s'emploie à **rétablir la République** en s'appuyant sur le **programme politique du CNR**.

C. La frise

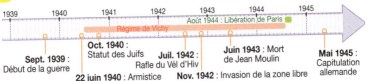

HISTOIRE-GÉO EMC

5 Indépendances et construction de nouveaux États

A Le schéma

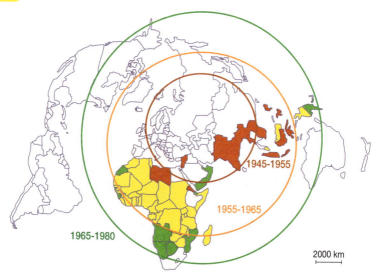

B Le résumé

- Énoncé en 1917, le principe du **droit des peuples à disposer d'eux-mêmes** mobilise les peuples aux côtés des Américains et des Russes lors de la Seconde Guerre mondiale. Dès 1945 se développe un mouvement d'émancipation qui part d'Asie puis atteint l'Afrique. Par la **négociation** (Inde) ou la **guerre** (Indochine, Algérie), les colonies conquièrent leur indépendance.

- Les nouveaux États manquent toutefois de tout et se déclarent solidaires lors de la conférence de **Bandung** (1955). Entre l'Est et l'Ouest, un **tiers-monde** voit le jour, qui peine à trouver sa place sur la scène internationale.

C La frise

6. Un monde bipolaire au temps de la guerre froide

A Le schéma

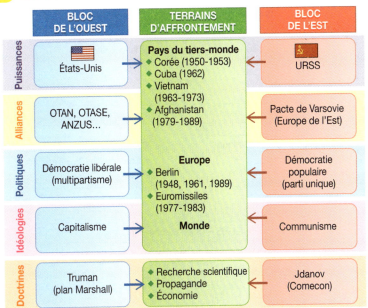

B Le résumé

- Vainqueurs de la Seconde Guerre mondiale, États-Unis et URSS se retrouvent face à face, défenseurs de **modèles de société opposés**. Dès 1947, ils s'affrontent pour imposer leurs idées au monde.

- Ils se combattent sur le territoire d'autres pays (**guerres périphériques**), sur le plan économique, idéologique, culturel ou scientifique. Ils se menacent (**équilibre de la terreur**) sans jamais s'affronter directement.

- En échec, le modèle soviétique cède et l'URSS s'effondre en 1991.

C La frise

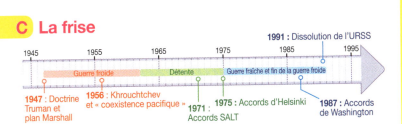

7. Affirmation et mise en œuvre du projet européen

A) Le schéma

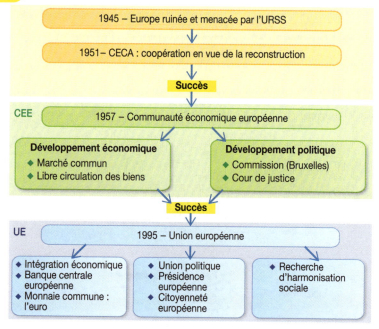

B) Le résumé

- L'Europe sort ruinée de la guerre. Pour se reconstruire et préserver la démocratie libérale, **six États** (France, RFA, Italie, Belgique, Pays-Bas et Luxembourg) créent une **communauté économique** (CECA) en mettant en commun leur production de charbon et d'acier. Progressivement, ils établissent entre eux un espace de **libre-échange** (CEE).

- La communauté s'étend et devient la 1re puissance économique mondiale. Les États membres fondent l'**Union européenne**, qui renforce leurs **liens constitutionnels, économiques et politiques**. Celle-ci compte aujourd'hui 28 pays.

C) La frise

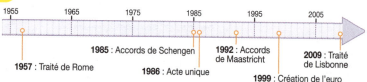

8 Enjeux et conflits dans le monde après 1989

A Le schéma

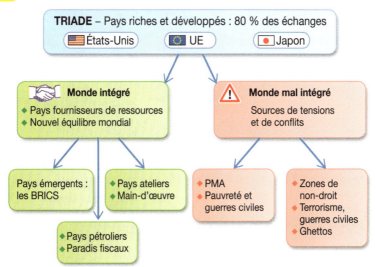

B Le résumé

- Un **nouvel ordre mondial** s'instaure, qui diffuse la prospérité sur toute la planète, mais qui crée aussi des **inégalités sources de tensions**. Les guerres civiles et l'implosion des pays se multiplient.

- Les conflits opposent de plus en plus souvent des États à des organisations non étatiques qui terrorisent les populations dans le cadre de **guerres asymétriques** ou d'**attentats**. Le Proche-Orient est la région la plus déstabilisée. Les conflits qui s'y déroulent ont des répercussions dans le monde entier.

C La frise

9 | 1944-1947 : refonder la République, redéfinir la démocratie

A Le schéma

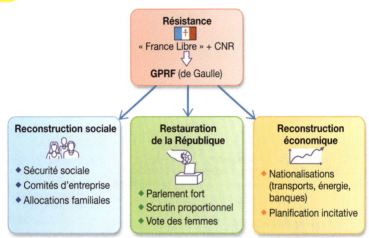

B Le résumé

● La Résistance avait pour but de libérer le territoire de l'occupation allemande ; de restaurer aussi la République. Dès 1944, le Gouvernement provisoire de la République française (GPRF) est institué pour mettre en place le programme du **Comité national de la Résistance** (CNR).

● Inspiré par les idéaux de la gauche, ce gouvernement crée des **aides sociales**, accorde le droit de **vote aux femmes** et **nationalise les entreprises** des secteurs clés pour favoriser la reconstruction des logements et des infrastructures. Après de longs débats, une **Constitution parlementariste** est adoptée. L'Assemblée nationale y occupe une place dominante.

C La frise

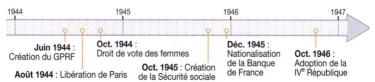

10 La Ve République

A Le schéma

Peuple souverain

LA RÉPUBLIQUE
Président élu au suffrage universel direct (7 ans)

Pouvoirs séparés

Exécutif fort
- Préside le conseil des ministres
- Chef des armées
- « Domaine réservé »
- Pleins pouvoirs temporaires en cas de crise

Législatif contrôlé
- Droit de dissolution de l'Assemblée
- Pouvoir référendaire
- Scrutin majoritaire à deux tours et majorité stable

Judiciaire
- Droit de grâce
- Immunité présidentielle

Limites

Cohabitation président / Premier ministre | Haute trahison

B Le résumé

En 1958, de Gaulle dote la France d'une Constitution qui offre d'importants pouvoirs au président placé « au-dessus des partis ».

● Soutenu par une **majorité stable**, de Gaulle utilise les **pleins pouvoirs** quand des généraux mécontents tentent un putsch contre lui (1961). Face à la crise de mai 1968, il dissout l'Assemblée et retourne la situation à son avantage. Ses successeurs ont les moyens de moderniser la France.

● En 1981, l'opposition de gauche remporte pourtant les élections. L'**alternance** ne met pas la République en cause. Elle résiste à la situation de **cohabitation** de 1986 quand la droite devient majoritaire à l'Assemblée.

C La frise

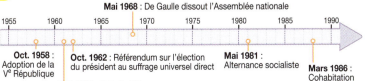

Mai 1968 : De Gaulle dissout l'Assemblée nationale

Oct. 1958 : Adoption de la Ve République

Oct. 1962 : Référendum sur l'élection du président au suffrage universel direct

Avril 1961 : Putsch d'Alger

Mai 1981 : Alternance socialiste

Mars 1986 : Cohabitation

11 Femmes et hommes dans la société des années 1950 à 1980

A Le schéma

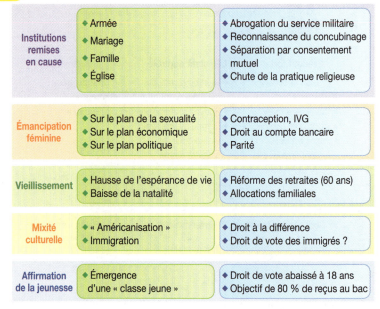

B Le résumé

Durant les Trente Glorieuses, la France se modernise et les modes de vie changent.

● D'importantes transformations apparaissent : les **femmes** s'émancipent, la **jeunesse** devient une classe d'âge avec des aspirations nouvelles, l'**immigration** pose le problème de l'intégration de populations de cultures différentes et le **vieillissement** soulève la question du financement des retraites.

● Les gouvernements multiplient les **réformes**, mais les solutions ne sont pas toujours à la hauteur.

C La frise

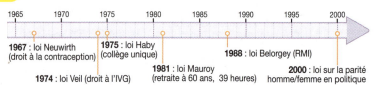

1 Les aires urbaines

A Le schéma

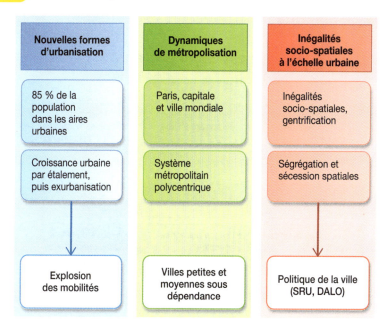

B Les points clés

- **85 %** de la population française résident aujourd'hui dans une aire urbaine.
- La région parisienne compte **12,4 millions** d'habitants et produit **30 %** du PIB français.
- **2000 :** loi SRU (loi relative à la solidarité et au renouvellement urbain).
- **2007 :** loi DALO (droit au logement opposable).
- **2014 :** loi MAPTAM (loi de modernisation de l'action publique territoriale et d'affirmation des métropoles) qui crée 14 métropoles aux compétences élargies.

2. Les espaces productifs et leurs évolutions

A Le schéma

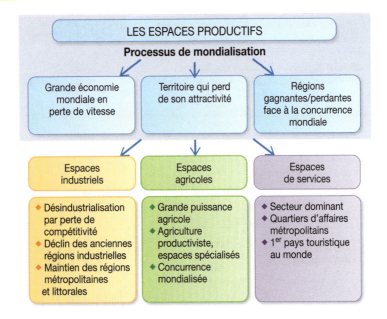

B Les points clés

- Avec un PIB de **2 135 milliards d'euros** en 2014, la France occupe le **6ᵉ rang** économique mondial et le **3ᵉ rang** dans l'UE. Elle est au **6ᵉ rang** des exportateurs mondiaux de marchandises.

- L'**industrie** ne crée plus que **12,5 %** de la valeur ajoutée en 2011 (contre 18 % en 2000).

- 1ᵉʳ producteur agricole européen, la France est aussi le 5ᵉ exportateur mondial. L'**agriculture** représente 2,3 % du PIB (6,5 % avec les industries agroalimentaires). Elle rassemble 3 % de la population active et concerne 29 millions d'hectares (53 % du territoire). En 1957 est mise en place la **PAC**.

- Le **secteur tertiaire** emploie **76 %** des actifs ; la fonction publique en emploie **20 %**. La France est le **1ᵉʳ pays touristique mondial** avec 85 millions de touristes étrangers qui génèrent plus de 42 milliards d'euros de recettes.

3 Les espaces de faible densité et leurs atouts

A Le schéma

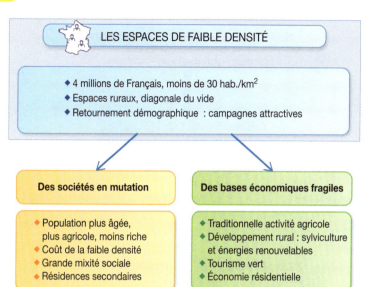

B Les points clés

● La France a une densité moyenne de **118 hab./km^2**.

● **42 % des communes** appartiennent aux espaces de faible densité (moins de 30 hab./km^2) ; **10 % des communes** appartiennent aux espaces désertifiés (moins de 10 hab./km^2).

● Les espaces de faible densité comptent près de **4 millions d'habitants**, dont **0,5 million** dans les espaces désertifiés.

● L'**exode rural** s'est achevé en France dans les années 1970. Entre 2006 et 2011, la population des communes très peu denses a augmenté de **3,3 %**.

● La **surface forestière** augmente en France depuis la seconde moitié du XIXe siècle et atteint aujourd'hui 16,5 millions d'hectares, soit **30 % du territoire**.

HISTOIRE-GÉO EMC

4. Aménager pour répondre aux inégalités croissantes

A Le schéma

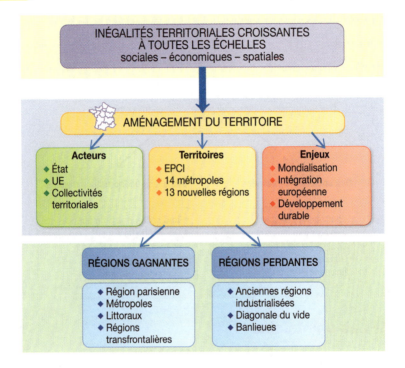

B Les points clés

- L'aire urbaine de Paris concentre **20 %** des personnes vivant en dessous du seuil de pauvreté en France.

- Le taux de pauvreté est plus élevé dans les pôles urbains (**16 %**) que dans les couronnes périurbaines (**10 %**).

- **1963** : création de la DATAR.

- **1982 et 2003** : lois de décentralisation.

- **1er janvier 2016** : mise en place de la réforme territoriale créant 13 régions agrandies.

5. Les territoires ultramarins français

A Le schéma

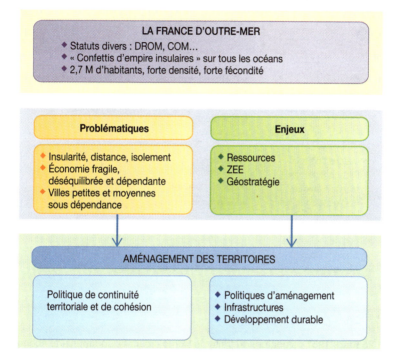

B Les points clés

● **1997** : traité d'Amsterdam – les DROM reçoivent le statut de régions ultra-périphériques (RUP).

● Les outre-mer comptent **2,7 millions** d'habitants, soit **4 %** de la population française totale. **2,1 millions** : population des seuls DROM, dont **844 000** pour la seule île de la Réunion. Le taux de fécondité est de **2,4** pour la Réunion et même de **3,49** en Guyane (1,98 en métropole).

● La France bénéficie de la **2e ZEE** (zone économique exclusive) mondiale grâce à son outremer.

● En **2003**, la France définit une politique de continuité territoriale. Les RUP françaises ont reçu **3,9 milliards** d'euros de subventions européennes pour 2007-2013.

6 L'Union européenne

A Le schéma

B Les points clés

- **25 mars 1957** : signature du traité de Rome créant la Communauté économique européenne (CEE). Après sept élargissements, l'UE compte aujourd'hui **28 membres**.

- L'Union européenne est créée par le traité de Maastricht de **1992**.

- **1995** : mise en œuvre des accords de Schengen (26 membres).

- **2002** : lancement de la monnaie unique. La zone euro compte aujourd'hui 19 États membres rassemblant 338 millions d'habitants.

- **75 %** du stock d'IDE investi en France le sont par des pays de l'UE.

7 La France et l'Europe dans le monde

A Le schéma

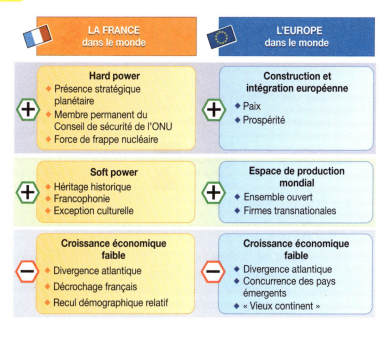

B Les points clés

● Avec **66 millions** d'habitants, la France compte **0,9 %** de la population mondiale. Le français est la langue officielle de **29 pays** et de **220 millions** de personnes.

● La population de l'Union européenne est de **508 millions** d'habitants. L'industrie européenne représente près de **20 %** de la production mondiale. La part de l'UE dans le PIB mondial est tombée de 30 % à **24 %** en 10 ans (Europe : 28 %).

● L'Europe réalise **38 %** du commerce mondial (UE : 32 %, dont les deux tiers intracommunautaires). L'UE émet et reçoit **21 %** des flux d'IDE mondiaux.

1 La sensibilité : soi et les autres

A Citoyenneté française et européenne : des droits et des devoirs

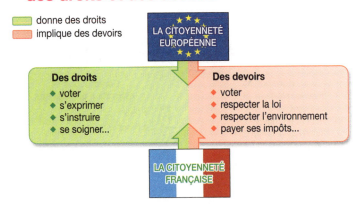

B Les symboles de la Ve République

L'**emblème national** est le drapeau tricolore, bleu, blanc, rouge. L'**hymne national** est *La Marseillaise*. La **devise nationale** reprend les grandes valeurs républicaines : « Liberté, Égalité, Fraternité. » Ces symboles placent le régime républicain dans le prolongement de la Révolution française de 1789.

● **Les trois couleurs nationales** allient le blanc, symbole de la monarchie, au bleu et rouge, couleurs de la Ville de Paris.

● Composée en 1792 par Rouget de Lisle, *La Marseillaise* est l'hymne national depuis 1879.

● **Marianne** incarne la République depuis les années 1880. Son buste est présent dans chaque mairie à côté du portrait du chef de l'État.

● **Le 14-Juillet** est le jour de la fête nationale.

2. Le droit et la règle : des principes pour vivre avec les autres

A. Le parcours de la loi

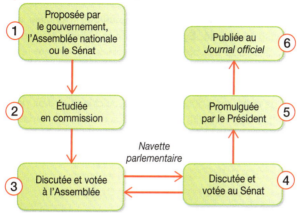

- Le **droit** est l'ensemble des règles qui régissent la conduite du citoyen en société. Chacun doit respecter ces règles communes.

- Les Français sont **égaux en droit**. Tout délit les oblige à comparaître devant un juge. Jusqu'au verdict, le prévenu bénéficie de la **présomption d'innocence** : tant qu'il n'est pas condamné, il est considéré comme innocent des faits qui lui sont reprochés. Tout prévenu a droit à un avocat ; s'il n'a pas les moyens d'en solliciter un, un avocat lui est commis d'office.

- La **prescription** définit le délai à l'expiration duquel une action judiciaire ne peut plus être exercée (on ne peut plus poursuivre le suspect).

B. Les symboles de la Justice

La **balance** représente l'équilibre et la mesure. Sur les plateaux sont placés les éléments à charge ou à décharge. Le **glaive** incarne le pouvoir de trancher un litige et de sanctionner. Le **bandeau** symbolise l'impartialité.

C. Les droits et devoirs des Français depuis 1789

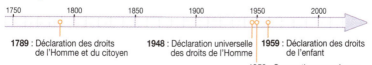

1789 : Déclaration des droits de l'Homme et du citoyen
1948 : Déclaration universelle des droits de l'Homme
1950 : Convention européenne des droits de l'Homme
1959 : Déclaration des droits de l'enfant

3. Le jugement : penser par soi-même et avec les autres

A La République française, une démocratie

● Les **principes fondamentaux de la République française** sont inscrits dans sa **devise** : « Liberté, Égalité, Fraternité ». Ils se traduisent par des droits intangibles, à la fois politiques et sociaux, qui ont été reconnus aux citoyens par les différents régimes républicains.

● Le principe de liberté induit la liberté individuelle, d'opinion, d'expression, de réunion, de culte, mais aussi la liberté syndicale et le droit de grève, par exemple. Le principe d'égalité induit le suffrage universel, l'égalité entre les sexes, l'égalité devant la loi, devant l'impôt, notamment.

B Une République indivisible, laïque, démocratique et sociale

« Une République indivisible »
Aucune partie du peuple, aucun individu, ne peut s'attribuer l'exercice de la souveraineté nationale. Seul le peuple exerce cette souveraineté par la voie de ses représentants ou du référendum.

« Une République laïque »
La laïcité dérive des principes de liberté et d'égalité. Par la séparation des Églises et de l'État, aucune religion n'a de statut privilégié au sein de la République et chaque individu dispose de la liberté de ses opinions et de sa foi.

« Une République démocratique »
Le caractère démocratique de la République implique le respect des libertés fondamentales et la désignation des différents pouvoirs au suffrage universel, égal et secret.

« Une République sociale »
Le caractère social de la République dérive de l'affirmation du principe d'égalité. Il s'agit de contribuer à la cohésion sociale et de protéger les plus démunis.

Les **révisions récentes de la Constitution** ont introduit de nouveaux principes :

2003 : Principe de l'organisation décentralisée de la République

2005 : Charte de l'environnement (développement durable et principe de précaution)

2008 : Égal accès des femmes et des hommes aux mandats électoraux et fonctions électives

4 L'engagement : agir individuellement et collectivement

A Les quatre formes de l'engagement

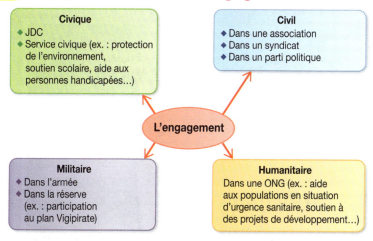

- Le **service civique** est un engagement volontaire que chaque jeune âgé de 16 à 25 ans peut offrir au service de l'intérêt général.
- La **réserve** est un contingent de citoyens qui entretiennent leur formation militaire en vue de missions ponctuelles de la Défense.
- Les **ONG** (**organisations non gouvernementales**) sont des associations à but non lucratif, d'intérêt public et de statut international.

B Les cinq missions de la Défense nationale

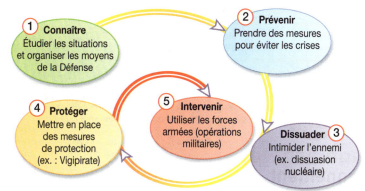

Pour ton brevet
EXIGE LE N°1

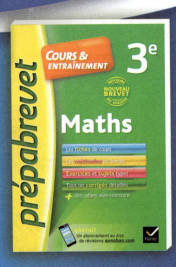

Pour un ouvrage acheté, un abonnement **GRATUIT** au site annabac.com

www.hatie